Sabine Asgodom

Raus aus der Komfortzone, rein in den Erfolg

Das Programm für Ihre persönliche Unabhängigkeit

Campus Verlag
Frankfurt/New York

Bibliografische Information der Deutschen Nationalbibliothek:
Die Deutsche Nationalbibliothek verzeichnet diese Publikation in der
Deutschen Nationalbibliografie. Detaillierte bibliografische Daten
sind im Internet über http://dnb.d-nb.de abrufbar.
● ISBN 978-3-593-38233-3

Das Werk einschließlich aller seiner Teile ist urheberrechtlich geschützt.
Jede Verwertung ist ohne Zustimmung des Verlags unzulässig.
Das gilt insbesondere für Vervielfältigungen, Übersetzungen, Mikroverfilmungen
und die Einspeicherung und Verarbeitung in elektronischen Systemen.
Copyright © 2007 Campus Verlag GmbH, Frankfurt/Main
Umschlaggestaltung: R.M.E, Roland Eschlbeck und Ruth Botzenhardt
Umschlagmotiv: © Constanze Wild
Illustrationen: Heinz Pfister, www.pfuschi-cartoon.ch
Satz: Fotosatz L. Huhn, Linsengericht
Druck und Bindung: Freiburger Grafische Betriebe, Freiburg
Gedruckt auf säurefreiem und chlorfrei gebleichtem Papier.
Printed in Germany

Besuchen Sie uns im Internet: www.campus.de

Inhalt

Vorwort 7
Selbstständig – auch Sie? 16
Die vierte Revolution 19

1. Die Geschichte meines Erfolgs 23
Eines Morgens 24

2. Die Arbeitswelt der Zukunft 47
Wie werden wir in Zukunft leben? 47
Der Trend: immer mehr Selbstständige 50
Courage durch Selbstständigkeit 58

3. Kreativ zum Erfolg – 222 bewährte Geschäftsideen 61
Warum es wichtig ist, verrückte Ideen zu haben 61
Das berufliche Selbst verwirklichen 67
So kommen Sie zu Ihrer Geschäftsidee 68
Der »Königinnentipp« für den Start in die
Selbstständigkeit 74
222 Geschäftsideen für Gründungsbereite 75

4. Sind Sie eine Fünf-Sterne-Unternehmerin? 93
Hinterfragen Sie sich selbst: Ist selbstständiges Arbeiten
Ihr Weg? 93
Gut vorbereitet – ohne demotivierende Tests 102
Lieben Sie sich selbst 127

5. Frauen gründen anders 130
   Warum gibt es weniger selbstständige Frauen als Männer? . 133
   Frauen gründen anders als Männer 137

**6. Was es wirklich heißt, selbstständig zu sein –
   Gründerinnen berichten** 147
   Wie habt ihr das geschafft? Fünf Frauen schildern
   ihren Weg 148

7. Genug gesponnen: Jetzt geht's in die Praxis 191
   Kurz und klar: Voraussetzungen, Chancen,
   Rahmenbedingungen 192
   Finanzplanung: Was kostet die Selbstbestimmung? 198
   Erfolgsfaktoren – wie kann's klappen? 201
   Risiken und Fehlerquellen 208
   Mut und Unterstützung von Anfang an 210

8. Zur Sache: Businessplan und Office-Ausstattung 214
   Ihr Businessplan: Der gründliche Start in Ihre
   Geschäftsidee 215
   Schritt für Schritt zur Erstausstattung Ihres Büros 255

Sie gewinnen auf jeden Fall! 233

Anmerkungen 238

Service 239
   Hilfreiche Adressen 239
   Literatur 244

Register 246

Vorwort

Raus aus der Komfortzone, rein in den Erfolg! Der Titel dieses Buches ist bewusst gewählt. Er heißt aus guten Gründen nicht »Raus aus den festen Stellen und rein ins Risiko der Selbstständigkeit«. Aus der Komfortzone treten heißt, frische Luft schnuppern, Neues wagen, ausgetretene Pfade verlassen, Unzufriedenheit ernst nehmen und etwas verändern. Und es heißt immer: Mein Leben selbstständig in die Hand nehmen! Raus aus der Opferrolle, zur Handelnden werden. Auf den Beruf übertragen bedeutet es, Verantwortung für meine Jobzufriedenheit übernehmen. Und es kann heißen: Ich möchte meine eigene Firma haben, frei arbeiten, mich aus Hierarchien lösen.

Selbstständig heißt erst einmal: selbst und ständig. Ich tue es selbst, ich selbst bin verantwortlich – und das ständig. Das genau ist der Weg, den Frauen heute innerhalb vieler Unternehmen gehen ... bis sie an die unsichtbare Decke der Karriere stoßen, bis sie bei Beförderungen übergangen werden. Früher oft ein Grund zur Resignation und Rückzug. Aber die Zeiten ändern sich – »The times they are a-changin'«, wie Bob Dylan einst gesungen hat.

Die kompetenten und stolzen Frauen, die die Luft des Erfolgs geschnuppert haben, werden als erste die Old-Boys-Network-Firmen verlassen, die nicht kapieren, dass sie mit der Vernachlässigung weiblichen Potenzials »Chancen verspielen«. Und sie werden es oft so tun, dass sie die von ihnen gepflegten Kunden mitnehmen – oder dem alten Unternehmen ihre Dienste als Freelancer tageweise oder projektgebunden teuer verkaufen.

Ein Vorbild an Flexibilität und Courage waren nach der Wende die jungen Frauen aus den neuen Bundesländern. Wenn sie ihre Stelle verloren hatten, machten sie sich mutig gen Westen auf. Die Frauen waren wesentlich mobiler in diesem Fall als die ostdeutschen Männer. Und sie hatten in der Regel weniger Anpassungsschwierigkeiten und haben sich in ihrem neuen Umfeld (auch in der Schweiz und in Österreich) gut eingelebt.

Anders als die berufliche Männerwelt glaubt, ist Erfolg in Arbeit und Wirtschaft nicht dasselbe wie Karriere. Der weibliche Erfolgsbegriff ist bunter. Und er deckt sich mit der Glücksforschung: Aufstieg und Gehaltserhöhung sind nur kurzfristige Motivatoren. Das wirkliche Glück schafft das Wissen, die eigenen Fähigkeiten erfolgreich einzusetzen. Und vor allem: Sinn in seinem Tun zu erkennen. Frauen arbeiten anders und gründen anders, und Frauen sind auf andere Weise selbstständig als Männer. Das werde ich Ihnen in diesem Buch an vielen Beispielen zeigen.

Außerdem biete ich Ihnen etwas Revolutionäres in diesem Buch: Ich rede über Geld, breche damit eines der letzten Tabus. Ich werde Ihnen erzählen, welche Rolle Geld in meinem Leben vor und nach der Gründung gespielt hat, und ich werde ehrliche Zahlen nennen. Nicht um anzugeben, sondern um zu zeigen, wie verführerisch Erfolg ist, und wie höllisch man aufpassen muss, nicht sehenden Auges in die Insolvenz zu stürmen. Darum hat mich in Kapitel 7, »Genug gesponnen: Jetzt geht's in die Praxis«, die Gründungsexpertin Christine Vonderheid-Ebner unterstützt, indem sie mir das Beste aus ihrem Beratungsschatzkästchen verriet.

Es heißt, fünfzig Impulse brauche es, bis ein Mensch sich an die Veränderung herantraut, die er im Kopf mit sich herumträgt. Das habe ich vor kurzem von meinem amerikanischen Kollegen Doug Stevenson gelernt. Und plötzlich wurde mir klar, warum ein einziger kleiner Satz mir im Jahr 1999 geholfen hat, mich selbstständig zu machen – nach mehr als drei Jahren der Unschlüssigkeit, des Wünschens und Haderns. Der Satz stammte von einer Freundin: »Eins musst du wissen, bei mir bekommst du immer einen Teller Suppe.« Heute weiß ich, dies war offensichtlich der fünfzigste Impuls!

Ich kündigte also damals als Ressortleiterin einer Frauenzeitschrift und gründete mein eigenes Unternehmen: »Asgodom Live«. Und das Leben begann noch einmal neu – mit 46 Jahren. Inzwischen hat sich »Asgodom Live. Training. Coaching. Potenzialentwicklung« zu einem florierenden Unternehmen mit vier Mitarbeiterinnen und Mitarbeitern, einem Jahresumsatz deutlich über einer halben Million Euro und einem ordentlichen Renommee entwickelt. »Deutschlands bekanntester Erfolgscoach« hat mich im Oktober 2007 Bettina Böttinger in ihrer Sendung *Kölner Treff* vorgestellt. Und ergänzt: »Man könnte auch sagen, Deutschlands Volkscoach.« Danke für die Blumen. Ich habe lange gebraucht, um solch blumige Formulierungen annehmen zu können (typisch weiblich), und kann mich heute auch über zu große, wenn von Herzen kommende Sträuße freuen.

Der Weg dahin ist eine Geschichte voller Kraft und Zweifel, Bemühen und Scheitern, Hoffen und Verändern. Denn »von nix kommt nix«, wie meine Großmutter zu sagen pflegte. Ich werde Ihnen ehrlich schildern, wie es zu meiner Selbstständigkeit kam (weniger heroisch, als Sie wahrscheinlich annehmen), wie ich es angepackt habe, was ich richtig und was falsch gemacht habe; was geschah, als ich mich mit einem der mächtigsten Konzerne Deutschlands angelegt habe (Wie wahnsinnig kann man eigentlich sein?); warum ich nach drei Jahren so gut wie pleite war (an dieser Stelle grüße ich meinen Finanzbeamten), und was mich gerettet hat. Vor allem werde ich Ihnen erzählen, warum es sich gelohnt, gelohnt, gelohnt hat!

Anhand meines eigenen Beispiels und meiner guten wie schlechten Erfahrungen werde ich Ihnen die »Top Ten des erfolgreichen Gründens« verraten. Zehn Erkenntnisse, für die ich zum Teil bitter bezahlt habe, die mir oft erst nach Irrungen und Wirrungen klar geworden sind, für die ich manch mühevollen Umweg gehen musste. Erkenntnisse, die Sie auf Ihrem Weg in die Existenzgründung wie eine gute Freundin begleiten werden. Erkenntnisse, die aus dem prallen Leben stammen und die ich erstmals fürs pralle Leben aufgeschrieben habe.

Eine Erkenntnis vorweg: »Du hättest dich doch auch schon viel früher selbstständig machen können«, haben mir viele Leute hinterher gesagt. Meine Antwort: »Nein, stimmt nicht. Hätte ich es früher gekonnt, hätte ich es früher getan.« Alles hat seine Zeit, auch der Schritt in die Selbstständigkeit. Wenn Sie selbst schon länger darüber nachdenken, wissen Sie, dass es neben vielen »Pros« auch »Kontras« gibt. Und es braucht Zeit, um sich selbst Klarheit zu verschaffen.

Ich möchte Ihnen an vielen Beispielen zeigen, wie attraktiv es sein kann, aus der gewohnten Komfortzone hinauszutreten, sich in der Risikozone des Lebens zu bewähren und die dort beheimateten Chancen zu ergreifen, Gefahren zu bewältigen und Erfolge zu erzielen. Ich werde die verbreitetsten Ängste und Irrtümer in Sachen Selbstständigkeit beleuchten und hoffentlich Ihre Zweifel mit Fakten und Erfahrungen abschwächen.

Dieses Buch möchte ein starker Impuls für Sie sein – darüber nachzudenken, wie Sie Ihre finanzielle und persönliche Unabhängigkeit gestalten können. Wie Sie aus unbefriedigenden Arbeits- und Lebenssituationen herauskommen, Ihre Talente besser leben, Sinn und Erfüllung finden und ordentlich Geld verdienen können. Und Sie werden Anregungen für das »Einschleichen« in die Selbstständigkeit bekommen, was ein Maximum an Sicherheit und ein Minimum an Risiko bedeutet.

Ich möchte Ihnen die realen Kosten einer Existenzgründung aufzeigen, in Geld, Körper- und Geisteskraft. Aber vor allem möchte ich Ihnen beweisen, dass Sie sich Selbstständigkeit nicht »leisten« können müssen wie ein teures Hobby, sondern dass Selbstständigkeit Ihren Lebensstandard sichern und heben kann, und zwar nicht unwesentlich – wenn die Idee stimmt. »Passion pays!« heißt es in den USA, dem Vorreiterland der mutigen Existenzgründer. Und es gilt auch bei uns: Hingabe, Leidenschaft, Passion für das, was ich tue, kann sich in der Selbstständigkeit auszahlen.

Dieses Buch ist vor allem ein motivierender Mutmacher, kein rechtlicher Ratgeber, wie man einen Businessplan erstellt (ich erzähle Ihnen trotzdem was hineingehört, damit er überzeugt). Dazu gibt es im Internet alles, was an Sachwissen nötig ist. Mit dem Verlag habe ich mich schnell geeinigt, was für ein Buch wirklich gebraucht wird: eins, in dem nicht Information versammelt sind, die Sie gratis aus dem Web herunterladen können – für diese Fragen haben wir am Schluss des Buches die wichtigsten Internetadressen für Sie aufgeführt.

Sie finden in diesem Buch Beispiele von fünf großartigen Frauen, die in ähnlichen Situationen wie Sie waren – sie verspürten eine vage Unzufriedenheit mit ihrem Leben, waren mit ihrem Angestelltenleben nicht mehr zufrieden – und die sich für die Selbstständigkeit entschieden haben, nicht immer freiwillig, aber immer mit großem Engagement. Es handelt sich ausschließlich um Frauen, mit denen ich in einer Arbeitsbeziehung stehe: Entweder habe ich sie gecoacht, oder sie waren in einem meiner Seminare oder Vorträge, und wir haben Gemeinsamkeiten entdeckt. Es sind Frauen, die ehrlich und detailliert von ihrem Werdegang berichten. Die auch den Preis der Selbstständigkeit beschreiben, einsame Sonntage im Büro und durchwachte Nächte, Missachtung durch Behörden, Banken oder die eigene Familie. Die aber alle als Bilanz ziehen: »Ich würde es wieder machen«. Freuen Sie sich auf Lebensweisheit pur! Da all die tollen Frauen, die mir ihre Informationen zur Verfügung gestellt haben, den Rahmen dieses Buchs sprengen würden, bieten wir Ihnen als kostenlosen Zusatznutzen noch einmal mehr als ein Dutzend Interviews auf meiner Homepage www.asgodom-selbststaendig.de.

Sie werden aus all den Schilderungen ersehen: Selbstständigkeit ist eine echte Alternative für das Leben als Angestellte, als Zeitarbeiterin, als Uni-Absolventin, als Familienmanagerin, als Jobsuchende, als Rentnerin. Existenzgründung klingt oft nach Fabriken und Warenlager, Investitionen und Mordsschulden. Ich möchte Ihnen die ganze Bandbreite des Selbstständigseins aufzeigen.

Denn Selbstständigkeit ist mehr als das, sie ist eine reale Notwendigkeit in einer sich verändernden Welt. Egal, welche Ausbildung, welchen Beruf, welche Erfahrungen und welche Erfolge wir haben, wir alle müssen zukünftig fünf Tatsachen akzeptieren:

1. Wir können nicht mehr damit rechnen, dass das Unternehmen, für das wir arbeiten, uns für immer beschäftigen wird.
2. Wir können nicht mehr damit rechnen, immer einen Job in unserem erlernten Beruf zu finden.
3. Wir können nicht mehr damit rechnen, dass der Lohn für unsere Arbeit oder unsere Rente für unseren Lebensunterhalt ausreicht.
4. Wir können im Fall der Arbeitslosigkeit nicht mehr damit rechnen, dass unser Lebenspartner uns unterhält oder unterhalten kann.
5. Wir können nicht mehr damit rechnen, dass uns der Staat nach einem Jobverlust finanziell ausreichend unterstützt.

Das heißt: Jede von uns muss aus Eigeninitiative und mit etwas Kreativität ein Konzept, einen Notfallplan in der Tasche haben, womit sie zukünftig ihren Lebensunterhalt verdienen könnte. Klingt brutal, reißt uns aus der Gemütlichkeit, ist aber realistisch. Sprich: Jede Frau braucht einen Businessplan für die Selbstständigkeit in der Schublade, einen Plan B, und das B steht hier für das eigene Business. »Womit könnte ich auf eigene Rechnung Geld verdienen? Was kann ich, was andere brauchen? Was brauchen andere, was ich bieten kann?«

Ich werde in Kapitel 2, »Die Arbeitswelt der Zukunft«, für Sie einen Blick in die Zukunft werfen, wohin sich die Arbeitstrends in unserer Gesellschaft, ja global bewegen. Und ich werde Ihnen das »Geheimnis der fünf Cs« aufdecken, das der amerikanische Arbeitsmarktexperte Robert Reich als zukunftsbestimmend für Existenzgründungen einschätzen: Computing, Caring, Catering, Coaching und Counseling.

Selbst wenn Sie niemals in die Lage kommen, Ihren Plan B umsetzen zu müssen (was durchaus nicht das Schlimmste wäre), wird die Auseinandersetzung mit einem alternativen Konzept Ihnen mehr Lebenserfolg verschaffen. Warum? Hier die Erklärung, die sich aus der Erfahrung mit Tausenden von Coaching-, Vortrags- und Seminarteilnehmerinnen speist: Wenn ich weiß, ich könnte mich auch selbstständig machen, wenn ich attraktive Alternativen sehe, dann gehe ich selbstbewusster durchs Leben, vertrete meine Meinung offener, entscheide mutiger – und werde damit insgesamt eine wertvollere Mitarbeiterin. Denn Unternehmen brauchen ehrliche, engagierte, entscheidungsfreudige Mitarbeiter (auch wenn sie es manchmal noch nicht kapieren).

Die Freiheit der Alternative, das Erkennen des eigenen Potenzials, das Wissen um den Weg in die Selbstständigkeit erhöht unseren Marktwert als Mitarbeiterin, als Arbeitskraftanbieterin auf dem sich wandelnden Arbeitsmarkt. Ein sperriges Wort macht die Runde durch die Unternehmen: »Employability«. Klingt auf Deutsch auch nicht viel besser: Beschäftigungsfähigkeit. Aber was sich dahinter verbirgt, hat es in sich: In Zeiten des Wandels kann sich niemand mehr darauf verlassen, seinen Job auf Lebenszeit zu behalten, im Unternehmen bleiben zu können. Die Unternehmenskultur wandelt sich dahin, dass neben einer immer kleiner werdenden Kernmannschaft mehr Zeitarbeitskräfte und immer mehr Freelancer eingesetzt werden. Deshalb kommt es für den einzelnen Mitarbeiter darauf an, sich marktfähig zu halten. Sprich: sich attraktiv für zukünftige Arbeitgeber zu machen – den jetzigen oder einen anderen. Wie macht man sich marktfähig? Zu aller erst durch Reflexion: Was kann ich richtig gut? Warum bin ich als Mitarbeiterin wertvoll? Was unterscheidet mich von meinen Mitbewerbern? Worin bin ich Spezialistin? Was waren meine größten Erfolge im letzten Jahr? Aber auch: Wo liegen meine Potenziale, die ich weiter ausbauen kann?

Und hier sind wir bei einem Thema, dass speziell uns Frauen betrifft. Leider wird in manchen Unternehmen der Wert von weiblichem Leistungsvermögen nicht oder nur bis zu einem bestimmten Punkt erkannt. Noch immer gibt es die berühmte »Glass Ceiling«, diese unsichtbare Decke, die Frauen auf dem Weg in die höheren Karriereränge nicht durchstoßen können. Zwar liegt der Anteil von Frauen auf den unteren Führungsebenen in deutschen Unternehmen inzwischen schon bei 30 Prozent, doch der Aufstieg in die Geschäftsleitung oder den Vorstand eines Unternehmens ist noch die Ausnahme. Wer sind diese Ausnahmefrauen? Unternehmerinnen! Die wenigen Frauen, die wir in Vorständen mittelständischer Unternehmen finden, sind überwiegend Gründerinnen, Erbinnen und (Mit-)Inhaberinnen.

Und gerade deshalb ist Existenzgründung für Frauen ein besonders attraktives Thema. Frauen machen sich im Prinzip aus den gleichen Gründen wie Männer selbstständig. Und dann kommen ein paar weitere dazu: Sie werden in den Unternehmen nicht befördert, sie verdienen bei gleicher Arbeit weniger als ihre männlichen Kollegen, oder sie wollen Beruf und Kinder unter einen Hut bringen.

Die Zahlen steigen. Heute sind bereits etwas mehr als eine Million Frauen in Deutschland selbstständig, das ist aber nur etwa ein Viertel aller Selbstständigen. Die Zahl der Neugründerinnen liegt aber bereits höher (37 Prozent). Mehr als zwei Drittel aller Gründerinnen sind übrigens Soloselbstständige, nur ein Drittel stellt Mitarbeiter ein.

Selbstständigkeit ist mehr als die Lösung einer schwierigen Lebenssituation, meint Armin Nassehi, Soziologieprofessor an der Universität München. Er nennt Selbstständigkeit »die Entscheidung für eine Lebensform«. Und das ist auch meine Erfahrung. Wer sich selbstständig macht, entscheidet sich

- für ein selbstbestimmtes Leben,
- für eine selbst organisierte Tätigkeit,
- für Selbstverantwortung,
- für das Umsetzen eigener Ideen,
- für Freiheit im Denken und Handeln,
- für Entscheidungsspielraum,
- für das Erreichen eigener Ziele,
- für das Ausleben fachlicher Kompetenz,
- für den Reiz des kalkulierbaren Risikos,
- für die Lust am Ausprobieren.

Manchmal ist es auch eine Entscheidung gegen die Übermacht der großen Unternehmen, gegen die Vereinsamung in Riesenkonzernen, gegen Willkür bei Entscheidungen, gegen Ungerechtigkeit von Vorgesetzten; und für die Sehnsucht nach der kleinen Einheit, der Überschaubarkeit, des Wohlfühlens, des richtigen Wegs. Meine ganz persönliche Einschätzung: Der kleinen Einheit gehört die Zukunft.

Wo Inhaberinnen selbst entscheiden können, wird schneller reagiert und mutiger gehandelt. Und sie können erfolgreiche Geschäftspartnerinnen der Großen werden, zu guten Honoraren und ordentlichen Preisen.

Es ist kein Zufall, dass viele der Frauen, die in diesem Buch von ihrer Selbstständigkeit berichten, um die 40 sind und viele sich in der Beratungs-/Trainings-/Dienstleistungsbranche selbstständig gemacht haben. Das liegt am Drei-Phasen-Modell des beruflichen Lebens. In der ersten Phase, dem Lernen, erwerben wir Fähigkeiten und probieren uns aus. In der zweiten Phase, dem Beweisen, zeigen wir, was wir können, genießen Erfolge. Und in der dritten Phase können wir anderen weitergeben, was wir gelernt und erfahren haben. Und das geht als Selbstständige besonders gut. Dazu kommt: Während in vielen Unternehmen Älterwerden immer noch als Malus angesehen wird, ist es bei der Existenzgründung ein absolutes Plus. Erfahrung, Gelassenheit und das Wissen um Marktregeln können nur von Vorteil sein.

Vielleicht ist für Sie dieses Buch bereits der fünfzigste Impuls zur Selbstständigkeit. Und Sie beginnen morgen oder spätestens nächste Woche, Ihren Plan für eine Existenzgründung umzusetzen. Als Anregung finden Sie im Kapitel 3, »Kreativ zum Erfolg«, 222 kreative Ideen für ein eigenes Unternehmen – von »Asiafood im Baukastensystem« über »Senioren-Motivationstrainerin« bis zu »Zeitplaner für junge Mütter«. Spinnen Sie, träumen Sie, schreiben Sie alles auf, was Ihnen dazu in den Sinn kommt!

Darüber hinaus bieten wir Ihnen noch drei wundervolle Angebote: Ich schenke Ihnen einen Beratungsscheck im Wert von 150 Euro als Preisnachlass für eine persönliche Beratung bei der Gründerexpertin Christine Vonderheid-Ebner. Sie kann Ihnen helfen, Ihre Idee auf Realisierungschancen abzuklopfen und die Grundlagen eines Businessplans zu erstellen. Daneben finden Sie einen Gutschein für eine Ausgabe meines Newsletters zum Thema Selbstständigkeit, mit dem Sie die Ausgabe für dieses Buch fast schon wieder drin haben. Und drittens bekommen Sie für den Asgodom-Live-Gründerinnen-Workshop mit Christine Vonderheid-Ebner ebenfalls einen Nachlass. (Alle weiteren Angaben dazu am Ende des Buches.)

Selbstständig – auch Sie?

Möglicherweise ist dieses Buch der allererste Impuls, die Nummer eins einer langen Reihe von Gedankenanstößen. Und Sie bekommen gerade eine erste Ahnung davon, welch spannende Alternative das Leben für Sie bereithalten könnte. Wahrscheinlich hat jemand Ihnen das Buch geschenkt, oder es hat Sie in der Buchhandlung »gepackt«, und Sie wissen noch gar nicht, was Sie davon halten sollen.

Lesen Sie dieses Buch mit all Ihren Vorbehalten und vertrauen Sie darauf, dass es Ihnen in jedem Fall weiterhilft, auch wenn Sie die Umsetzung noch gar nicht sehen. Gerade für Sie ist der kleine Test »Sind Sie glücklich?«.

Fühlen Sie sich bei Ihrer Arbeit glücklich? Macht Sie Ihre Arbeit glücklich? Machen Sie einen kleinen Test, es sind nur sieben Fragen, aber in ihnen steckt eine große Aussagekraft. Machen Sie den Test einen Monat lang jeden Tag. Das dauert das erste Mal nur eine Minute und bei jedem folgenden Mal nur zehn Sekunden, weil Sie die Fragen ja schon kennen – und die wichtigen Stichworte sind herausgehoben, Sie erfassen sie auf den ersten Blick:

Checkliste: Sind Sie glücklich?

Ja Nein
○ ○ Ich war heute am Morgen beim Aufstehen voller *Neugier* auf das, was der Tag von mir fordert und was er mir bringt.
○ ○ Ich habe *Freude* auf die Arbeit gespürt.

○ ○ Ich war bei meiner Arbeit die meiste Zeit *konzentriert* bei der Sache.
○ ○ Ich war bei meiner Arbeit mehrfach richtig *begeistert* und euphorisch.
○ ○ Ich war abends *wohltuend müde* und tief *zufrieden*. (Ich habe also nicht gedacht: »Warum bist du eigentlich so kaputt? Was hast du eigentlich den ganzen Tag über gemacht?«)
○ ○ Ich habe am Wochenende einen komplett *arbeitsfreien* Tag gehabt und nicht ein einziges Mal an Arbeit und Geldverdienen gedacht.
○ ○ Ich mag meine Arbeit so *gerne*, dass ich mich jeden Monat darüber wundere, dass ich dafür auch noch Geld bekomme.

Wenn Sie den Test 30 Tage lang täglich ausfüllen und im Durchschnitt sechsmal bis siebenmal Ja ankreuzen – dann sind Sie in Ihrer Arbeit absolut glücklich und brauchen dieses Buch vielleicht nur als Bestätigung (ich vermute, Sie sind schon selbstständig). Wenn Sie jeden Tag weniger als viermal Ja ankreuzen, dann ist dieses Buch tatsächlich ein Türöffner zu einer glücklicheren Zukunft. Und es ist ein guter Rat, sich selbstständig zu machen.

Vielleicht ist dieses Buch auch der 19. oder 27. Impuls für Sie, über eine Selbstständigkeit nachzudenken. Sie fühlen vage, dass Ihr Leben eine Wendung nehmen wird, vielleicht aus der Arbeitslosigkeit heraus, vielleicht nach einer längeren Familienphase? Vielleicht aus einer Arbeitssituation, über die andere sagen würden: »Sei doch froh.« Aber Sie sind nicht froh? Vielleicht sind Sie schon in Rente, fühlen sich aber noch zu jung, um sich zur Ruhe zu setzen, oder Sie wissen doch so viel, was andere brauchen können? Für Sie habe ich ganz viele Mutmacher und Vorbilder, die Ihnen zurufen: »Ja, probiere es, das könnte dein Weg sein!«

Vielleicht ist dieses Buch bereits der 49. Impuls, und es fehlt nur noch eine Kleinigkeit? Ein winziger Anstoß? Ihr innerer Businessplan ist schon geschrieben, Ihre Bilder von einem zukünftigen Leben werden immer klarer? Dann reden Sie mit jemandem über dieses Buch, Ihre Erkenntnisse, Ihre Zweifel, Ihre Ängste. Womöglich gibt Ihnen Ihr Gesprächspartner den »Happy-fifty-Impuls« durch einen kleinen, Mut machenden Satz: »Ich werde für dich da sein, wenn du mich brauchst.«

Vielleicht haben Sie sich auch schon längst selbstständig gemacht, haben Höhen und Tiefen durchlebt, und brauchen nur gerade mal einen neuen Motivationsschub, einen Extraimpuls nach dem Motto »50-plus«? Hier ist er. Jede Seite dieses Buch soll Ihnen zurufen: »Ja es lohnt sich, halt durch!« Falls Ihre Zweifel hartnäckig sind, können Sie in Kapitel 4, »Sind Sie eine Fünf-Sterne-Unternehmerin?«, anhand eines ausgeklügelten Fragebogensystems herausfinden, was für ein Unternehmerinnentyp Sie sind. Und Sie erkennen die Gründe, die Ihnen derzeit die Selbstmotivation schwer machen.

Achtung: Falls Sie später eine weitere Auffrischung Ihrer Motivation brauchen, schenke ich jeder Leserin, die sich bei mir meldet, eine Ausgabe meines umfangreichen Gründerinnen-Newsletters. Mehr dazu am Schluss des Servicekapitels.

Die vierte Revolution

Es ist kein Wunder, dass heute Frauen auf dem Vormarsch sind. Und wissen Sie warum? Jane Fonda ist an allem Schuld. Sie hat den Frauen in den siebziger Jahren Beine gemacht. Mit ihren Aerobic-Videos hat die Hollywood-Schauspielerin weltweit die Körperrevolution bei Frauen ausgelöst.

Die zweite Revolution erlebten Frauen in den achtziger Jahren durch Alice Schwarzer und Co-Feministinnen: Selbstbestimmung fürs eigene (Liebes-)Leben. Sie haben uns auch gezeigt, dass Mütter nicht mehr allein der Motor für das Schiff mit dem Namen »Familie« sein sollten, während die Väter den Steuermann spielen.

Die neunziger Jahre waren geprägt durch die Kulturrevolution (die Helene Lange und andere Frauen vor mehr als hundert Jahren begonnen haben) – Mädchen zogen in Schulen und Universitäten mit ihren Leistungen an den Jungs vorbei, machen heute mehr und bessere Abschlüsse und gehen mit starkem Selbstbewusstsein ins Leben hinein.

> **Die vier Frauenrevolutionen**
>
> - Die siebziger Jahre: Körperbewusstsein,
> - die achtziger Jahre: Liebe und Familie,
> - die neunziger Jahre: Bildungsoffensive,
> - heute: berufliche Unabhängigkeit und Erfolg.

Und jetzt, zu Beginn des dritten Jahrtausends, erleben wir die vierte feminine Revolution: beruflicher Erfolg und finanzielle Unabhängigkeit. Es geht dabei nicht um Chancengleichheit, Frauenquoten oder andere von den Herren der Erschöpfung zu gewährenden Konzessionen, sondern um eine Revolution, ein Auf-den-Kopf-Stellen der bestehenden Verhältnisse.

Frauen waren im vergangenen Jahrhundert so etwas wie die Restarbeitsplatz-Auffüll-oder-Entlastungsreserve. Erst in den siebziger Jahren, in den Zeiten der Vollbeschäftigung, als es mehr offene Stellen als arbeitslose Menschen gab, wurde die berufliche Selbstverwirklichung der Frauen entdeckt.

In den darauf folgenden Jahren, als die Arbeitsplätze immer knapper wurden, wurde der heimische Herd wieder in den Mittelpunkt des weiblichen Lebens geschoben. Propagiert wurde wieder die Vollzeitmutter, die die Kinder angeblich so dringend brauchten.

So wie Frauen durch die Selbstbestimmungsrevolution des letzten Jahrhunderts, nach Entdeckung der Antibabypille, sagen konnten und gesagt haben: »Mein Bauch gehört mir, ich bestimme, ob und wann ich schwanger werde«, werden Frauen jetzt und in der Arbeitswelt etwas viel weniger Dramatisches, aber noch Folgenreicheres tun: Sie werden den Wettbewerb mit den Männern aufnehmen und überall dort gewinnen, wo sie die Besseren sind.

Und zusätzlich werden sie Verhältnisse bessern, die nicht dem Wohl der Menschen dienen, in der Wirtschaft, in der Gemeinschaft, in der Gesellschaft – ganz wie Ségolène Royale, die französische Präsidentschaftskandidatin, 2007 dargelegt hat: »Wenn diese Welt noch zu retten ist, dann durch die Frauen.« Der Clan der ausbeuterischen Männer (und der Frauen, die sich dadurch ein Luxusleben finanzieren lassen) und andere mafiöse Strukturen werden irgendwann abgewirtschaftet haben.

Erneut werden Frauen ihre Revolution auf ihre Weise vorantreiben. Sie werden die Komfortzone verlassen, werden sich anstrengen, wie sie es in der »Fitnesswelle« der ersten Revolution körperlich getan haben, in der Familienrevolution durch Behauptung ihres Platzes als eigentliches Familienoberhaupt und in der »Bildungswelle« der dritten Revolution geistig-akademisch.

Jetzt ist der Beruf dran.

Während Sie sich schon auf eine spannende, unterhaltsame Lektüre freuen können, möchte ich unbedingt noch schnell ein Dankeschön loswerden: An diesem Buch hat mein Team tatkräftig mitgearbeitet; besonderer Dank gilt meinem Mann Siegfried Brockert, Diplom-Psychologe, Journalist und Buchautor, den mir Anfang 2007 der Himmel geschickt hat; und meiner Tochter Bilen, die seit 2006 als Projektmanagerin bei Asgodom Live arbeitet und mich unendlich entlastet. Ohne die beiden wäre ich wohl nächstes Jahr noch nicht fertig (das zum Thema Selbstüberschätzung und Nein-sagen-Können, dazu später mehr). Danke an alle Frauen, die meinen Fragebogen mit einer Akribie und Hingabe ausgefüllt haben, dass es für mich eine wahre Freude war, die Beiträge vorab zu lesen. Dank auch an die Lektorinnen vom Campus Verlag, die aktiv dazu beigetragen haben, dass dies ein »anderes« Buch übers Selbstständigmachen geworden ist.

Begleitet werden Sie durch das ganze Buch hindurch von Vicky, einer frechen, kleinen Frau, die Fragen stellt, Kommentare abgibt und auf Wesentliches hinweist. Vicky, der Name ist Programm – Viktoria heißt schließlich »die Siegerin«. Ich wünsche Ihnen viel Spaß mit ihr.

1.

Die Geschichte meines Erfolgs

Frauen vertrauen sich gegenseitig fast alles an: ob sie epilieren oder rasieren, schäumen oder zupfen; wie gut der Liebste im Bett und in der Küche ist; warum sie vor den Tagen zur Furie werden und mit welcher Schokosorte sie zu zähmen sind. Sie reden über Körbchengrößen, Mensesprobleme und Sextipps. Es gibt nur noch ein letztes Tabu: Frauen reden nicht über Geld. Nicht über ihr Gehalt, nicht über Honorare. (Männer schon, aber man sollte ihnen nicht alles glauben.) Dieses Tabu gilt es zu brechen.

Ich will es hier für Sie tun, indem ich meine Geschichte der Selbstständigkeit erzähle. Auch für mich ein Tabubruch. »Über Geld spricht man nicht, man hat es«, habe ich als Kind noch gelernt. Leider hatte ich es nicht. Und später habe ich aus lauter Blödheit und Anfangseuphorie fast meine Existenz aufs Spiel gesetzt, als es endlich floss. Doch davon später mehr. Ich erzähle Ihnen auch von den wunderbaren Zufällen, den ermutigenden Erlebnissen. Ich erzähle von Anfang an.

Eines Morgens ...

Eines Morgens wachte ich auf und wusste: »Die Welt braucht dich, dein Talent, deine Großartigkeit. Dein Genie.« Ich fühlte mich stark, ging hinaus und machte mich einfach selbstständig. Klingt gut – aber so läuft es in der Welt nicht.

Ich möchte Ihnen ehrlich beschreiben, warum und wie ich mich selbstständig gemacht habe, welche Zufälle und Fügungen dabei eine Rolle spielten, welche Irrtümer und Glücksmomente ich erlebt habe, bis ich das wurde, was ich heute bin. Und ich werde Ihnen die wichtigsten Erkenntnisse daraus in meinen »Top Ten für Gründerinnen« zusammenfassen.

Also, Stunde der Wahrheit: Eines Nachts, im Jahr 1990, wachte ich auf und dachte an den Brief der Bank, der am Vortag gekommen war. »Bitte gleichen Sie umgehend Ihr Konto aus!« Und es ging mir nicht gut. Ich hatte der Bank schon bei der ersten Aufforderung zurückgeschrieben: »Glauben Sie mir, wenn ich es könnte, würde ich es tun!« Aber diese Erklärung reichte wohl nicht. Ich saß richtig in der Patsche.

Ich wälzte mich schlaflos im Bett umher und überlegte, wie ich an Geld kommen könnte. Ich arbeitete vier Tage die Woche als Ressortleiterin der Frauenzeitschrift *Cosmopolitan*. Mein Mann war auch berufstätig, unsere Kinder waren zehn und acht Jahre alt. Eigentlich hätte es uns gut gehen können, wir zogen aber seit der Familiengründung, verstärkt durch unser beider zeitweilige Arbeitslosigkeit, einen Rattenschwanz an Schulden hinter uns her, und die Kreditraten fraßen zusammen mit der Miete an jedem Monatsanfang den Großteil unserer Gehälter auf. Wir kamen aus dem Minus einfach nicht heraus.

In dieser schlaflosen Nacht war ich verzweifelt und überlegte, womit ich zusätzliches Geld verdienen könnte. Putzen gehen? Nee. Heimarbeit? Was? Kellnern? Wo? Bank überfallen? Nee, echt nicht. Mein Mann spielte schon wie besessen Lotto, das half auch nichts. Ich dachte angestrengt nach: Was konnte ich eigentlich? Und kam auf: Schreiben. Ich war gelernte Journalistin, mit fast 20-jähriger Berufserfahrung. Ich hatte Anfang der achtziger Jahre im Rahmen einer ABM-Stelle ein Buch herausgegeben, Gespräche mit Menschen aus dem Arbeiterwiderstand in der Nazizeit. *Halt's Maul – sonst kommst' nach Dachau* war der Titel. Ja, wenn ich etwas konnte, dann war es Schreiben.

Dieser Gedanke ließ mich in den folgenden Tagen nicht mehr los: Ich musste ein Buch schreiben, damit konnte ich zusätzliches Geld verdienen. Ich wusste immerhin, dass man für ein Buch einen Vorschuss bekommt, schnelles Geld also. Nur: Worüber sollte ich schreiben?

Die Top Ten für Gründerinnen
Platz 10: **Wann weißt du, ob du etwas kannst?**
Wenn du es ausprobiert hast!

Sie überlegen, womit Sie sich selbstständig machen könnten? Machen Sie eine Liste: Was können Sie gut? Was macht Ihnen Spaß? Was wollten Sie immer schon tun? Und dann überlegen Sie, wo Sie es ausprobieren könnten – ehrenamtlich, versuchsweise, als Praktikantin, im Urlaub, am Wochenende. Machen Sie einen Plan, ein Konzept. Wen kennen Sie wo, der Ihnen dabei helfen könnte. Nur wer einmal drei Wochen in einem Hotel gearbeitet hat, weiß, was für eine Arbeit das ist. Nur wer sich hingesetzt und angefangen hat, ein Buch zu schreiben, weiß, was es bedeutet. Nur wer schon mal Menschen geholfen hat, weiß, was Dienstleistung heißt.

Im Nachhinein würde ich es Fügung nennen: Genau zu dieser Zeit bekam ich in der Redaktion die Einladung zu einem internationalen Frauenkongress in Barcelona auf den Tisch mit dem Titel »Balancing«. Balancing? Dieses Wort sprang mich direkt an. Ich hatte es nie zuvor gehört. Ich entnahm dem Programm, dass es dabei wohl um die Balance zwischen Arbeit und Privatleben ging. Hei, mein Thema. Als Redakteurin der Zeitschrift *Eltern* war das Thema »berufstätige

Frauen« mein Spezialgebiet gewesen. Ich war selbst berufstätig, hatte Kinder und immer zu wenig Zeit ... Ich schrieb ein Kurzkonzept für ein Buch über Balancing und schickte es an den einzigen Verlag, dessen Pressesprecherin ich persönlich kannte. Die empfahl mich dem Lektorat, nette Leute, aber die Zeit verging. Meine Bank musste ich mit geliehenem Geld beruhigen, kam aus den Miesen nicht heraus. Irgendwann erhielt ich einen Anruf »Wir möchten mit Ihnen das Buch machen!« Schließlich hielt ich einen Vertrag in Händen und hatte einen Abgabetermin, das Buch sollte im Frühjahr 1992 erscheinen.

Und so kam es, dass ich – aus der Not geboren – das erste Buch in Deutschland zum Thema Work-Life-Balance verfasst habe (nach den Einträgen der Deutschen Nationalbibliothek kamen erst Ende der neunziger Jahre weitere hinzu). Ich beschrieb in *Balancing* meinen eigenen Stress zwischen Büro und Kinderbetreuung, interviewte Mütter und Väter, entwickelte mit Fachleuten Übungen für Ausgleich und Balance.

Ich bekam tatsächlich einen Vorschuss in Form eines Schecks über 3 000 Euro, mit dem ich stolz zur Bank ging (und der dort fast spurlos in dem gähnenden Abgrund meines Kontos verschwand), und den Rest des Honorars beim Erscheinen des Buches. Es war weniger, als ich damals erhofft hatte, aber es war zusätzliches Geld, das uns weiterhalf. (Das Buch habe ich mit dem Verlag übrigens inzwischen mehrfach überarbeitet, es gibt es immer noch als Taschenbuch.)

Aber was im Nachhinein viel wichtiger war: Ich wurde von Frauennetzwerken eingeladen, Vorträge zu dem Thema Balancing zu halten. Ich sagte mutig »ja«. Ich bekam erste Anfragen: »Können Sie einen Workshop dazu machen?« Aber klar, warum nicht? Ich hatte jahrelang immer wieder mal ehrenamtlich Seminare für das Bildungswerk der Gewerkschaft gegeben. Also entwickelte ich ein Workshop-Konzept. Bot bei der Volkshochschule Puchheim-Bahnhof (bei München) das neue Konzept an. Kam gut. Reich wurde ich dadurch noch nicht, ich glaube, es gab 34 Mark pro Stunde. Aber es war eine wunderbare Möglichkeit, mein Konzept auszuprobieren. Ich nutzte die Wochenenden, meinen freien Freitag und den einen oder anderen Urlaubstag für die ersten Aufträge. Und plötzlich verdiente ich nicht nur mit dem Buch Geld, sondern mithilfe des Buches. Und fand mich großartig.

Eines Tages bekam ich sogar die Einladung, das Balancing-Buch in der NDR-Talkshow vorzustellen. Wenn Sie schon einmal einen Vortrag von mir gehört oder schon mehrere Bücher von mir gelesen haben, wissen Sie sicher bereits, was für ein Reinfall dieser Auftritt wurde. In Kurzfassung: Ich saß schwitzend in einem zerknitterten Seidenkleid völlig zerknirscht in der Talkshow und brachte kaum ein Wort heraus – es war ein Desaster für jemanden wie mich, die reich, berühmt und glücklich werden wollte (Wenn Sie Lust haben, die Geschichte von mir erzählt zu hören, gehen Sie auf meine Homepage *www.asgodom.de* unter »Bücher und mehr«, »Sabine Asgodom live«: »Ihre erste Talkshow«. Ich wünsche herzliches Ablachen.).

Ich selbst fand den Reinfall damals nicht zum Lachen, war verstört, brauchte einige Zeit, bis ich mich von dieser Blamage wieder erholt hatte. Neues Selbstbewusstsein schöpfte ich aus Leserbriefen. Einen werde ich niemals vergessen. Eine Frau schrieb mir: »Liebe Frau Asgodom, Sie sind schuld, dass ich solche Nackenschmerzen habe. Ich habe heute Nacht Ihr Buch gelesen und die ganze Zeit dabei genickt.«

Die Top Ten für Gründerinnen
Platz 9: Das eine tu – das andere lass nicht!

Woran scheitern die meisten Pläne zur Selbstständigkeit? Dass Menschen über den reinen Wunsch »etwas muss anders werden« nicht hinauskommen. Sie investieren nicht in die Idee, sondern warten auf ein Wunder. Ich bin eine Verfechterin des »Sich-Einschleichens« in die Selbstständigkeit. Also, dem alten Beruf weiterhin ordentlich nachgehen und sich in Gedanken schon mit dem neuen beschäftigen und Grundsteine legen. Nutzen Sie Wochenenden und Abende, um an Ihrem Konzept zur Selbstständigkeit zu arbeiten. Schreiben Sie Ihre Ideen auf, bringen Sie sie in logische Zusammenhänge. Ja, das ist anstrengend – vor allem, wenn Sie beruflich sehr eingespannt sind. Ja, das ist zusätzliche Arbeit, vor allem, wenn Sie nicht gewohnt sind, unternehmerisch zu denken. Doch wer den ersten Schritt macht, sich »auf den Hintern setzt«, ändert die Richtung. Nur wenn wir ein Bild von dem haben, was wir gerne machen würden, nehmen wir auch Chancen wahr. Das heißt: Signalisieren Sie, wovon Sie träumen. Es gibt zwar keine Fee, die Ihnen Ihre Wünsche einfach erfüllt. Aber plötzlich lesen Sie entsprechende Zeitungsartikel, treffen wichtige Menschen, bekommen interessante Angebote. Trauen Sie sich zu träumen, zu spinnen und zu sagen: »Ich will«.

Ich ließ mir brav von meiner Chefredakteurin meine Nebentätigkeiten offiziell genehmigen, nahm geduldig ihre Ermahnung hin: »Dass es aber nicht zu viel wird!«, und schrieb flugs das Konzept für das nächste Buch. Ich war längst vom Büchervirus infiziert. Und Geld konnte ich immer noch gut gebrauchen. Beim nächsten Buch bekam ich schon 4000 Euro Vorschuss. So »schlich« ich mich langsam in eine zweite Existenz als Autorin und Referentin ein.

Es folgten drei weitere Bücher – Zielgruppe waren immer berufstätige Frauen –, die mehr oder minder erfolgreich waren, und eine steigende Anzahl von öffentlichen Auftritten. Ich wurde als Rednerin auf Frauenkongresse eingeladen und bekam langsam auch einen Namen in der Wirtschaft. Die beste Plattform: Sekretärinnenkongresse. Mundpropaganda, heute nennt man das Empfehlungsmanagement, brachte mich in die Unternehmen. Die Honorare stiegen langsam, aber stetig. Anfangs gab es bis zu 500 Euro für einen Vortrag, nach drei Jahren lag er schon bei 1000.

Im Rückblick weiß ich gar nicht mehr, wie ich das alles geschafft habe: Einen anstrengenden Erstjob als Ressortleiterin für Karriere, Finanzen und Multimedia bei *Cosmopolitan* in vier Tagen zu bewältigen; Mutter, Gattin und Hausfrau zu sein; und dann die erfolgreiche Nebentätigkeit, viele Wochenenden in Seminaren oder auf Kongressen verbringend.

Dazu kam eine enorme innere Anspannung: Bei meinen Auftritten am Wochenende war ich der gefeierte »Star«, war die Chefin im Ring, und in der Redaktion wurde mir am Montag sehr schnell wieder gezeigt, dass ich mich unterzuordnen hatte. Nach den Fernsehauftritten, die jetzt häufiger wurden, »falteten« mich meine Chefinnen erst mal wieder zusammen mit Bemerkungen wie: »Na, da haben Sie uns ja keine Ehre gemacht!« Ich traute mich kaum, von meinen Freizeiterfolgen zu berichten. Es zerriss mich schier.

Irgendwann war ich so aufgerieben, dass ich mich entscheiden musste: festangestellte Redakteurin oder freie Buchautorin und Trainerin? Beides ging nicht. Ich bekam Angst. Was, wenn ich nicht genug verdienen würde, was, wenn ich nicht genügend Aufträge bekäme? Und ich entschied mich gegen das Neue, gegen das vermeintliche Risiko! Ich nahm keine neuen Aufträge mehr an, konzentrierte mich wieder ganz auf die Zeitschrift. Die Chefredakteurin hatte gewechselt. Ich erfuhr Respekt und Anerkennung. Schließlich stürzte ich mich in ein neues Projekt: Ich entwickelte mit großer Hingabe eine Computerzeitschrift für Frauen, war viele Monate total eingespannt.

Die Zeitschrift erschien einmal mit einigem Achtungserfolg, aber der Verlag glaubte nicht an eine Zukunft und stoppte das Projekt. Meine Enttäuschung war gewaltig, frustriert zog ich mich zurück. Meine Laune wurde immer schlechter, irgendwann sprachen mich schon Kolleginnen an: »Was ist denn mit dir los? So kennen wir dich gar nicht.« Und dann wurde mir klar: Ich hatte das Falsche aufgegeben. Ich nahm wieder mehr Wochenendaufträge an, startete neue Buchprojekte, und merkte mehr und mehr, wie viel Spaß mir die Arbeit mit Frauen machte. Es war so viel sinnvoller, als an dem Überforderungsfrauenbild in einer Zeitschrift mitzuwirken. Ich gewöhnte mich an mein Doppelleben, und auch die Energiebalance stimmte, da ich durch die Seminare und Vorträge so viel Zustimmung bekam.

Die Top Ten für Gründerinnen
Platz 8: Nutze Chancen – nasche vom Erfolg

Zögern Sie nicht, Chancen zu ergreifen. Nicht immer ist uns ein Erfolg beschieden. Aber es ist eine wunderbare Möglichkeit, sich auszuprobieren, Erfahrungen zu machen. Und was kann schlimmstenfalls geschehen? Dass wir scheitern. Achten Sie darauf, dass das Risiko abschätzbar bleibt. Und dann mutig voran. Wir müssen nicht alles können – aber wir können sehr viel lernen. Achten Sie dabei auf die Perfektionsfalle, in die viele Frauen tappen. Nein, am Anfang werden Sie nicht perfekt sein. Versuchen Sie, gutes Mittelmaß zu sein, das ist schon viel. Es ist noch kein Meister vom Himmel gefallen, heißt ein altes, aber wahres Sprichwort. Und auch noch keine Meisterin. Wenn Ihnen etwas Wichtiges fehlt für den Schritt in die Selbstständigkeit, dann holen Sie es nach, erwerben Sie dieses Wissen, diese Fähigkeiten.

1996 erschien mein erster wirklicher Bestseller: *Eigenlob stimmt. Erfolg durch Selbst-PR* (bisher rund 115 000 Mal verkauft). Und damit begann eine neue Runde der Vorträge und Seminare. Ich tourte durch Deutschland, die Schweiz und Österreich, erhielt Anfragen aus Schweden und Südtirol. Ich blühte auf. Die Kinder waren 16 und 14, also vermeintlich aus dem Gröbsten raus (glaubte ich jedenfalls). Und ich liebte das Reisen und meine Auftritte.

Die Top Ten für Gründerinnen
Platz 7: Krisen sind Gefahr und Chance in einem

Manchmal brauchen wir einen Tritt in den Hintern, den Anstoß von außen, um endlich aktiv zu werden. Ja, manche Menschen schaffen den Schritt ins Risiko nicht und provozieren geradezu den Rausschmiss. Dann können sie ja nichts dafür ... Deshalb hadern Sie nicht mit dem Schicksal, wenn Sie etwas nicht bekommen, was Sie gern wollen. Sehen Sie Enttäuschungen und Rückschläge als Chance, sich neu zu justieren:

- Wohin soll mein Weg mich führen?
- Bin ich überhaupt noch auf meiner Straße oder habe ich mich auf Nebenwege verführen lassen?
- Was ist mir wichtig?
- Wo sehe ich mich in einigen Jahren?
- Warum ist diese Krise eine Chance für mich?
- Und worüber werde ich in einigen Jahren mal froh sein?

Ich entwickelte neue Seminarkonzepte und bekam Angebote von großen Unternehmen, ihre Mitarbeiter zu schulen. Das Beste an diesem Boom: Ich verdiente richtig gutes Geld. Mein Tagessatz stieg sehr schnell von 1 000 auf 2 500 Euro. Wie bekommt man eine solche Steigerung hin? Es ist eine Sache von Angebot und Nachfrage. Je bekannter man wird, umso höher die Preise. Jeder Auftritt im Fernsehen oder auf einem großen Kongress trägt dazu bei. Allein an zwei Wochenenden verdiente ich bald weitaus mehr als mit meinem festen Gehalt. Und ich holte alles nach, was ich mir in den Jahren vorher nicht hatte leisten können: teure Kreationen statt Billigklamotten; echten Schmuck; den regelmäßigen Besuch bei der Kosmetikerin; Essenseinladungen für Familie und Freunde in feine Restaurants; die »La Prärie«-Kosmetiklinie mit Kaviarextrakt; ich ging mit Tütchen im Wert von 300, 400 Euro aus der Parfümerie; ein privates Büro; teure Urlaube mit der Familie, vier Wochen Toskana im Sommer kosteten ein Vermögen; eine neues Auto; Reit- und Skiferien für die Kinder, endlich konnte ich ihnen das bieten; Wellness-Wochenenden mit der besten Freundin; Business- statt Economy-Class-Flüge auch privat.

Seien Sie sicher: Ich erzähle Ihnen das nicht, um anzugeben. Ich bin nicht stolz auf diese Zeit. Aber ich hatte das erste Mal in meinem Leben wirklich Geld. Ich war euphorisch über meine Erfolge. Und warf das Geld mit beiden Händen fröhlich aus dem Fenster. Ich teilte es mit allen Menschen, die ich gern hatte. Und, ja, ich gebe es zu, ich war froh, endlich mit reichen Freunden mithalten zu können: Wochenende zum Törggelen nach Südtirol, verbunden mit einer kleinen Shoppingtour in Bozen? Ich war dabei. Ein Kurzurlaub am Gardasee? Aber klar doch.

»Alles meins«, dachte ich, wenn ich die Kontoauszüge anschaute. (Steuerberaterinnen unter Ihnen wissen bereits, was später kommt, aber ich war ausgehungert und naiv.) »Nothing fails like success«, heißt es im Englischen: Nichts kann so schief gehen wie Erfolg. Ja, ich war erfolgstrunken. Und der Kater sollte bald folgen.

In meinem Privatbüro stapelten sich die Anfragen für Vorträge und Seminare, ich saß jeden Abend bis Mitternacht am Computer, entwickelte Seminarkonzepte und Übungen. Meine Ehe bestand mehr oder weniger nur noch auf dem Papier. Jedes Jahr wurde ein neues Buch fertig. Und es war nur noch eine Frage der Zeit, wann ich mich endlich selbstständig machen würde. Und doch war da immer noch das große »Aber«. Ich hatte als Journalistin nie frei gearbeitet, weil ich Angst vor der Unsicherheit hatte. Und nun sollte ich nach 25 Jahren fester Jobs diesen Sprung wagen?

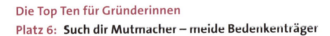

Die Top Ten für Gründerinnen
Platz 6: Such dir Mutmacher – meide Bedenkenträger

»Spinn nicht so rum!« »Was, in diesen Zeiten?« »Sei doch froh mit deinem Job!« Bedenkenträger möchten gern, dass wir uns nicht ändern, sondern schön bei unseren Leisten bleiben. Weil sie wahrscheinlich selbst Angst vor Veränderungen haben. Halten Sie sich von den »Aber-Sagern« fern, die Ihnen den Schneid absprechen wollen. Suchen Sie sich verlässliche Menschen, die Ihnen helfen, Ihren Weg zu erkennen, und die Ihnen Mut machen und zur Seite stehen. Die Welt ändert sich, ob wir wollen oder nicht, und wir brauchen die Offenheit für Veränderungen. Suchen Sie sich starke Weggefährten.

Ich erinnere mich an die drei entscheidenden Impulse, die mich schließlich zum Handeln brachten. Der erste war das Treffen mit einer Headhunterin, die mich für die Stelle einer Chefredakteurin interviewte. Ich traf mich mit ihr am Münchner Flughafen – »Karrierefrauen unterwegs«, wie meine News-Seite in der *Cosmopolitan* hieß. Ich trug ein royalblaues Kostüm mit Goldknöpfen, das ich mir extra dafür während eines Urlaubs auf Capri für teures Geld hatte schneidern lassen.

Wir unterhielten uns sehr gut, ich erzählte von meiner Arbeit bei *Cosmopolitan* und meinen Nebentätigkeiten als Autorin und Trainerin, zwei Stunden lang. Ich hatte den Eindruck: »Die hast du überzeugt.« Sie sagte abschließend: »Ach, Frau Asgodom, Sie sind klasse, zu Ihnen würde ich gern mal in ein Seminar kommen!« Und da erkannte ich, ich hatte mich falsch verkauft – als Trainerin, nicht als Chefredakteurin. Heute weiß ich, ich habe mich genauso gezeigt, wie ich mich fühlte. Ich war im Grunde nicht mehr am Journalismus interessiert. Ich lebte auf bei meinen eigenen Themen.

Der nächste Impuls kam an einem Wochenende im September 1998, das ich auf der Schweizer Seite des Bodensees verbrachte. In einem wunderschönen Tagungshaus oberhalb von St. Margreten hielt ich ein Seminar für Schweizer Unternehmerinnen. Am Freitagnachmittag saß ich auf einem Hügel mit Blick über den See. Es herrschte dramatisches Wetter, wie so oft am Bodensee: Von der deutschen Seite näherte sich ein Gewitter, auf der österreichischen regnete es, der eisgraue See trug Schaumkronen, und im Westen, von der Schweiz her, schien noch die Sonne unter dicken Wolken hervor.

Ich war aufgewühlt wie der See, und schrieb auf ein Blatt Papier: »Was braucht man, um sich selbstständig machen zu können:

1. ein gutes Konzept,
2. Startkapital,
3. Mut.«

Ich sah mir die drei Punkte an: Konzept und Mut stimmten, Startkapital hatte ich null – nix, nada, Fehlanzeige. Ich grübelte. Wozu brauchte ich überhaupt Startkapital, überlegte ich. Ich musste keinen Laden mieten, keine Ware, keine Maschinen einkaufen. Mein Schreibtisch war der IKEA-Wickeltisch meiner Kinder. Telefon und Computer waren vorhanden. Mehr brauchte ich nicht. Und für die ersten Monate der Selbstständigkeit hatte ich einen tollen Kunden, der bereits 20 Seminare im neuen Jahr bei mir gebucht hatte; eine große Bank, für die ich die Frauenbeauftragten geschult hatte. In meinem Kopf war es, als legte sich ein Schalter um. »Du hast alles, was du brauchst. Trau dich!« Ich sah noch einmal auf den See, erhob mich und beschloss, am darauf folgenden Montag zu kündigen.

Am Sonntagabend sprach ich mit meiner Familie über meinen Entschluss. Meine damals 17-jährige Tochter fragte mich: »Aber Mami, was ist dann mit der Sicherheit?« Ich war verblüfft. Und versuchte ihr dann zu erklären, dass es keine Sicherheit im Job gäbe: »Wenn morgen eine neue Chefredakteurin kommt, der meine Nase nicht gefällt, kickt die mich auf der Stelle raus. Es gibt nur eine einzige Sicherheit.« Ich klopfte mir gegen die Brust. »Die ist hier drinnen. Das ich weiß, wer ich bin und was ich kann.«

Die Top Ten für Gründerinnen
Platz 5: Gehe im Guten, verabschiede dich ordentlich!

Auch wenn es manchmal reizt, im alten Job »Tabula rasa« zu machen, endlich mal allen zu sagen, was man von ihnen hält – stopp! Gehen Sie im Guten, erfüllen Sie bis zum Schluss Ihre Aufgaben ordentlich, räumen Sie Ihren Arbeitsplatz in Ehren. Verbrannte Erde zu hinterlassen, reizt manchmal, wenn man schlecht behandelt worden ist. Doch der Triumph ist kurz. Sie kennen doch den Spruch »Man trifft sich immer zweimal im Leben.« Knüpfen Sie Ihr Netzwerk im Gegenteil noch einmal enger, schaffen Sie gute Verbindungen. Sie wissen nicht, ob nicht Ihre alte Firma, Vorgesetze oder Kollegen zukünftige Kunden werden können.

Und doch hatte meine Tochter genau den Punkt angesprochen, an dem ich auch noch am meisten knabberte. Selbstständigkeit schien das Gegenteil von Sicherheit. Am nächsten Morgen, bevor ich ins Büro ging, telefonierte ich mit meiner besten Freundin und erzählte von meinem Ringen um den Entschluss. Und ihr Satz war es, der den 50. Impuls setzte (Sie kennen ihn bereits – aber man kann ihn gar nicht oft genug wiederholen): »Eins musst du wissen, bei mir bekommst du immer einen Teller Suppe. Denk dran, du bist nicht allein auf der Welt. Du wirst nicht in der Gosse landen.«

Wie oft habe ich später als Coach genau solche Zweifel von Menschen geschildert bekommen, die darüber nachdachten, sich selbstständig zu machen. Die Angst, in der Gosse zu landen, war sehr oft dabei – »Wenn du Glück hast mit 'ner Buddel Wein, wenn du Pech hast ohne«, wie einmal jemand mit schwarzem Humor witzelte.

Mir half damals jedenfalls dieser Satz meiner Freundin. Ich war zu allem entschlossen. Mit großen Schritten stürmte ich am Montagvormittag ins Büro meiner Chefredakteurin, um zu kündigen, und – sie war nicht da. Mist. Doch jetzt war ich von der Richtigkeit des Handelns überzeugt, die Lunte brannte.

Am nächsten Morgen führte mich mein erster Weg wieder in die Chefetage und diesmal saß sie an ihrem Schreibtisch. Ich holte tief Luft: »Lisa, ich kündige.« Sie sah mich lächelnd an und antwortete: »Ja, gut. Das habe ich schon lange erwartet.« Anstatt mich zu freuen, war ich zutiefst gekränkt. Sie machte nicht einmal den Versuch, mich zu halten. Nach neun Jahren aufopfersvoller Arbeit für die Zeitschrift ...! Sie hätte mir ja wenigstens ein Gegenangebot machen können, dachte ich. Das ich dann natürlich mit fester Stimme abgelehnt hätte. (Nein, ich bin überhaupt nicht eitel.)

Also, jetzt war es unumkehrbar. Ich zählte die Monate, hoffte, früher aus meinem Arbeitsvertrag herauszukommen. Nahm immer mehr Trainingsjobs an. Und erhielt dann zum Abschluss doch noch einmal ein Riesenprojekt, ein Berufs-Special, das mich zwang, bis zum allerletzten Tag zu arbeiten.

Ich feierte am 31. März, einem Mittwoch, meinen Ausstand. Und am Donnerstag, dem 1. April 1999, hatte ich keine Stelle mehr. Ehrlich, so war das erste Gefühl – kein Boden unter den Füßen. Erst nach und nach überwog die Erkenntnis: »Juhhu, ich bin jetzt frei!« Ich hatte im Stockwerk über unserer Wohnung ein kleines Büro gemietet, der Name meines Unternehmens stand fest: Asgodom Live. Eine Grafikerin hatte mir ein Logo entworfen, Briefpapier und Visitenkarten waren gedruckt. Die Homepage war in Arbeit. Ich hatte eine Assistentin engagiert, die mir auf Stundenbasis helfen sollte, mein Büro zu ordnen. Und jetzt saß ich dort und sichtete die Stapel auf meinem Schreibtisch, die sich in den letzten Monaten angesammelt hatten.

Die Top Ten für Gründerinnen
Platz 4: Investiere in Unterstützung – von Anfang an

»Ich kann es mir nicht leisten, jemanden zu beschäftigen.« Das höre ich von vielen, die sich selbstständig machen. Und ich erwidere gern: »Sie können es sich nicht leisten, sich nicht helfen zu lassen.« Gerade Frauen gründen »bescheiden«, und kommen aber auch oft nicht in die Gänge, putzen selbst abends das Büro, quälen sich mit Buchhaltung und Steuern und kleben Hunderte von Rundschreiben zu. Meine Erfahrung: Wer nicht in Mitarbeiter investiert, bleibt immer klein. Das müssen keine Festanstellungen sein, aber Arbeit stundenweise, von Studenten oder Müttern im Erziehungsurlaub, der ältere Nachbar, der sich freut, etwas dazuzuverdienen – holen Sie sich Hilfe für das, was nicht Ihrer »Kernkompetenz« entspricht, oder für das Sie schlicht zu teuer sind: zur Post gehen, putzen, Ablage machen ...

Diese Sichtung machte mir erst einmal klar, unter welchem Druck ich in den letzten Monaten der Paralleljobs gestanden hatte. Ich fand unbeantwortete Anfragen nach Vorträgen und Seminaren, unbezahlte Rechnungen, ungeordnete Belege, die einen ganzen Schuhkarton hätten füllen können. Und ich fühlte eine tiefe Erschöpfung.

Nach einigen Wochen merkte ich, dass die Assistentin, eine arbeitslose Akademikerin, die ich mal bei einer Veranstaltung kennen gelernt hatte, nicht die Richtige für mich war. Sie machte sich meine Gedanken, hätte gern an meiner Stelle auf Bühnen gestanden, statt Rechnungen zu schreiben und die Büroablage zu organisieren. Klopapier einkaufen war vollends unter ihrer Würde. Wenn ich von einer Reise zurückkam und sie fragte, ob die Briefe an diesen oder jenen raus seien, kam schon mal die Antwort: »Nein, aber ich habe mir überlegt, wie du diesen Vortrag besser strukturieren könntest.« Ich war höchst genervt, brauchte sie aber dennoch – zunächst jedenfalls. Nach einem weiteren Monat schlug sie mir vor, eine Assistentin einzustellen, die die Büroarbeiten machen könnte. Der Gedanke war dreist, aber ich griff ihn begeistert auf. Sie wusste nicht, dass damit für sie die Abschiedsglocken geläutet hatten.

Wir informierten das Arbeitsamt, dass wir einen Büroprofi suchen würden. Innerhalb weniger Tage hatten wir zehn Bewerbungen, alles Frauen mit gutem Renommee. Ich stellte die Frau ein, mit der ich nach kürzester Zeit am herzlichsten lachen konnte. Die erfahrene Sekretärin hatte eine dreijährige Tochter, kam aus der Elternzeit und wollte nur zwanzig Stunden arbeiten. Perfekt.

Monika Jonza begann am 1. Oktober 1999 und ist heute meine unersetzliche Office Managerin, die mein Büro strukturiert, mit Auftraggebern verhandelt, Reisen organisiert und abrechnet. Meine linke und meine rechte Hand. Von Kunden geliebt, von Kollegen geschätzt. Und ich weiß, ohne ihr tatkräftiges Engagement wäre Asgodom Live nicht das Unternehmen, das es heute ist.

Die Top Ten für Gründerinnen
Platz 3: Lerne aus Fehlern – halte sie im überschaubaren Rahmen

Unternehmerin werden heißt, etwas zu unternehmen, sonst hieße es Unterlasserin. Natürlich passieren dabei Fehler. Scheuen Sie sich nicht, etwas zu riskieren, Fehlentscheidungen zu treffen. Es gibt niemanden, der sich selbstständig gemacht und kein Lehrgeld bezahlt hat. Das Gute daran ist, dass Sie nur sich selbst gegenüber Rechenschaft schuldig sind und niemand Sie anmaulen kann. Das Schlechte ist, dass Sie selbst für jeden Fehler bezahlen müssen. Deshalb sollten die Fehler im überschaubaren Rahmen stattfinden.

Ein Tipp: Je größer eine Entscheidung, umso intensiver die Vorbereitung und die Konsultationen. Wen könnten Sie fragen, der sich im Metier auskennt? Wer hat Erfahrungen? Lassen Sie sich von Profis beraten.

Als Moni Jonza das Regiment im Büro übernahm, begann eine neue Ära. Es wurde sehr schnell klar, dass die Wickeltischzeit endgültig zu Ende war. Ich nahm einen Geschäftskredit über 60 000 Euro auf. Wir fanden ein repräsentatives Büro in München-Bogenhausen, vier Zimmer, 130 Quadratmeter groß. Feinste Schreibtische, edle PCs. Hochwertige Flyer und Mappen wurden gedruckt. Wir feierten eine rauschende Einweihungsparty mit über 100 Gästen und einer brasilianischen Bar, bis nachts um vier der letzte Caipi ausgeschlürft war.

Klingt ein bisschen nach Höhenflug? War es auch. Ich verdiente richtig viel Geld. Besser gesagt, ich machte richtig viel Umsatz. Die Aufträge liefen prima, ich war gut im Geschäft. War in ganz Deutschland, in Österreich und in der Schweiz unterwegs. Hielt Vorträge in Schweden und auf Sizilien. Wurde mehr und mehr von großen Unternehmen gebucht. Mein Tagessatz stieg auf 3 000 Euro (muss eine alte Frau lang für stricken).

Mein großer Vorteil während meiner ganzen Gründungsphase: Ich kenne Menschen ohne Ende, ich interessiere mich für Menschen, ich mag Menschen. Ich nehme mir Zeit für Gespräche und Kontakte. Das heißt, ich habe ein Netzwerk von Hunderten von Personen, die ich mit Namen und Biografie kenne. Diese Kontakte waren es, die mich in die große, weite Welt der Wirtschaft vermittelt haben. Trainerkollegen haben mich empfohlen. Ich wurde gebeten, an einem Buch zum Thema Zukunftsmanagement mitzuschreiben, rutschte damit in die Riege der Top-Trainer Deutschlands, wurde zu Best-of-Vortragsreihen eingeladen. Fürs Honorar bedeutete das: Aufschließen zu den erfolgreichen Kollegen.

Dabei habe ich es immer vermieden, mir »Diva-Allüren« zuzulegen. Wir werden von Kunden immer wieder gelobt für Zuverlässigkeit, Flexibilität und fairen Umgang.

Menschen geben die besten Inspirationen. Wie finde ich neue Themen? Durch Gespräche. Wie erkenne ich Trends? Durch Gespräche. Dadurch komme ich immer wieder auf neue Ideen. Wenn ich wieder einmal mit einem Sack voller Ideen von einer Reise zurückkehrte,

seufzte Moni Jonza schon immer halb im Scherz: »Du machst mich wahnsinnig!«
Spontaneität ist super. Und manchmal ist sie leider auch teuer. Mein erster Mittelname in dieser Zeit war Fantasie, der zweite Großzügigkeit und der dritte Blauäugigkeit. Gestatten: Sabine F. G. B. Asgodom. Aufgewachsen in einem Lehrerhaushalt mit vier Kindern in einem kleinen Dorf in Niedersachsen. Angekommen in der großen, weiten Welt. Nur ein Beispiel: Ich organisierte im Jahr 2001 für meine Kunden und Freunde ein Businessdinner im Kaisersaal des Bayerischen Hofs in München (darunter machte ich es damals nicht), Candle-Light, weißer Damast, traumhafter Blumenschmuck.

Ich legte – aufgrund von Daumenschätzungen – ein Eintrittsgeld von 69 Euro fest, was (wie sich später herausstellte) gerade einmal das Vier-Gänge-Menue und zwei Getränke abdeckte. Es kamen fast 100 Gäste. Was ich nicht berechnet hatte: Die Kosten für die musikalische Einlage (Sängerin und Klavierspieler), für die Technik, für den Champagnerempfang, Honorar für die Keynote-Vortragende (ich war davon ausgegangen, sie macht es für die Ehre), Blumenschmuck, Gastgeschenke und Trinkgelder. Und: die Unmengen besten Weins und Digestifs, die die Gaste fröhlich bis ein Uhr nachts ausharren ließen. Sprich: Sie tranken mir die Haare vom Kopf! Einige Freunde schwärmen heute noch von diesem einmaligen Abend. Mir hat er fast das Genick gebrochen, weil ich auf über 6 000 Euro Kosten sitzen blieb.

Als ich viel später meinem Cousin, der in Mainz das fantastische Hotel und Restaurant »Favorite« besitzt, von meinem Reinfall erzählte, meinte der nur lakonisch: »Na klar, du kennst ja auch niemanden, den du vorher hättest fragen können.« Soll ich ehrlich sein? Ich wollte niemanden fragen. Ich wollte »selbst, selbst, selbst«, wie ein zweijähriges Kind, das laufen lernt. Und so fiel ich mehrmals auf die Nase. Zu lernen, auf eigenen Füßen zu stehen, tut manchmal weh.

Natürlich kann so etwas auch alles gutgehen – wenn man ein vernünftiges Verhältnis zu Geld hat und eine professionelle Einstellung seinen Kunden gegenüber. Im Jahr 2001 schaffte ich es, durch eigene Dummheit meinen größten Kunden zu verärgern. Den Kunden, dessen Aufträge mir überhaupt den Mut gegeben hatten, mich selbstständig zu machen. Wie wahnsinnig kann man sein? In einem Interview hatte ich unbedacht etwas Kritisches über eine Veranstaltung dieses Kunden, übrigens eine der mächtigsten Banken in Europa, gesagt. Drei Tage später wurden die ersten Seminare storniert. Nach zwei Wochen waren alle Termine aus den verschiedensten Gründen abgesagt.

Obwohl ich mich schriftlich bei den Vorständen entschuldigte, fiel ich in Ungnade und stand als Trainerin jahrelang auf der Schwarzen Liste dieser Bank. Ich habe mir damals immer wieder das Hirn zermartert: Was sollte ich aus dieser dummen Geschichte lernen? Wie konnte mir das überhaupt nur passieren? Monate später wusste ich es: Ich war im Herzen noch Journalistin (ich hatte übrigens nichts Falsches gesagt), aber noch nicht Dienstleisterin. Was sollte ich also schmerzhaft lernen? Als Trainerin loyal zu meinen Kunden zu stehen. Recht zu haben, heißt nicht, Recht zu bekommen. Dieser Lernerfolg hat mich viel Geld gekostet. Aber ich habe meine Lektion gelernt. Übrigens wurden die meisten Termine, die durch die Stornierung frei wurden, von anderen Auftraggebern wieder neu gebucht, so hielt sich der Schaden am Ende doch in Grenzen. Warum erzähle ich Ihnen das? Als Warnung. Aber auch als Ermutigung. Wer entscheidet, wird Fehler machen. Und meistens kommt es nicht so schlimm, wie es anfangs scheint.

Und manchmal doch. 2001 stellte ich zwei weitere Mitarbeiterinnen ein. Ich fühlte mich wie eine echte Unternehmerin, war stolz wie Oskar, dass ich Arbeitsplätze schaffte: eine Marketingfrau fest, eine Journalistin auf Honorarbasis, die mir bei den Büchern helfen sollte – im Nachhinein weiß ich: für viel zu hohe Beträge. Ich wollte halt eine großzügige Chefin sein, hatte ich doch als Gewerkschafterin immer für Mitarbeiter gekämpft. Und plötzlich überstieg unser Personaletat das vernünftige Maß. Dazu kamen die stattliche Miete und die Rückzahlung des Kredits. Nachts kamen wieder einmal die Albträume, schweißgebadet wachte ich auf, sah mich wieder direkt in die Pleite schlittern. Arbeite mehr und mehr, wurde getrieben von Erfolg und Angst. Glich es aus durch ein luxuriöses Leben. Irgendwann merkte ich, dass mir der Spaß an der Arbeit verging, weil der Druck im Nacken zu stark wurde. Und ich zog die Notbremse: Ich trennte mich von den beiden in gutem Einverständnis, und wurde mit Moni Jonza wieder zum eingespielten Doppel. Und stellte für mich fest: Ich bin die klassische »Selbstangestellte«, der Freiheit wichtiger ist als ein großer Stab. Ich konnte wieder gut schlafen und der Spaß an meiner Tätigkeit war auch wieder da. Im Rückblick finde ich es erstaunlich, dass ich trotz aller Schwierigkeiten und Rückschläge nach außen immer gut funktionierte und nicht krank wurde. Danke Gott.

Doch meine Lehr- und Wanderjahre als Gründerin waren noch nicht zu Ende. Im Sommer 2003 schlug das Finanzamt zu! Ich geriet in die Falle des dritten Jahres. Der Zeitpunkt, an dem die meisten Unternehmen scheitern, die insolvent werden, wie ich heute weiß. Ich habe diese Geschichte bisher außer sehr guten Freunden noch niemandem erzählt, aber ich denke, wenn ich schon ein ehrliches Buch über den Weg in die Selbstständigkeit schreibe, dann müssen alle Fakten auf den Tisch – auch und gerade die gefährlichen, die Eisbergfallen, für die man gewappnet sein muss. Also los.

Die Top Ten für Gründerinnen
Platz 2: Verwechsele Umsatz niemals mit Gewinn!

Legen Sie von Beginn Ihrer selbstständigen Tätigkeit an konsequent den Teil für die Steuer auf ein Extrakonto. Umsatz ist nicht Gewinn! Lassen Sie sich den Anteil von Ihrem Steuerberater ausrechnen. Und verhindern Sie, dass Sie unterm Jahr Zugriff auf dieses Konto haben. Ein Rücklagenkonto sollten Sie separat davon führen. Im zweiten oder dritten Jahr trifft viele Gründer der »Sudden Death« der Steuer. Sie verdienen endlich gut, haben viel zu geringe Vorauszahlungen geleistet und zu wenig zurückgelegt. Und dann kommt der Steuerbescheid. Die Insolvenz ist oft nicht abzuwenden. Beschäftigen Sie sich mit dem

Thema Geld. Wenn Sie es nicht gelernt haben, lernen Sie, was wichtig ist, lernen Sie vorausschauend zu denken und zu handeln.

Ich bin fast in Ohnmacht gefallen, als ich nach einem dreiwöchigen Urlaub Ende August 2003 den Steuerbescheid für das Jahr 2001 bekam. Kein Mitleid bitte, ich bin offenen Auges ins Verderben gerutscht. Ich habe den Kardinalfehler der Gründer begangen: habe Umsatz und Gewinn nicht unterschieden. Alles meins, hatte ich mir gedacht. Was war faktisch geschehen: Ich hatte viel zu geringe Vorauszahlungen auf die zu erwartende Steuer geleistet, bei einem rasant wachsenden Umsatz. Und dann kam der Steuerhammer.

Der hieß NACHZAHLUNG: 49 000 Euro für das vorletzte Jahr Steuernachzahlung, 51 000 Euro Nachzahlung für das vergangene Jahr und um über 40 000 Euro erhöhte Vorauszahlungen für das laufende Jahr. Bedeutete: Innerhalb von vier Wochen sollte ich mal eben 140 000 Euro Steuern überweisen.

Ich bekam einen hysterischen Anfall, Heulkrämpfe. Wutanfälle, Rachefantasien, pure Verzweiflung keimten auf ... So viel Geld hatte ich nicht zurückgelegt. Und auch auf keinem Konto (auch nicht in der Schweiz, wie mir der Finanzbeamte unterstellte) gebunkert. Um ehrlich zu sein, mein Steuerberater hatte mir die Konsequenzen in mehreren Schreiben angekündigt und mir geraten, Geld zur Seite zu legen. Ich wusste schon, dass ich etwas nachzahlen musste. Aber ich hatte nicht mit der Verdreifachung der Summe gerechnet. Oder es jedenfalls verdrängt. Um ehrlich zu sein: Wir hatten durchaus immer wieder brav etwas aufs Steuerkonto abgezweigt, aber dann gab es doch wieder Anlässe, um an die Reserven heranzugehen.

Ich war 2002 zu Hause ausgezogen und hatte allein 20 000 Euro Ablöse für meine Traumwohnung zahlen müssen, in die ich auch mein Büro integrierte. Der Umzug selbst kostete eine Stange Geld. Weg waren wieder mal die Rücklagen.

Im Juli 2003 hatte ich meinen 50. Geburtstag pompös gefeiert – nach dem Motto: »Nur einmal im Leben ...« Keine Entschuldigungen, ich weiß, aber Erklärungen. »Zu hohe Privatentnahmen«

nennen Fachleute das. Zwei Monate später also sauste der Hammer auf mich herab.

Ich möchte nicht im Einzelnen erzählen, wie ich die Krise überwunden habe. Nur zwei Bemerkungen dazu. Erstens: Dem Finanzamt war es egal, ob ich Bankrott machte oder nicht, ob Arbeitsplätze verloren gingen, ein prosperierendes Unternehmen von der Bildfläche verschwinden würde, zwei Familien leiden müssten. »Selbst schuld«, hörte ich. Ein ziemlich schreckliches Gefühl, von einem arroganten Beamten wie eine Schwerverbrecherin behandelt zu werden. Hallo, ich hatte einen Fehler begangen, aber niemanden umgebracht!

Und zweitens: Ohne Menschen, die es gut mit mir meinten, der Hilfe wahrer Freunde und meiner Bank, hätte ich diesen Crash nicht überstanden. Menschen entpuppten sich plötzlich als Helfer, von denen ich es nie erwartet hätte (und andere, auf deren Hilfe ich gehofft hatte, »tauchten elegant ab«). Ich weiß, dass man viel über Banken schimpfen kann, in diesem Fall haben meine Bankberaterin und die Filialleiterin alles getan, um mir zu helfen. Sie haben immer an mich geglaubt. Und sich für mich verbürgt. Hier ein riesiges Dankeschön!

Vor kurzem warf mir mal ein Zuhörer nach einem Vortrag vor: »Sie haben leicht reden, bei Ihnen ist ja immer alles glatt gelaufen.« Und ich antwortete: »Wie kommen Sie darauf? Woher nehmen Sie diese Erkenntnis?« Seine Replik: »Na, Sie nehmen alles leicht.« Und meine Entgegnung: »Wenn ich alles schwer nehmen würde, könnte ich auf keiner Bühne mehr stehen.« Ich kenne niemanden, dessen Leben einfach nur easy verlaufen ist. Fast jeder Mensch kennt die dunklen Löcher, in die man fallen kann. Aus dem Loch wieder herauszufinden, bringt die Kraft, das Leben positiv zu sehen, Wichtiges und Unwichtiges unterscheiden zu können. Die richtigen Relationen herzustellen.

Und heute weiß ich, dass ich diese Erfahrungen machen musste, da ich kein vernünftiges Verhältnis zu Geld hatte. Ich hatte immer gesagt: »Geld ist mir eigentlich egal, ich will nichts stapeln. Nur als Tauschmittel haben möchte ich es.« Dabei hatten Geldprobleme mein ganzes Leben beeinflusst. Ich wollte mich nicht mit Geld befassen. Es war da oder nicht. Aber ich kannte keinerlei Finanzmanagement, kein strategisches Vorgehen. Und glauben Sie mir, das habe ich inzwischen wirklich gelernt. Ich habe vor allem gelernt, Verantwortung für meine Finanzsituation zu übernehmen. Es ist mein Leben, mein Überleben, meine Geldsituation. Der Satz »Geld ist mir nicht wichtig« ist eine Ausflucht, sich nicht damit befassen zu müssen, Finanzen passen nicht zum Spaßprinzip. Aber sie sichern die Existenz. Egal, ob man viel oder wenig hat, es kommt auf die Balance an.

Die Top Ten für Gründerinnen
Platz 1: Übernimm die Verantwortung für dein Handeln

Man braucht genauso viel Zeit und Kraft dafür, Ausreden für Misserfolge zu finden, wie dafür, Lösungen zu suchen, um diese wieder auszugleichen. Schieben Sie die Schuld nicht auf andere: »Mein Chef ist so stur, mein Mann so unflexibel, die Gesellschaft so unfreundlich, die Zeiten so schlecht.« Übernehmen Sie die Verantwortung für Ihren beruflichen Erfolg. Entdecken Sie Alternativen. Und denken Sie in Alternativen. Was könnten Sie noch tun? Was verändern? Wo können Sie aktiv werden? Machen Sie sich einen Plan. Und einen Ausweichplan. Investieren Sie Fantasie, Zeit und Kraft in den eigenen Lebensweg. Und finden Sie Erfüllung in einer Tätigkeit, die Sie ganz fordert und die Sie nährt. Bedenken Sie: Finanzielle Freiheit steht für persönliche Freiheit.

Wenn ich jetzt meine eigene Geschichte lese, merke ich, dass ich anhand des Themas Geld gelernt habe, Verantwortung für mein Leben zu übernehmen, autonom zu werden. Der Weg zur persönlichen Freiheit hat eben sehr wohl auch mit der finanziellen Freiheit zu tun. Jemandem wie mir, der sagt, Geld ist mir nicht wichtig, kommt das Thema ziemlich prominent vor.

Die Fähigkeit zu lernen, offen für Dinge zu sein, Risiken einzugehen, ist andererseits eine der Grundlagen für meinen Erfolg. Mit jedem Buch habe ich mir ein neues Thema erschlossen: *Genug gejammert, Setz dich durch, Greif nach den Sternen, 12 Schlüssel zur Gelassenheit, Lebe wild und unersättlich.* Ich habe damit neue Vortragsthemen generiert und neue Seminare entwickelt.

Ich weiß, dass man als Selbstständige oft gewarnt wird, keinen »Bauchladen« anzubieten. Aber ehrlich gesagt: Mir wäre ein Thema auf Dauer zu langweilig. Ich brauche die neuen Ansätze, möchte nicht zwanzig Jahre den gleichen Vortrag runternudeln. Das heißt natürlich auch, sich immer wieder Neues einfallen zu lassen, zu erkennen, dass manche Themen nicht ankommen oder erst Jahre später auf offene Ohren treffen. Aber es macht mir Spaß, als das »Trüffelschwein« aktuelle Themen zu finden, da treffen sich die Erfahrungen der Journalistin aufs Wunderbarste mit den Einsichten der Trainerin und des Coaches.

Grundlage für alles sind die Erkenntnisse der Positiven Psychologie, die auf die Stärke der Menschen setzt und das Beste aus ihnen herausholen will. Es macht unendlichen Spaß, mit Menschen zu arbeiten, ihnen kleine Lichter aufzusetzen in Form von Erkenntnissen und Erfahrungen, Geschichten und Beispielen.

Ich halte inzwischen sehr viele Keynote-Vorträge vor großem Publikum, auf Kongressen und Kundenveranstaltungen, was mir extrem viel Spaß macht. Und meinen Tagessatz habe ich auch auf Eurobasis noch einmal kräftig gesteigert, er liegt heute zwischen 4 500 und 7 000 Euro. Dazu beigetragen hat sicher, dass 2007 erstmals ein Buch von mir monatelang auf der *Spiegel*-Bestsellerliste stand. So etwas wird wahrgenommen.

Ich liebe aber auch das konzentrierte Arbeiten im Einzelcoaching mit Menschen, die wirklich etwas verändern wollen und in den Erfolg investieren. Als »Trainerin der Manager« hat mich die *Financial Times Deutschland* vor einigen Jahren zu den 101 wichtigsten Frauen der deutschen Wirtschaft gezählt. Ja, da lohnt sich doch die Mühe!

Ehrenamtlich bin ich aktiv in der German Speakers Association (GSA), der Vereinigung von Spitzentrainern im deutschsprachigen

Raum, zu deren Präsidentin ich 2007 gewählt worden bin. Ich bin im Beirat der Hannover Messe, habe ein Aufsichtsratsmandat und bin Mitglied in vielen beruflichen Netzwerken, die ich gerne unterstütze. Netzwerken ist für mich nach wie vor die Nummer eins des Erfolgs. Menschen sind so spannend!

Ich werde sehr häufig für Zeitungen und Zeitschriften interviewt, so wird mein Name immer weiter getragen. Ich bin oft als Interviewpartnerin im Radio und furchtbar gern Gast in Fernseh-Talkshows. Anders als zu Beginn meiner TV-Erfahrungen bin ich heute meistens gelassen und unaufgeregt, sobald ich im Studio sitze (vorher nerve ich meine Umwelt allerdings ordentlich). Hier fühle ich mich wohl, bin präsent, mutig und frech. Ich lebe das, was ich anderen Frauen immer wieder sage: Zeigt euch, traut euch, nur so kann man euch wahrnehmen.

Nachdem ich die Untiefen der Selbstständigkeit überlebt habe, habe ich einen guten Kurs in die Zukunft gefunden. Ich habe letztes Jahr meine Tochter ins Unternehmen aufgenommen, sie leistet als Projektmanagerin hervorragende Arbeit. Ich bin beruflich auf dem Höhepunkt. Die vielen Jahre Investition in meinen Namen und meinen Ruf haben sich ausgezahlt.

Gibt es etwas, das ich verbessern will? Natürlich. Ich möchte weniger arbeiten. Immer noch bin ich fast 200 Tage im Jahr geschäftlich unterwegs. Das soll und wird sich ändern. Ich habe nach Jahren des Alleinseins eine neue Liebe gefunden und möchte wieder mehr Zeit fürs Leben neben der Arbeit haben. Auch das ist Erfolg. Drücken Sie mir die Daumen!

2.

Die Arbeitswelt der Zukunft

Sie haben anhand meiner eigenen Erfolgsgeschichte gesehen, was alles gewagt werden darf – und manchmal auch muss –, um in die Selbstständigkeit, zum eigenen beruflichen Selbst aufzubrechen. Das ist oft beschwerlicher als eine normale Angestelltenlaufbahn, auch risikoreicher, aber solch Wagnisse werden zum Lebensentwurf von immer mehr Menschen gehören. Denn »Plan B«, die berufliche Selbstständigkeit, wird sich immer mehr durchsetzen.

Wie werden wir in Zukunft leben?

»30 bis 40 Prozent Selbstständige wird es im Jahr 2050 in Deutschland geben«, prophezeit Matthias Horx, Deutschlands bekanntester Trendforscher[1]. Tom Peters, Amerikas einflussreichster Managementvordenker, ruft in seinem aktuellen Bestseller *Reimagine!* zur radikalen Abkehr von traditionellen Wirtschafts- und überholten Karrierevorstellungen auf. Seiner Meinung nach gibt es keine Sicherheit des Bürotrotts mehr, keine stabilen Arbeitsplätze, sondern nur noch die selbstorganisierte Karriere mit mehr als drei verschiedenen Berufen und 50 Pojektideen innerhalb der Berufstätigenphase.

Der britische Sozialwissenschaftler Charles Handy hat beispielsweise schon 1989 vorausgesagt, dass sich Unternehmen in Zukunft aus drei Arten von Beschäftigten zusammensetzen werden:

- ein Drittel Kernbelegschaft,
- ein Drittel Zeitarbeiter und
- ein Drittel Freelancer, also Selbstständige[2].

Und die aktuelle Entwicklung zeigt genau dahin. Was in den USA und in Großbritannien seit langem als »SOHOs« bekannt ist – Small Offices, Home Offices –, kommt jetzt auch mehr und mehr zu uns. Wenn das keine starke Motivation ist, »Lebensunternehmerin« zu werden, also über die Gründung des eigenen Unternehmens nachzudenken! Aus den Zeitdiagnosen verschiedner Zukunftsforscher ergeben sich die folgenden Trends, die Sie bei Ihrer beruflichen Entscheidung berücksichtigen sollten:

- Renten aufgrund des Generationenvertrags – dass also die Arbeitenden die Nicht-mehr-Arbeitenden finanzieren – werden nur noch als Teilfinanzierung möglich sein. Durch Ersparnisse, Versicherungen und Ähnliches muss jeder selbst vorsorgen – oder im Alter weiter arbeiten. Dies aber ist nur schwer in einer Angestelltenposition machbar, deshalb ist Selbstständigkeit eine gute Option, auch über die 67 hinaus noch einzelne Aufträge anzunehmen. Oder das Unternehmen gewinnbringend zu veräußern.
- Die Zahl der Geburten geht zurück, solange Frauen sich »immer noch zwischen Familie und Erwerbsarbeit entscheiden müssen«[3]. Das gilt besonders für angestellte Tätigkeiten, bei denen es oft an Zeit und zeitlicher Flexibilität für Kinder fehlt. Selbstständigkeit, Teilselbstständigkeit, eine Lebensgemeinschaft von zwei Teilselbstständigen oder großfamilienähnliche Lebensgemeinschaften aber könnten Kindern die notwendige Betreuung und den Eltern das gute Gewissen vermitteln, dass die Kinder gut versorgt werden. Immer mehr Frauen werden darum teilselbstständig werden. Sie behalten zwar eine feste Halbtagsstelle (für Grundversorgung, Versicherung, Rente et cetera), bauen sich aber daneben ein freies

Geschäft auf, zum Beispiel im Direktmarketing, wo sie aktiv werden können, wenn der Mann zu Hause oder die Kinder bereits im Bett sind.
- »Sich mit Mitte 60 zur Ruhe zu setzen hat ausgedient (...), in Island arbeiten heute schon 90 Prozent aller 60-jährigen Männer.«[4] Wir werden länger arbeiten »können und auch wollen« und so der Industrie auch länger als Kunden und Konsumenten zur Verfügung stehen. »Richard von Weizsäcker (...) ist 88 Jahre alt, und er könnte als Manager in vielen Firmen anfangen«, schreibt Matthias Horx. Selbstständigkeit heißt: Ich kann Wissen und Praxiskenntnisse – in Jahrzehnten erworben – immer noch zur Aufbesserung nicht ausreichender Altersbezüge einsetzen. Es gibt also keine Altersgrenze.
- Die klassischen Angestellten werden künftig die Minderheit ausmachen. Viele Menschen, die den Trend zur Selbstständigkeit verpassen, werden sich in unfreiwilliger beruflicher Selbstständigkeit wiederfinden. Überlegen Sie deshalb rechtzeitig: Was ist mein Geschäft? Was kann ich, was andere brauchen? Was brauchen andere, was ich kann? Jetzt Nischen besetzen, heißt in Zukunft Trendsetter zu sein.
- Es wird viel mehr Freiberufler, kreative Dienstleister und Projektarbeiter geben, weil einerseits Arbeit immer stärker projektorientiert sein wird, und andererseits wir selbst immer mehr Flexibilität und eine bessere Balance zwischen Arbeit und Leben anstreben. Teilselbstständigkeit ist leichter realisierbar als Teilzeitarbeit. Sie lässt sich zu allen Zeitpunkten des Berufslebens einrichten: beim Berufseinstieg, bei Karriereknicks, in einer Abschwungphase, im Ruhestand. Teilselbstständigkeit kann zu mehr Freiheit und Freizeit führen. Denken Sie im Zuge von Kosteneinsparungen und Outsourcing in Firmen mal darüber nach: Könnte ich meine Arbeit auch als Freelancer anbieten? Sind die froh, damit den »Head-Account« in ihrer Abteilung zu senken?
- Neue Berufe entstehen: Der Wellness-Sektor boomt, neue Dienstleistungsformen vom Life Coaching bis zum Systemspezialisten

erobern den Arbeitsmarkt, dazu kommen neue technische Berufe. Arbeit wird vielfältiger und vermehrt sich dadurch. Ebenso werden die Grenzen zwischen Lohnarbeit und Familien- beziehungsweise Bürgerarbeit durchlässiger. Selbstständige können rascher auf diese Entwicklungen im Arbeitsmarkt reagieren und neue Geschäftsfelder nutzen. Sie können auf Bedürfnisse von Menschen eingehen und vielleicht sogar nebenbei ausprobieren, ob sich etwas wirklich lohnt.

- Patchwork-Familien werden die Normalität sein. Und auch im Alter werden wir Menschen neue Formen von Wahlbündnissen eingehen, die einen WG-Charakter haben können. Selbstständige können solche Lebensumfelder organisieren und dadurch selbst ein Auskommen finden – zum Beispiel als Hausmanagerin.
- Auch für die »Generation Praktikum« wird es immer interessanter, an Selbstständigkeit zu denken. Bevor sie sich jahrelang als billige Arbeitskräfte ausbeuten lassen, sollten sie überlegen, mit welcher Dienstleistung sie Geld verdienen könnten – Einkaufsservice, Wäscheservice, Hundesitter, Mädchen für alles?

Der Trend: immer mehr Selbstständige

Weitere Argumente, intensiver über eine selbstständige Tätigkeit nachzudenken, finden Sie in der Tabelle 1. Im Jahr 2007 hat das Statistische Landesamt Baden-Württemberg Daten aus der »EU-Arbeitskräfteerhebung 2006« veröffentlicht. Aufgeführt ist darin der Anteil der Selbstständigen in den 27 Mitgliedsländern der Europäischen Union an den Erwerbstätigen insgesamt. Deutschland liegt hier weit unter dem EU-Durchschnitt auf Platz 21 von 27, Österreich auf Platz 18. Und dies wird sich in den nächsten Jahrzehnten mit Sicherheit verändern, Deutschland und Österreich werden sich dem europäischen Standard anpassen.

Tabelle 1: Europa im Vergleich: Prozentsatz der Selbstständigen

EU-Mitgliedsland	Anteil der Selbstständigen an den Erwerbstätigen insgesamt
Griechenland	29,8 Prozent
Italien	24,6 Prozent
Portugal	23,2 Prozent
Rumänien	20,7 Prozent
Polen	19,9 Prozent
Zypern	19,3 Prozent
Spanien	16,5 Prozent
Irland	15,8 Prozent
Tschechische Republik	15,5 Prozent
Malta	13,6 Prozent
Belgien	13,5 Prozent
Litauen	13,3 Prozent
Großbritannien	13,0 Prozent
Slowakische Republik	12,5 Prozent
Finnland	12,3 Prozent
Niederlande	12,2 Prozent
Ungarn	12,2 Prozent
Österreich	12,0 Prozent
Bulgarien	11,9 Prozent
Slowenien	11,3 Prozent
Deutschland	11,1 Prozent
Schweden	10,4 Prozent
Luxemburg	7,6 Prozent
Durchschnitt	15,2 Prozent

Quelle: www.bawue-gruene-fraktion.de

Dass es sich um einen Trend zur Selbstständigkeit handelt, bestätigt auch das Wissenschaftszentrum Berlin (WZB) in einer Studie aus dem Jahr 2004: »Der Aufschwung der Ich-AG. Zur Renaissance der Selbstständigkeit in Europa«.[5] Die Kernaussagen:

- Die »Renaissance der Selbstständigkeit« ist mit der Änderung der Struktur verbunden. Der Trend geht hin zur Alleinselbstständigkeit, zur Selbstständigkeit von Frauen und zu Unternehmensgründungen im Dienstleistungssektor.
- Selbstständige sind überwiegend »Einzelkämpfer« ohne Personal – heute und auch morgen. Besonders deutlich ist dieser Trend in Großbritannien zu erkennen, wo 2003 bereits 75 Prozent (1983: 62 Prozent) aller Selbstständigen ohne Angestellte arbeiteten. In den Niederlanden waren im Jahr 2003 genau 67 Prozent (1983: 52 Prozent) und in Deutschland 50 Prozent (1983: 47 Prozent) der Selbstständigen »auf eigene Rechnung« tätig.
- Europaweit gilt die Förderung von Existenzgründungen und Selbstständigkeit als Motor der Entwicklung von Wachstums- und Beschäftigungschancen. Deshalb ist es für länderübergreifende Existenzgründungen auch interessant, sich über aktuelle Förderungsmöglichkeiten durch die EU zu informieren.[6]
- Die Zunahme der Selbstständigkeit ist vor allem im Dienstleistungssektor zu verzeichnen. Von 1992 bis 2002 stieg der Anteil der Selbstständigen in diesem Bereich in Deutschland von 65 Prozent auf 71 Prozent, in Großbritannien von 58 Prozent auf 66 Prozent, in Schweden von 60 Prozent (1997) auf 66 Prozent im Jahr 2002.

Der Dienstleistungssektor ist für uns als (angehende) Selbstständige so attraktiv, weil hier wenig Human- und Finanzkapital investiert werden muss. Persönliche Fähigkeiten plus starke Motivation reichen. Deutschland wird – auch aufgrund einer im internationalen Vergleich besonders niedrigen Beschäftigung im Dienstleistungssektor – oft als »Dienstleistungswüste« bezeichnet. Wollen Sie sich mit Dienstleistungsangeboten selbstständig machen, dürften Sie also auf eine entsprechende Nachfrage stoßen können.

Teilselbstständigkeit – besonders attraktiv für Frauen

Einen wichtigen Zukunftstrend hat Dr. Michael-Burkhard Piorkowsky, Professor für Haushalts- und Konsumökonomik an der Universität Bonn, ausgemacht: Selbstständigkeit in Teilzeit nimmt zu.[7] Den ersten Schritt zum eigenen Geschäft machen viele frischgebackene Unternehmerinnen und Unternehmer durch eine Nebenerwerbsgründung (also neben einer abhängigen Beschäftigung) oder eine Zuerwerbsgründung (neben einer Tätigkeit als Hausfrau oder -mann).

Beide Gründungsarten, so Piorkowsky, nehmen seit Jahren stärker zu als Haupterwerbsgründungen. Speziell die Zuerwerbsgründung hilft Frauen, sich während der Familienphase beruflich zu orientieren und zu etablieren. Piorkowskys Statistiken belegen: Die Zahl der weiblichen Selbstständigen im Zuerwerb und im Nebenerwerb hat seit 1996 um ein Drittel zugenommen. Die Zahl der »im Hauptberuf« selbstständigen Frauen ist dagegen im selben Zeitraum nur um gut 17 Prozent gestiegen. Insgesamt ist der Anteil der »Teilzeitselbstständigkeit« mit 22 Prozent überraschend hoch.

Teilselbstständigkeit ist oft auf Dauer angelegt: Nur etwa 50 Prozent der Teilselbstständigen streben einen Vollerwerb oder gar die Beschäftigung von Mitarbeitern überhaupt an. Und ebenfalls nur etwa 50 Prozent der Vollzeitselbstständigen beschäftigen Mitarbeiterinnen oder Mitarbeiter.

Eine neue und wirklich praktikable Antwort auf die von so vielen Frauen so häufig gestellte Frage zeichnet sich jetzt ab: »Mutter werden und damit auf meinen Job verzichten? Oder im Job bleiben und damit auf Kinder verzichten?« Die Antwort kann heißen: »Beides, Beruf und Kinder.« Und der Weg dorthin heißt Selbstständigkeit oder Teilselbstständigkeit. Gerade Letzteres bedeutet: zwar relativ geringe Umsätze, die aber relativ leicht zu erzielen sind.

Ein Beispiel: Zwei Mütter mit Kindern unter drei Jahren gründen einen Nachbarschaftskinderhort. Damit verdienen sie etwas Geld, ihre eigenen Kinder sind ein paar Stunden – in denen jeweils eine der

Mütter einer anderen Tätigkeit nachgehen kann – in guter Obhut. Das Modell lässt sich über Jahre fortführen: zunächst ein Nachbarschaftskindergarten, später ein Hort für die Betreuung von Grundschulkindern, daran angeschlossen eine Betreuung inklusive Hausaufgabenhilfe für Schulkinder.

Menschenarbeit wird wichtiger als Industriearbeit

Die berufliche Selbstständigkeit wird außerdem zur wichtigsten Option für alle arbeitenden Menschen, weil es künftig immer weniger Industriearbeitsplätze geben wird. Der amerikanische Sozialforscher Jeremy Rifkin, Universitätsprofessor und Berater vieler Großunternehmen, Regierungen und auch der EU-Kommission, spricht gar schon vom Ende der Arbeit – der Titel seines in Europa bekanntesten Buches lautet *Das Ende der Arbeit und ihre Zukunft*. Hier einige seiner Kernthesen:[8]

1. Industriejobs werden weitgehend verschwinden, weil Maschinen billiger und oft bereits besser produzieren als Menschen.
2. Die eigentlichen Herrscher der Welt sind die etwa 350 bis 400 Familie oder Clans, denen rund die Hälfte des Reichtums dieser Erde gehört. Die Globalisierung hat die Umverteilung von unten nach oben dramatisch verstärkt, weil die erfolgreichen Global Players weltweite Märkte direkt beliefern. Diese Superreichen, nicht die Regierungen (es sei denn, sie »gehören« den Superreichen), sind die Herrscher über Arbeit – aber auch Herrscher über Arbeitslosigkeit –, in der Folge Massenarbeitslosigkeit, weil jede Maschine, die einen Menschen ersetzt, die Profite erhöht –, und durch Massenarbeitslosigkeit erhöhen sich die Profite eben massenhaft.
3. Für alle Unternehmen – egal ob groß oder klein – gibt es den Königsweg, das Einkommen ihrer Besitzer (zu denen auch Aktionäre und Hedgefonds-Spekulanten zählen) zu steigern: Menschen in die Arbeitslosigkeit zu entlassen.

2005 untermauerte Jeremy Rifkin in einem Gespräch mit der *Stuttgarter Zeitung*⁹ seine Thesen mit Zahlen: Bis 2010 werden nur noch 12 Prozent der arbeitenden Bevölkerung in Fabriken gebraucht. Bis 2020 werden es weltweit nur noch 2 Prozent sein. Der Markt funktioniert zum allergrößten Teil ohne menschliche Arbeitskraft. Rifkin konstatiert: »Der Mensch wird in der Industrie überflüssig. Ich verdiene einen Teil meines Einkommens damit, die Chefs großer Konzerne zu beraten. Wenn ich die frage, ob sie in Zukunft noch Zehntausende von Mitarbeitern haben werden, dann lachen die laut los. Die Wirtschaftsführer wissen längst, wo die Reise hingeht.«

Unsere Politiker verschweigen diese – im Wesentlichen durch den nicht aufhaltbaren technischen Fortschritt verursachte – Entwicklung, und sie besänftigen uns durch Scheinargumente. Die drei häufigsten entlarvt Rifkin:

- Es stimmt nicht, dass viele Arbeitsplätze exportiert werden. »Die Zahl der Jobs, die in Deutschland verschwinden, weil sie zum Beispiel nach Osteuropa oder China verlagert werden, macht gerade mal ein Prozent der abgebauten Stellen aus. Der wirkliche Jobkiller ist der technologische Fortschritt. Aber davon hören Sie von den Politikern kein Wort. Maschinen machen sich als Buhmann eben schlechter als Chinesen oder Polen.«
- Es stimmt nicht, dass Ausbildung und Weiterbildung das Beschäftigungsproblem lösen könne. Wenn alle Arbeitslosen hochqualifiziert wären, würden sie dadurch immer noch keine Jobs finden. Jobs entstünden allenfalls für Menschen, die Menschenarbeit machen – nämlich in diesem Fall im Weiterbildungsgewerbe.
- Es stimmt nicht, dass die Probleme am Arbeitsmarkt durch Kürzungen im Sozialsystem gelöst werden könnten. Europa sollte auf keinen Fall den Weg der USA einschlagen. »Je härter die Sozialsysteme beschnitten werden, desto eher tauchen die Probleme an anderer Stelle wieder auf. Schlechtere Gesundheit, größere Armut, weniger Sicherheit, mehr Kriminalität. Natürlich ist die US-Arbeitslosenquote niedriger als die deutsche. Aber bei uns sitzen

allein zwei Millionen Leute in den Gefängnissen. Meinen Sie, das ist keine versteckte Arbeitslosigkeit?«

Fünf Gebiete, auf denen Menschenarbeit in Zukunft wichtig wird, benennt ein anderer Amerikaner: Robert Reich, Harvard-Professor und ehemals Bill Clintons Arbeitsminister.[10] Und diese sogenannten »fünf Cs« sind gleichzeitig gute Geschäftsfelder für Selbstständigkeit:

Computing: für Selbstständige zum Beispiel als Mittel zur Verwaltung der eigenen geschäftlichen Aktivitäten, als Kommunikations-, Werbe- und Verkaufshilfe – aber auch als Dienstleistung für andere Computernutzer oder für Produktion und Vertrieb eigener Schriften, Bücher oder Newsletter.

Caring: Fürsorge, Pflege, sich um jemanden kümmern – für Selbstständige zum Beispiel die Pflege von Kindern, Kranken oder Senioren, die Versorgung von Haushalten und/oder überlasteten Berufstätigen.

Catering: das Bereitstellen von Essen und Getränken, weil immer weniger Menschen in einem Drei-Mahlzeiten-Haushalt leben. Die Bereitstellung erfolgt entweder in Restaurants oder als Heimservice.

Coaching: menschlich-persönliche Beratung in »weichen Themenfeldern« wie zum Beispiel Gesundheit, Glück, Erfolg, Partnerfindung, Erziehung, Fitness, Liebe, Ehe und vielen anderen Lebensfragen.

Counseling: Beratung hinsichtlich »harter Themen« wie Recht, Steuern, Medizin – also jenes heute bereits gut abgedeckte Gebiet der traditionellen freien Berufe.

Die meisten Menschen spüren schon heute, wie tiefgreifend der Wandel der Arbeitswelt ausfallen wird: Mehr als 90 Prozent haben Angst um ihren Arbeitsplatz. Die Arbeitswelt ist geprägt von um sich greifender Angst, warnt der Ökonom Prof. Dr. Winfried Panse von der Fachhochschule Köln bereits seit Mitte der neunziger Jahre.[11] In einer Befragung von 1 200 Arbeitnehmern aller Hierarchieebenen zeigte sich:

- 92,8 Prozent der Befragten haben Angst um ihren Arbeitsplatz,
- 83,9 Prozent wünschen sich ihren Vorgesetzten hilfsbereiter, ehrlicher und offener,
- 63,7 Prozent fühlen sich überfordert,
- 45,6 Prozent befürchten Schwierigkeiten am Arbeitsplatz durch Gesundheitsprobleme,
- 39,4 Prozent befürchten, dass ein Kollege ihren Arbeitsplatz bedroht,
- 38,9 Prozent haben Angst vor Problemen im Betrieb wegen ihres Alters.

Professor Panse berechnet seit Mitte der neunziger Jahre die Folgekosten von Angst für die Wirtschaft und Gesellschaft. In den »Waldshuter Arbeitsmedizinischen Gesprächen 2005«[12] bezifferte er die angstverursachten Kosten für das Jahr 2004 mit 100 Milliarden Euro. Panse erklärt diese Summe mit den Einzelpositionen, die in Tabelle 2 aufgelistet sind.

Tabelle 2: Kosten für die Wirtschaft aufgrund von Angst

Angst führt zum Beispiel zu	Geschätzter Schaden für die deutsche Wirtschaft
Fehlzeiten	9 Milliarden Euro
innerer Kündigung	93 Milliarden Euro
Fluktuation	20 Milliarden Euro
Mobbing	15 Milliarden Euro
Alkoholmissbrauch	24 Milliarden Euro
Psychopharmakamissbrauch	10 Milliarden Euro
Summe	171 Milliarden Euro

Da es Überschneidungen gäbe, reduziert Panse die Gesamtkosten auf 100 Milliarden Euro – immer noch eine furchterregende Summe. Deshalb rät der Wissenschaftler 2006 in der Zeitschrift

Stern zur beruflichen Selbstständigkeit: »In der heutigen Zeit ist es falsch, die Firma zum Lebensinhalt zu machen. Mitarbeiter werden doch von Unternehmen regelrecht entsorgt. Deswegen sollten auch die Mitarbeiter die Loyalität zum Unternehmen fallen lassen und sich auf ihre persönliche Leistung konzentrieren – denn die können sie mitnehmen, in ein anderes Unternehmen oder in die Selbständigkeit.«[13]

Courage durch Selbstständigkeit

Nicht das Geld, sondern was, wie und mit wem wir arbeiten, bestimmt unser Leben. Nicht nur Jeremy Rifkin hat darauf hingewiesen, dass Arbeit nicht allein dem Gelderwerb dient, sondern vielmehr unseren Lifestyle definiert. Wie stark, das zeigen Erfahrungen von arbeitslos gewordenen Menschen, die – selbst wenn sie finanziell zurechtkommen – besonders über den Verlust von Lebenssinn klagen.

Arbeit zu haben bedeutet:

- über einen wichtigen Lebensinhalt zu verfügen,
- die Existenz materiell zu sichern und das Bedürfnis nach Sicherheit zu befriedigen,
- soziale Kontakte zu haben,
- sich in einem sozialen Orientierungsrahmen zu bewegen,
- ein Übungsfeld für soziale Kompetenz zu finden,
- über eine Strukturierung des Tagesablaufs zu verfügen,
- fachliche Kompetenz weiterzuentwickeln,
- bei erfolgreicher Bewältigung eine Stärkung des Selbstbewusstseins und die Förderung des sozialen Ansehens,
- die Möglichkeit, eigene Ziele oder Ideen zu verwirklichen, da wir viel mehr Einfluss auf die Art unserer Tätigkeit ausüben können.

Die Bestätigung, durch Arbeit ein Teil einer Gemeinschaft zu sein, ist den Arbeitslosen genommen. Wie bedeutend dieses Gefühl Zugehörigkeit ist, lässt sich daran ablesen, dass viele Menschen ohne Arbeit sogar den Zynismus der 1-Euro-Jobs dem Nicht-tätig-Sein vorziehen.

Wir haben drei Leben, sagt der Psychologe, Depressions- und Glücksforscher Professor Martin Seligman: das angenehme, das gute und das sinnvolle.[14]

Das *angenehme Leben* umschließt die Befriedigung spontaner Bedürfnisse, um positive Emotionen zu verspüren. Es trägt zu unserem Glück nur wenig und nur kurz etwas bei – so viel wie das Rauchen einer Zigarette, ein Lob oder ein heißes Bad.

Nachhaltiger glücklich macht, was Seligman *das gute* und *das sinnvolle* Leben nennt. Das *gute Leben* bedeutet: Arbeit. Seligman versteht darunter, unsere Stärken, Kräfte und Talente in die vier wichtigsten Lebensdomänen einbringen zu können: in Arbeit, Partnerschaft, Familie und größere Gemeinschaften.

Das *sinnvolle Leben* schließlich meint das Leben und Handeln nach persönlichen Werten, die mit denen unserer Kultur übereinstimmen. Und da Arbeiten zu den wichtigsten Werten unserer Gesellschaft gehört, werden nicht arbeitende Menschen aus der Wertegemeinschaft verstoßen.

Darum ist es so wichtig, einen »Plan B« in der Schublade zu haben. So können wir sicher sein, nicht plötzlich außerhalb der Gesellschaft zu stehen. Gleichzeitig verschafft uns das eine innere Sicherheit, denn wir sind auf die Wechselfälle des Lebens vorbereitet.

Menschen, die seelisch außer Tritt geraten sind, weil ihnen die Arbeit genommen worden ist, können sich übrigens im Internet auf der Website der Bundesarbeitsgemeinschaft der Freiwilligenagenturen e. V. (bagfa) mit bundesweit 250 Adressen informieren (*http://bagfa.de*). Diese Organisation bietet Menschen in arbeitsloser Sinndepression die Möglichkeit, das Zupacken wieder zu lernen – ein wichtiger Schritt, um sich neu zu präsentieren und zu orientieren. Und sich vielleicht auch – als ersten Schritt in die Selbstständigkeit – Geld durch Nachbarschaftsarbeit verdienen. (Ich finde übrigens, ein Staat, der es als Mehrheitseigner der Bahn AG erlaubt, dass sich ein Herr Mehdorn sein eigenes Einkommen selbst um mehr als 300 Prozent erhöhen darf, hat den moralischen Anspruch verwirkt, einen Armen wegen 400 Euro Schwarzgeld zu verfolgen.)

Die Zukunft der Arbeit – glauben Sie nicht, dass mir gefällt, was ich da recherchiert habe. Aber ob wir diese Trends nun mögen oder nicht, das ist unerheblich. Wir erleben das Ende der Gemütlichkeit, der klaren Laufbahnen, der sicheren Zukunftsperspektive. Deutschland ist keine Insel. Wir sind höchstens ein Floß auf dem offenen Meer. Und alle, die sich auf diesem Floß befinden, müssen sich bemühen, einen klaren Kurs für sich zu finden – selbstbewusst, selbstbestimmt und selbstständig.

3.
Kreativ zum Erfolg – 222 bewährte Geschäftsideen

Als ich mich 1999 mit »Asgodom Live« als Management-Trainerin, Keynote-Speaker und Coach selbstständig gemacht habe, hat mich eine Tante gefragt: »Was, du willst Trainerin werden? Ich wusste gar nicht, dass du so sportlich bist.« Das war nicht nur witzig gemeint. Es war eine ironische Warnung davor, »in diesen Zeiten« mein Angestelltendasein aufzugeben und so etwas »Verrücktes« zu machen. Auch Ihnen kann so etwas geschehen.

Manchmal sind wir eben von den Menschen um uns herum gedanklich weit entfernt, wenn wir unsere Träume umsetzen wollen. In vielen Familien gibt es keine »Unternehmertradition« und kein unternehmerisches Denken. Da gilt der feste Arbeitsplatz als höchstes Gut. Die Steigerung: das Beamtenverhältnis. Manche Menschen sind lieber zwanzig Jahre lang unglücklich als Beamte, statt etwas zu riskieren. Aber lassen Sie sich von diesen Bedenkenträgern nicht stoppen. Suchen Sie sich Menschen, die ebenfalls Lust auf kreative Ideenfindung haben, die mit Ihnen herumspinnen mögen und erst danach als kritische »Hinterfrager« die Realisierung unter die Lupe nehmen.

Warum es wichtig ist, verrückte Ideen zu haben

Wenn Sie sich selbstständig machen wollen, müssen Sie Ideen haben. Ein Bild, eine Vision, eine Vorstellung. Und dann ein Konzept, wie aus dem Traum Realität werden kann. Deshalb finden Sie in diesem Kapitel 222 Anregungen, womit Sie sich selbstständig machen können. Sprich: Mit diesen Ideen hat schon einmal jemand ein Unternehmen oder eine Freiberuflichkeit begründet, in Deutschland oder sonst irgendwo auf der Welt. Dieses Kapitel soll Ihnen aber vor allem Mut machen, selbst herumzuspinnen und kreativ zu werden. Leider hat man uns das Spinnen oft schon als kleines Mädchen verdorben. »Spinn nicht so herum«, haben viele von uns gehört. Oder: »Erst denken, dann reden.« Danke schön auch. Heute weiß ich: Spinnen und Träumen hilft, das Unmögliche zu fassen; große Ansprüche stellen hilft, ein lohnenswertes Ziel zu formulieren. Wer wenig erwartet, wird wenig bekommen. »Think big«, heißt es in Amerika, wo die Menschen dreimal so mutig sind wie in Deutschland, wenn es darum geht, sich selbstständig zu machen.

Nach dem Spinnen muss natürlich irgendwann der Realitäts-Check kommen. Ein Beispiel: Ich habe als 13-Jährige davon geträumt, Eiskunstlaufweltmeisterin zu werden. Die großen Stars meiner Kindheit waren Marika Kilius und Hans-Jürgen Bäumler. Ich wollte natürlich Marika sein, die von einem wunderschönen, schwarzgelockten Muskelprinzen übers Eis getragen wird. Das Blöde daran: Ich habe damals gar nicht eislaufen können. Es gab nicht einmal ein Eislaufstadion in der Nähe.

Was lernen wir daraus? Unsere Idee sollte etwas mit uns zu tun haben, mit unserem Können, unserem Wissen, unserer Erfahrung. Wenn keinerlei Voraussetzungen vorhanden sind, nützt die schönste Idee nix. (Wenn ich allerdings bedenke, welche Träume dahinter steckten – berühmt und erfolgreich sein, im Scheinwerferlicht stehen, vor Publikum und im Fernsehen auftreten, Anerkennung satt zu bekommen –, ja, das habe ich dann auch ohne Schlittschuhe ganz gut hinbekommen.)

Auf einer Party hat einmal der Marketingverantwortliche eines Chemieunternehmens gesagt: »Ich habe die beste Geschäftsidee der Welt. Die Leute kaufen mein Produkt und schütten es ins Klo.« Er sprach von dem Verkaufsschlager des Unternehmens, einem WC-Reiniger. Der Scherz kommt gut an, er trifft bei vielen Menschen einen Nerv – bei allen, die instinktiv glauben, um im Geschäftsleben erfolgreich zu sein, muss man die Kunden irgendwie über den Tisch ziehen. Prüfen Sie einmal Ihre eigene Geschäftsidee. Riecht die »nach WC-Reiniger«? Hoch originell, regelrecht ausgekocht und ziemlich genial? Falls ja – nehmen Sie sich in Acht vor Ihrer eigenen Kreativität!

Die meisten Geschäftsideen seit Erfindung des Spiegeleis sind nämlich ehrlich gesagt im Grunde genommen langweilig, weil sie – manchmal auf eine etwas unerwartete Art – ein uraltes Bedürfnis von Menschen befriedigen. Von dem erfolgreichsten Investor unserer Zeit, dem Amerikaner Warren Buffett, sagt man, dass er sich vor jeder Investition gefragt hat: Brauchen möglichst viele Menschen dieses Produkt beziehungsweise diese Dienstleistung möglichst oft?

Deshalb hat er zum Beispiel in Aktien von Gillette investiert, denn viele Männer sind Nassrasierer. Jeden Morgen. Ein Leben lang. Und Frauen rasieren inzwischen tüchtig mit, um Venus-zarte Beine zu bekommen. Also sogar ein wachsender Markt.

Zu hohe Kreativität führt beim Suchen nach einer Geschäftsidee selten zum Ziel. Entgrenzter Einfallsreichtum hat seinen Platz bei der Werbung für das Produkt oder die Dienstleistung. Deswegen sollte der Frage »Was hat es noch nie gegeben?« immer die Frage folgen: »Warum nicht?« Braucht es vielleicht niemand?

Wenn ich mit Menschen spreche, die gern ein Buch schreiben würden, höre ich oft – als Ausrede, warum sie es schließlich doch nicht tun – das Totschlagargument: »Aber zu diesem Thema gibt es schon so viele Bücher.« Dies ist ein Argument dafür, nicht dagegen. Erinnern Sie sich noch an den Apfelessig-Boom vor wenigen Jahren? Irgendjemand hat verbreitet, dass es mordsmäßig gesund ist, jeden Morgen Apfelessig zu trinken. Und schon sprossen Dutzende Bücher von Apfelessig-Experten aus dem Boden. Und alle, alle haben sich verkauft – bis der Boom vorbei war. Wenn es also Bücher zu Ihrem Thema gibt, dann ist das direkt eine Einladung, ebenfalls dieses Feld zu beackern. Warten Sie nicht, bis die Welle endgültig verebbt ist. Ihre Kunst, Ihr eigener Ansatz muss es sein herauszuarbeiten, was das Neue, Andere an Ihrem Buch ist. Geben Sie ihm Ihren persönlichen Dreh. Ein vorhandener, guter Markt braucht Innovationen, auf jedem Gebiet.

Übrigens: Wenn noch niemals ein Buch zu Ihrem Themengebiet veröffentlicht worden ist, dann sollten Sie vorsichtig sein – es könnte ein klarer Hinweis darauf sein, dass es auch noch niemand vermisst hat.

Ich will nicht missverstanden werden: Kreativität ist ein hohes geistiges Gut. Im Geschäftsleben aber gibt es Wichtigeres: Das Geschäft darf nicht in erster Linie originell sein, der Selbstverwirklichung dienen oder das Ego des Betreibers streicheln – solche Unternehmungen nennt man Hobby oder Kunst –, sondern die Idee und ihre Umsetzung muss irgendwann profitabel sein.

Kopf hoch!

Melanie von Graeve, Inhaberin einer Event-Agentur in Frankfurt: »Es sollte sich niemand selbstständig machen, der Angst hat, der nicht risikofreudig ist, denn Risikobereitschaft gehört dazu. Man hat starke Monate, und man hat schwache Monate, man muss in den schwachen daran glauben können, dass wieder starke kommen, und keine Panik bekommen. Ich sprach neulich mit einer Dame, die mir was verkaufen wollte. Sie trat als Bittsteller auf: ›Meine Firma ist kurz vor dem Aus, bitte rufen Sie mich an, ansonsten mache ich Konkurs …‹ Ich kenne viele Menschen, die versuchen, auf diese Weise Akquise machen – nicht von der Gewinnerseite aus, sondern als Bittsteller. Ich als Firma möchte aber Menschen beauftragen, von denen ich das Gefühl habe, dass sie erfolgreich sind. Damit wären wir beim Tapferen Schneiderlein: ruhig ein paar positive Ereignisse herausstellen. Es muss nicht jeder wissen, dass Sie nachts manchmal schlaflos im Bett liegen – das geht keinen etwas an. Es reicht, wenn die Familie dies weiß.

Es gilt die alte Regel:»Pass auf, der Kunde hört es, wenn dein Magen knurrt!«

Wenn Sie also eine selbstständige berufliche Existenz aufbauen wollen, dann gehen Sie mit einer Idee an den Markt, die sich seit langem bewährt hat – aber eine eigene Note hat. Bieten Sie etwas, das noch niemand (in der näheren Umgebung) angeboten hat.

Als Köchin und Restaurantbesitzerin, die sich in der Tradition von Sarah Wiener sieht, werden Sie mit einem Gericht, das noch niemand kennt, kaum Aufmerksamkeit auf sich ziehen. Erfolgsträchtiger ist das Lieblingsgericht (oder besser noch das Lieblingskindheitsgericht) sehr vieler Menschen – und das in einer Art und gleichzeitig so gut zubereitet, wie es kaum jemand oder, noch besser, niemand anderes kocht. Dann kommen Sie in den Genuss der unbezahlbaren Mund-zu-Mund-Propaganda:»Ich habe ein Lokal entdeckt mit den besten Pfannkuchen/Rouladen/Eintöpfen der Welt!« Solches Empfehlungsmarketing erreichen Sie mit dem»getrüffelten Jacobsmuschel an einem Schaum von bretonischen Hummerschwänzen« eher selten. (Der Markt der Spitzenköche ist verdammt eng – und die wenigsten können allein vom Kochen leben).

Investieren Sie Ihre geballte Kreativität also in das»Grundrezept« Ihrer Geschäftsidee, und folgen Sie dem Rat eines der größten Marketingexperten der Welt – dem Werbeagenturgründer Leo Burnett – für die Gestaltung von Anzeigen:»Make it simple. Make it memorable. Make it inviting to look at. Make it fun to read.« Diese Philosophie auf die Gestaltung Ihrer Geschäftsidee übertragen liest sich so:

- Mache es so einfach, dass die Menschen die Idee sofort erfassen.
- Mache das Angebot so attraktiv, dass die Menschen es sich gerne merken, auch wenn es im Augenblick für sie nicht infrage kommt.
- Mache Lust auf deine Idee.

Am wichtigsten ist ein klares Ja aller potenziellen Kunden auf die Frage: Verstehen sie innerhalb einer Sekunde, was mit Ihrer Geschäftsidee gemeint ist? Und das erreichen Sie eben am einfachsten mit einer steinalten Idee, die jeder kennt, und die ein ungekünstelt-fundamental ehrliches Grundbedürfnis möglichst vieler Menschen befriedigt.

Ihren Erfolg erzielen Sie dadurch, dass Sie Ihren Kunden ein möglichst konkurrenzloses »Extra« bieten, dann können Sie viele Kunden von den bisherigen Anbietern zu sich hinüberlocken – Kunden, die Sie mit einer völlig unbekannten Geschäftsidee erst mit viel Werbegeld generieren müssten.

Checkliste: Wie gut ist Ihre Idee?

Als Test für Ihre Geschäftsidee sollten Sie prüfen,

Ja Nein

○ ○ ob anständige, ehrliche, vertrauenswürdige Menschen schon einmal Zeit und Geld in dieselbe oder eine ganz ähnliche Geschäftsidee investiert haben.

○ ○ ob Ihre Geschäftsidee eben *nicht* einzigartig ist. Denn eine wirklich einzigartige neue Idee hat bislang noch niemand einem Praxistest unterzogen – niemand weiß, ob sie wirklich funktioniert.

○ ○ ob Menschen mit derselben oder einer ganz ähnlichen Idee gescheitert sind – dann können Sie aus deren Fehlern lernen.

○ ○ ob sich Ihre Geschäftsidee von der, die andere Menschen in Ihrem speziellen Markt verwirklichen, positiv abhebt. Dann nämlich belebt Konkurrenz Ihr Geschäft, weil Sie Kunden zu sich hinüberziehen können.

Sicher hilft Ihnen ein weiterer Grundgedanke guten Geschäftsgebarens: Ihre wahren Konkurrenten sind nicht die Guten, die Ihrer Branche zu Ehren verhelfen, sondern die Schlechten, die Ihrer Branche schaden. Ein aktuelles Beispiel: Seit es irgendwo Döner mit Gammelfleisch gegeben hat, geht der Döner-Verkauf generell zurück. Hätten Sie einen Döner-Stand, sollten Sie sich also über die hochqualifizierten, qualitätsbewussten Mitbewerber (manche sagen auch Mitbewunderer) freuen und mit ihnen netzwerken – zum Beispiel gemeinsam einen nachprüfbaren Qualitätsstandard für Fleisch erarbeiten und propagieren. Beim Netzwerken geht es um den alten Spruch erfahrener Geschäftsleute: »If you can't beat them join them« – wenn du gegen sie nicht gewinnen kannst, tu dich mit ihnen zusammen.

Das berufliche Selbst verwirklichen

Sie haben in den vorherigen Kapiteln bereits gesehen, was alles gewagt werden darf – und auch muss –, um den Weg zur Selbstständigkeit einzuschlagen. Dieser ist nicht immer glatt und problemlos, aber er verspricht eine Menge – »selbstständig« und »das berufliche Selbst«, das klingt nach Selbstfindung oder gar Selbstverwirklichung. Doch ich warne alle Traumtänzerinnen!

Selbstverwirklichung ist etwas für Künstlerinnen, Lebenskünstlerinnen und Töchter superreicher Eltern. Mit Selbstverwirklichung wird der normalsterbliche Mensch nämlich kein Geld erarbeiten. Und wenn Sie Geld brauchen, über das Sie nicht verfügen, dann müssen Sie es verdienen: Sie müssen andere Menschen dazu bringen, Ihnen Geld zu zahlen – und zwar indem Sie ihnen helfen, sich selbst zu verwirklichen.

Das können Sie zum Beispiel als Putzhilfe, weil Sie den Menschen, für die Sie arbeiten, ein ordentliches Zuhause und Zeit für andere Tätigkeiten verschaffen. Das können Sie als Lebensberaterin, weil das Leben immer komplexer und komplizierter wird. Und das können Sie auch als Kreative – ein wunderbares Beispiel dafür ist die Modedesignerin Christine Hoffmeister aus Regensburg, die Frauen aller Größen und aller Kleidergrößen Kleider auf den Leib schneidert (was mir persönlich wesentlich sympathischer ist, als den Körper von Frauen für den herrschenden Modetrend zurechtzuschneidern). Eine Besucherin ihrer Modenschau schrieb ihr einmal: »Ihre Kollektion hat mich sehr bewegt. Mit viel Feingefühl und sicherem Gespür für Körperregionen, die Frauen nicht so gerne zeigen, kaschieren die transparenten Stoffe, ohne zu verstecken.« Eine andere Kundin schwärmte (auf Hoffmeisters Website): »Ein Kleid von Ihnen ist Wertschätzung pur. Ihre Kleidung hat etwas mit Tugenden zu tun: Aufrichtigkeit, Sorgfalt, Achtsamkeit, Ästhetik, Leistung ...« Das ist der Lohn der Selbstständigen: nicht Selbstverwirklichung, sondern Fremdverwirklichung.

Als Malerin können Sie sich selbst und Ihren »Lumpi« in hundert wunderschönen Hundebildern verewigen. Wenn Sie aber ein Bild verkaufen wollen, gehen Sie lieber zu Ihrer Nachbarin und halten Sie deren »Lumpi« in Öl fest und dazu noch das Frauchen – vielleicht an manchen Körperstellen etwas kaschiert, wie es die Roben von Christine Hoffmeister tun.

Grundfrage jeder Überlegung zu einer möglichen Selbstständigkeit muss sein: »Was brauchen Menschen? Wofür würden sie Geld zahlen?«

So kommen Sie zu Ihrer Geschäftsidee

Es ist ein Wahn zu glauben, dass wir alles neu erdenken müssen (es sei denn, Sie sind Daniela Düsentrieb, die geniale Erfinderin). Darum finden Sie hier erst einmal eine Liste mit zwanzig bewährten Ideen, umgesetzt von den Frauen, die ich teilweise im Laufe dieses Buchs vorstelle (die anderen finden Sie unter www.asgodom-selbststaendig. de). Ist etwas Passendes für Sie dabei?

- Elke Brunner – Office Angel, Coaching
- Elke Opolka – Gründerin einer Sprachenschule

- Melanie von Graeve – Inhaberin einer Eventagentur
- Claudia Carbo – Jazzsängerin und Inhaberin eines Plattenlabels
- Alexandra Haas – High-Class Erotikladen
- Christa Fellner – originelle Kommunikation und Geschäftsauftritte für Solounternehmerinnen und -unternehmer
- Christiane Jung – Trainings und Einzelcoaching für Vertrieb und Kommunikation
- Dr. Karin Uphoff – PR und Marketing für Verbände und mittelständische Unternehmen
- Elke Lässig – Visionen für Arbeitssuchende
- Erika Wendland – Empfehlungsmarketing im Gesundheitsbereich
- Christine Hoffmeister – Hochzeitskleider, Abendroben, Mode-Design
- Iris Dettweiler – ganzheitliche Energieberatung vor Ort und energetische Sanierung von Wohngebäuden
- Judith Kneiding – Office Training, mobiles Sekretariat
- Monika Meyer – Büroservice und Coaching
- Dr. Petra Bock – Einzelcoachings und Seminare, Menschen dabei unterstützen, ihre Berufung zu finden
- Prof. Sissi Closs – Informations- und Medientechnik mit ihrer Comet Computer GmbH
- Nicole Retter – Münchens bestes Feinschmecker- & Weinlokal
- Sabiene Döpfner – Training, Coaching, Unternehmensberatung: Social Design
- Stefanie Marek – Schreib- und Kommunikationsberatung
- oder nehmen Sie mich als Anhaltspunkt: Management-Trainerin, Coach, Buchautorin, Keynote-Speaker

Wenn diese angebotene Garderobe nicht zu der Figur, die Sie als Geschäftsfrau machen wollen, passt, können Sie sich auch selbst etwas schneidern. Im Folgenden finden Sie sieben bewährte Schnittmuster.

Schnittmuster 1: **Im eigenen Beruf selbstständig machen**

Sie kennen Berufsbezeichnungen wie freie Architektin, freie Hebamme, freie Grafikdesignerin, freie Mediengestalterin, freie Marketingfachfrau oder freie Elektroingenieurin. Hinter ihnen stehen Frauen mit einer – oft durch ein Studium – abgeschlossenen Berufsausbildung. Sich mit erworbenem Wissen und der im Beruf hinzugewonnenen Erfahrung selbstständig zu machen, ist der Königsweg in die selbstbestimmte Berufsexistenz. Ein solches Tätigkeitsfeld als Freiberuflerin zu finden, löst viele typische Probleme von Angestellten – etwa wenn Ihr Arbeitgeber mit seinem Unternehmen in Schieflage gerät, bei Verkauf, drohender Übernahme oder anderen Turbulenzen des Unternehmens, bei Mobbing, Bossing und ähnlichen untragbaren menschlichen Zuständen am Arbeitsplatz, bei Burn-out- oder Bore-out-Symptomen auf Ihrer Seite. Auch wenn Ihr Job gefährdet ist, ist deshalb Ihr Beruf noch lange nicht in Gefahr. Viele erfolgreiche Selbstständige haben sich in ihrem angestammten Berufsfeld auf eigene Beine gestellt (siehe auch das Kapitel 5, »Frauen gründen anders«).

Schnittmuster 2: **Klein-klein anfangen**

Starten Sie ganz klein – mit ein, zwei kleinen Kunden zum Beispiel, und liefern Sie dabei so gute Qualität, dass Sie auf Mund-zu-Mund-Reklame bauen und wachsen können. Anfangs ergibt sich hier vielleicht kein wirklich großes Geschäft, sehr wohl aber die Möglichkeit, sich in die Selbstständigkeit »einzuschleichen« und Erfahrungen zu sammeln. Das kann Ihnen beispielsweise helfen, eine möglicherweise noch vorhandene Angestelltenmentalität abzulegen und wie eine Unternehmerin zu denken, denn das lässt sich nur durchs eigene Tun, durch das Sammeln von Erfahrung lernen. Ein toller Nebeneffekt: Wenn Ihr Geschäft noch klein-klein ist, bleiben auch die Folgen Ihrer Anfangsfehler klein-klein.

Klein-klein kann bei Frauen, die sich hauptberuflich um die eigene Familie kümmern, zu Beginn auch heißen: »Ich verdiene mir ein Taschengeld dazu.« Und das ist entweder Schritt eins auf einem Weg in die finanzielle Loslösung vom Partner. Oder eine wunderbare Möglichkeit, ihm zu helfen, die alleinige finanzielle Last auf seinen Schultern zu mindern.

Schnittmuster 3: Denken Sie durchaus auch an »Schwarzarbeit«

Vielleicht wollen Sie Kleingebäck nach alter Tradition und Rezeptur backen und verkaufen, dafür müssten Sie aber den Bäcker-Meisterbrief und eine Backstube vorweisen können. Diese Geschäftsidee lässt sich also nicht in der eigenen Küche »ausbacken«. Aber »a bissl was geht immer«, wie man in Bayern sagt – vielleicht im Freundes-, Verwandten-, Bekannten- und Nachbarschaftskreis. Niemand kann Ihnen verwehren, Ihrer Cousine eine Feier auszurichten, und niemand kann Ihrer Cousine verwehren, Ihnen dafür (steuerfrei und ohne Mehrwertsteuer) einen Briefumschlag mit Barem zu geben.

Schnittmuster 4: Das Hobby zum Beruf machen

Sie malen oder töpfern gerne? Sie haben auch schon wirklich schöne Kunstwerke geschaffen? Sie verfügen also über ein Händchen für geschmackvolles Kunstgewerbe? Überlegen Sie, von Ihrem Talent zu leben! Eine Teilnehmerin in einem meiner Seminare erzählte neulich, dass sie gern malt, Acryl, großformatige Bilder, Blumen, vor allem Rosen. Sie hätte auch schon das eine oder andere Bild verkauft. Ich als alte Rosenliebhaberin fragte spontan: »Haben Sie Fotos von Ihren Bildern dabei? Gibt es eine Homepage, auf der ich mir die Bilder anschauen könnte?« Beides musste sie verneinen. Schade. Vielleicht hätte ich ihr ein Bild abgekauft. Verpasste Chance.

Eine begnadete Uhrmacherin aus der Schweiz hat mir erzählt, dass sie die meisten Uhren vom Körper weg verkauft auf Frauenkongressen, Messen, anderen Veranstaltungen. Frauen sehen die bezaubernden Uhren und wollen sie haben (Was glauben Sie, was für eine Uhr ich trage?). Das gleiche gilt für Goldschmiedekunst oder Seidenschals. Zeigen Sie, was Sie tun, und erzielen Sie so eine Sogwirkung. Manchmal fängt es mit einem Ring an und endet mit einem eigenen Schmuckgeschäft.

Schnittmuster 5: **Mit Gleichgesinnten selbstständig machen**

Wenn Sie nicht allein vor sich hin werkeln wollen, denken Sie über eine Existenzgründung mit mehreren Kolleginnen aus Ihrer bisherigen Firma nach. Als Beispiel: Die Software-Spezialistinnen einer Firma verlassen ihren Arbeitgeber, tun sich zusammen, arbeiten im Team für ihren alten Arbeitgeber, und jede baut zusätzlich einen eigenen Kundenstamm auf. Voraussetzung dafür ist, dass Sie alle gute Teamplayerinnen sein müssen. Das ist also keine Lösung für Einzelkämpferinnen. Ich sage Ihnen ehrlich: Für mich wäre das nichts gewesen. Ich habe schon Mühe gehabt, mit jemand anderem zusammen ein Buch zu schreiben. Aber ich kenne erfolgreiche Teamgründungen, die über längere Zeit erfolgreich waren.

Schnittmuster 6: **Nebenbei für Selbstständige arbeiten**

Wenn Sie als Noch-Angestellte in Ihrem Kompetenzfeld bereits für Selbstständige arbeiten, kann Sie das Schritt für Schritt in diese neue Welt hinein führen. Sie sollten sich Ihre Nebentätigkeit von Ihrem Arbeitgeber genehmigen lassen. Nach dem Gesetz kann er das nur ablehnen, wenn es den betrieblichen Belangen schaden würde, also nicht allein, weil er nicht möchte, dass Sie nebenher etwas anderes machen. Sie können so Branchen-, Kunden- und Unternehmererfahrungen sammeln und die entweder für eine eigene Gründung nutzen oder in die Firma Ihres Auftraggebers eintreten. Eine frühere Kollegin von mir hat jahrelang nebenberuflich Grafiken für Werbeagenturen gefertigt. Als ihre Hauptstelle wegfiel, machte sie sich als Werbegrafikerin selbstständig und ist heute super gut im Geschäft.

Schnittmuster 7: *Erworbenes Wissen weitergeben*

Dies ist der Jahrtausende alte Weg in die Selbstständigkeit:

1. lernen,
2. tun,
3. weiterentwickeln,
4. Wissen weitergeben.

Nehmen Sie zum Beispiel den selbstständigen Kunstmaler Albrecht Dürer, am 21. Mai 1471 in Nürnberg geboren. Sein Vater, ein Goldschmied, nahm ihn früh in seine Werkstatt, um ihn im eigenen Beruf auszubilden. Von 1486 bis 1490 lernte und arbeitete Albrecht dann bei dem Nürnberger Maler Michael Wolgemut. Im Anschluss ging er bis 1494 auf Wanderschaft, um sich weiterzubilden. Dürer heiratete 1494, ging aber Ende Oktober 1494 bis Mai 1495 noch einmal auf Bildungsreise – dieses Mal nach Venedig. 1497 machte er sich selbstständig, bald konnte er Mitarbeiter beschäftigen – unter anderem Hans Baldung Grien, der bei ihm in die Lehre ging und als einer der besten deutschen Maler, Zeichner und Kupferstecher gilt.

In modernen Worten: Dürers Weg in die Selbstständigkeit führte über die folgenden Stufen – und die gelten heute noch:

1. Dürer hat etwas gelernt – zuerst Goldschmied beim Vater.
2. Er ist nicht träge geblieben. Sein Lebensplan war nicht, einmal den Goldschmiedladen des alten Herren zu übernehmen, sondern er hat sich weitergebildet – zuerst in Nürnberg bei Michael Wolgemut, dann auf Reisen bei anderen Meistern.

3. Dürer hat sich selbstständig gemacht, hat seinen eigenen Laden aufgemacht, als er nicht mehr viel Neues von anderen hat lernen können.
4. Er hat sein Wissen früh an begabte Menschen weitergegeben, eben an Hans Baldung Grien. Dürer hat also Konkurrenz im eigenen Hause nicht gescheut und erhielt so neue Inspiration.

Auf welcher dieser vier Stufen stehen Sie? Sind Sie schon so weit, Ihre Erfahrungen, Ihr Können und Ihre »Geheimnisse« weiterzugeben? Käme für Sie das Leben als Beraterin, Trainerin oder Coach in Frage?

Der »Königinnentipp« für den Start in die Selbstständigkeit

Sie haben kein dickes Sparkonto, kein nennenswertes Eigenkapital, keine Geldgeber? Bieten Sie nach Möglichkeit Dienstleistungen an und keine Produkte, die Sie selbst erst einkaufen oder selbst fabrizieren müssten. Produkte kosten Geld – entweder in der Herstellung (plus Anfangsinvestitionen in Produktionsanlagen) oder im Einkauf, ein Handel erfordert Lagerhaltung, eventuell Wege zum Lager, Verpackung, Transport; Sie müssen außerdem genau kalkulieren, wie groß die Lagerhaltung sein muss. Mit einer Dienstleistung können Sie sofort – und in der Regel erst einmal von zu Hause aus (also ohne zusätzliche Büromietkosten) – beginnen, wenn Sie den ersten Interessenten gefunden haben. Und nach Erbringung der ersten Dienstleistung können Sie sofort Ihre erste Rechnung schreiben.

Dieser Rat gilt sogar, wenn Sie Künstler sind und Ihre Bilder oder Ihre selbstgebrannten CDs verkaufen wollen. Wenn Sie noch keinen Namen haben, dann bieten Sie erst einmal einen Mal- oder Musikkurs an – eine Dienstleistung also und kein Produkt. Werben Sie für den Kurs und für sich selbst mit Ihren Bildern, die Sie bereits gemalt haben oder mit Ihrer CD. Sie erreichen dadurch Menschen, die sich für Ihre Kunst interessieren – die selbst an Ihrem Kurs teilnehmen wollen oder ihre Kinder schicken und vielleicht ein Bild, eine CD kaufen.

> **Das Drei-Millionen-Euro-Spiel**
>
> Sehr oft berichten mir Seminarteilnehmerinnen, sie wüssten, dass sie sich eigentlich selbstständig machen wollten, aber sie hätten keine Ahnung womit. Wenn es Ihnen ähnlich geht, hilft Ihnen vielleicht folgende Übung:
> Stellen Sie sich vor, Sie erben 3 Millionen Euro. Die einzige Bedingung, um das Erbe antreten zu können: Sie müssen sich selbstständig machen. Womit würden Sie das tun? Sie können das Geld investieren, müssen aber nicht. Übrigens: Allein das Geld zu verwalten, gilt nicht. Träumen Sie und schauen Sie sich Ihre Ideen dann einmal an:
>
> - Gibt es eine Verbindung zur Realität?
> - Welche Fähigkeiten haben Sie für diese Idee?
> - Welche Erfahrungen helfen Ihnen dabei?
> - Bräuchten Sie dafür überhaupt 3 Millionen Euro?
> - Was fehlt sonst?
> - Was reizt Sie an der Idee?
> - Was sollten Sie bald einmal herausfinden?

222 Geschäftsideen für Gründungsbereite

Wenn Sie ein neues Auto kaufen wollten, würden Sie wahrscheinlich Autozeitschriften lesen, sich bei Händlern informieren, Probefahrten machen, mit Bekannten reden. Wenn Sie sich selbstständig machen wollen, helfen Ihnen Beispiele von anderen Menschen, die den Schritt bereits getan haben. Neben den Gründerinnen, die wir in diesem Buch porträtieren, finden Sie hier zusätzlich 222 Anregungen für den Aufbau einer eigenen Firma.

Ich habe das Internet nach lustigen, verrückten, überzeugenden, einzigartigen und bewährten Ideen durchsucht. Die folgenden 222 Geschäftsideen erfüllen zwei Kriterien:

a. sie entsprechen den Zukunftstrends, die wir in Kapitel 2, »Die Arbeitswelt der Zukunft«, beschrieben haben, und
b. sie sind in ihrer Mehrheit einfache Ideen, mit denen Sie sich in die Thematik der Selbstständigkeit überhaupt einmal hineindenken können. Ich habe sie in 16 Kategorien zusammengefasst. Viel Spaß beim Lesen!

Geschäftsideen innerhalb Ihrer Nachbarschaft

Immer mehr Menschen erkennen heute die Nachteile der globalisierten Welt – es sind bereits so viele Menschen, dass eine Gegenbewegung erkennbar ist. Viele suchen wieder – und es entstehen wieder – kleine Heimaten: überschaubare Lebensräume dort, wo wir leben. Die Nachbarschaft wird wiederentdeckt – und mit ihr eine wichtige Zielgruppe.

1. Online-Verzeichnisse für Ihren Wohnort oder Stadtteil zum Beispiel für Eltern (Tipps für sichere Spielplätze, kinderfreundliche Restaurants und besonders kinderliebe Zahnärzte), für Senioren, für Wellness-Sucher (Massagestudios mit Discountpreisen)
2. House-Sitting (das persönliche Hüten von Häusern, während die Bewohner für längere Zeit abwesend sind, beispielsweise im Urlaub)
3. Hausaufgabenüberwachung

4. Haushaltshilfe- und Nanny-Service
5. Grabpflegeservice (für Angehörige, die nicht am Ort der Grabstätte leben)
6. Personalvermittlung für den großen Hausputz (gut für Erstkontakt – da bleiben Aufträge hängen)
7. Schlüsselaufbewahrung (siehe *www.key-2.de*: Schlüssel werden gegen geringe Gebühr sicher verwahrt – und wenn ein Schlüssel verloren geht, muss nicht der teure Schlüsseldienst gerufen werden)
8. Organisation von Kindergeburtstagen – viele Eltern werden dafür dankbar sein, denn Kindergeburtstagspartys werden immer aufwändiger; als Profi können Sie solche Feiern – oft verbunden mit Ausflügen – billiger anbieten
9. Memoiren-Service (Familiengeschichten aufzeichnen und ins Internet stellen)
10. Europa-Rundreisen für Nachbarschaftsgruppen organisieren
11. ein Buchantiquariat für die Nachbarschaft aufbauen
12. einen nachbarschaftsnahen Tauschladen (Flohmarkt) ins Leben rufen für alles, was die Nachbarn nicht mehr haben wollen – von Kühlschränken bis Vasen
13. Verleih von Audiobooks
14. Tauschbörsen oder Ausleihe für Film-DVDs, Videos, Musik-CDs
15. Gebrauchtmöbelbörse via Internet für die Nachbarschaft (die Dinge bleiben beim Vorbesitzer, werden fotografiert und ins Internet gestellt)
16. Abendbrottisch für einsame Nachbarn und auch für Menschen, die nicht für sich kochen, weil sie als Singles leben und vielleicht viel zu oft oder viel zu schlechte Restaurants aufsuchen
17. Organisation von Ausflugs-, Wochenend- und Kurzferienangeboten: Sie bauen zum Beispiel für Ihre Nachbarschaft eine Kooperation mit einem Ökohof im Umfeld der Stadt auf, bei dem man sich mit gesunden Grundnahrungsmitteln günstig eindecken kann; Sie organisieren Fahrten für mehrere Menschen dorthin (Mitfahrbörse)

18. Begleitdienst für Senioren, Nachbarn mit Migrationshintergrund oder sich allgemein unsicher fühlende Menschen zum Beispiel bei Bankgeschäften, Besuchen von Ärzten, Anwälten, Steuerberatern
19. Regelmäßiges »Kindertaxi« für Nachbarskinder zum Geigenunterricht, Ballet, Sport und Ähnliches
20. Begleitdienst spätabends oder nachts für ängstliche Menschen
21. Büroservice für Nachbarn mit dem Angebot zur Übernahme aller Leistungen, zum Beispiel Briefe an Behörden schreiben, Fax-Dienst, Kopieren und Ähnliches (wenn zwanzig Nachbarn im Schnitt 50 Euro im Monat zahlen, sind das 1 000 Euro Zuverdienst für eine Mutter mit Kindern in der Kleinkindphase)
22. Büroservice für Selbstständige und Kleingewerbetreibende inklusive Aktenarchivierung, Finanzunterlagen für Steuerberatung erstellen und Vergleichbares
23. Fahrdienst für die Nachbarschaft auf Abruf
24. Fahrdienst mit Hybrid-Auto, das von einem Händler in der näheren Umgebung gesponsert wird
25. Café oder Restaurant mit Kontaktbörse und der Konzentration auf ein bestimmtes Publikum (Geschäftsleute), auch mit Stammtisch, Teestunde
26. Coffee-Dates für Menschen, die Kontakt suchen (siehe *www.coffeedates.de*)
27. das eigene Auto als Lieferwagen, Bringdienst, privater Postzusteller, Privattaxi anbieten
28. Wasch- und Bügelservice mit Abholung und Lieferung (bei größeren Mengen bekommen Sie Sonderkonditionen bei der Reinigung)
29. Blumen- und Briefkastenservice für Nachbarn, die im Urlaub sind
30. Beratung für neu Hinzugezogene: Wohnen in unserem Stadtteil (zum Beispiel gesponsert von Geschäften vor Ort)
31. Vermittlung von Privatzimmern

32. Mietbörse für feste Zielgruppen (Sammelanzeigen aufgeben)
33. Limousinenservice zur Finanzierung des eigenen Luxusautos
34. individuelle Stadtführungen für Geschäftsleute und Touristen

Lernen wird der Hit – bis ins hohe Alter hinein

Ob alt, ob jung: Am lebenslangen Lernen kommt keiner vorbei. Die Anforderungen in Beruf und Privatleben wachsen beständig.

Und: Die Gesellschaft wird immer älter, und die älteren Menschen bleiben immer fitter. Sie wollen nicht nur vor dem Fernseher hocken, sondern sind bereit, etwas dazuzulernen, sich zu bewegen und Spaß zu haben. Meine Mutter, die in Spanien lebt, hat sich zum 70. Geburtstag einen Computer gekauft. Sie hat einen Kurs bei einem knackigen jungen Mann gemacht (Sie sagt: »Das Auge isst auch mit.«), und hält seither per E-Mail Kontakt zu Verwandten und lernt Menschen in aller Welt kennen.

35. gezielte Förderung von Kindern in Fächern, die von den Schulen vernachlässigt werden wie Sport, Musik, Malen
36. Organisation von Bildungsreisen: gerade ältere Menschen wollen neue Erfahrungen machen, reisen, die Welt kennen lernen, denn jetzt haben sie Zeit
37. Nachhilfelehrerin (speziell in Konkurrenz zu »Schülerhilfen«, die es an vielen Orten gibt und die der Nachhilfe die Peinlichkeit genommen haben)
38. Computer- und Technikkurse für Senioren
39. einen Philosophiegesprächskreis anbieten
40. Grundlagen in Ihrem Fachgebiet für interessierte Laien vermitteln, zum Beispiel: »Wie bringe ich Ordnung in meine Bibliothek?«
41. Computerkurse für Kids
42. Fahrradreparaturkurse für Kinder, Familien oder Senioren
43. Inline-Skating-Kurse für Kinder oder Senioren

Zielgruppe Frauen – und Männer

Was können Sie neben Ihrem Beruf außerdem? Sind Sie eine begnadete Hobbyköchin, Bügelfee, Pflaumenkuchen-Weltmeisterin? Wissen Sie, wie man einen Mann anbaggert oder eine Frau? Finden Sie, dass Ihre Stadt dringend ein Frauenhotel oder Frauencafé braucht? Wildern Sie einmal in Ihren nichtberuflichen Fähigkeiten. Manchmal sind unsere privaten Interessen der Wegweiser zur Selbstständigkeit.

44. Kosmetikberatung für schüchterne Frauen
45. Imageberatung für Männer ohne Geschmack und Stil
46. Kochschule für alleinlebende und verheiratete Männer
47. Haushaltsschule für alleinlebende und verheiratete Männer (Waschen, Putzen, Bügeln)
48. Gesellschafterin für ältere Menschen
49. Geschenkefinder – zu jeder Gelegenheit das passende Geschenk
50. Vorleserin für Ältere oder Kranke
51. Freizeitvergnügen für Frauen im besten Alter anbieten: kulturelle und sportliche Veranstaltungen für die Generation 50-plus
52. ein gemütliches Tagescafé für Mütter, das von 9 bis 17 Uhr geöffnet ist
53. Eröffnung eines Frauenhotels

Manche Menschen haben schon alles – was fehlt, ist Schönheit

Nutzen Sie Ihre künstlerische Ader oder den Kontakt zu Künstlern. Helfen Sie anderen, schöne Dinge ins Leben zu holen. In Kindergärten oder Schulen wird kaum noch gebastelt, unterstützen Sie Familien vor Weihnachten, zu Ostern, zu anderen Feiertagen beim Herstellen schöner Dekoration.

54. Bastelkurse für Kinder und Erwachsene zu kalendarischen Anlässen
55. Einrichtungsberatung fürs Entrümpeln, Umstellen, Arrangieren
56. Galeriepartys
57. Treffen mit einer Künstlerin/einem Künstler organisieren und zur Verkaufsparty machen
58. Aufbau eines Seminarhauses mit vielfältigen Möglichkeiten, die Kreativität anzuregen, sich auszuprobieren
59. eine Kunstgalerie, die ins Haus kommt
60. Bilder »to rent«
61. Dekoration für Feste, Partys, Hochzeiten
62. regelmäßiges Besorgen von Blumensträußen für Büros und Haushalte

Sie schreiben gern und gut? Dann los

Dies gilt nicht nur für Journalistinnen – nutzen Sie Ihr Schreibtalent. Zeitungen werden Sie nicht gleich mit offenen Armen empfangen, selbst wenn Sie eine entsprechende Ausbildung haben. Überlegen Sie, wo sonst überall gute Texte gebraucht werden.

63. sich zunächst als gratis schreibende Autorin bekannt machen und dann als Autorin und Journalistin den Schritt in die Selbstständigkeit wagen
64. Redaktionsbüro für Firmen, Clubs, Vereine
65. Schreibservice für Bewerbungsschreiben (Job, Wohnung et cetera)
66. individuelle (Online-) Bücher über/für Menschen mit interessanter Biografie schreiben
67. Grußkarten mit Konterfei der Käufer anbieten
68. Schreibservice für Liebesbriefe
69. Ghostwriting für Menschen, die Experten sind, ihr Fachwissen in einem Buch festhalten wollen, aber nicht schreiben können

70. ein kostenloses Magazin für Schwangere und junge Familien mit redaktionellem Ratgeberserviceteil, das sich aus Werbeeinnahmen finanziert

Für andere einkaufen

Das gemeinsame Einkaufen wird wiederentdeckt, und zwar nicht als lästige Pflicht, sondern – wie auf dem orientalischen Basar – als Möglichkeit für menschliche Begegnungen und Kommunikation, statt Isolation und Depression. Vielleicht gibt es in Ihrem Dorf gar keinen Supermarkt mehr? Wie können dann alte und kranke Menschen etwas zu essen kaufen? Organisieren Sie einen Einkaufsservice. Oder bauen Sie Ihre Garage zum Mini-Tante-Emma-Laden aus.

71. Alltagseinkäufe für Menschen, die keine Zeit oder keine Kraft dafür haben
72. Einkaufsberater (als Expertenservice)
73. Einrichtungsberatung (inklusive Einkaufsberatung) als Innenarchitektin oder aufgrund des eigenen guten Geschmacks
74. für andere Menschen (Familie, Nachbarschaft) Dinge auf eBay verkaufen und den Gewinn teilen
75. Verkaufsbörse nur für den Wohnort oder Großraum, zum Beispiel für den S-Bahn-Bereich (das hat den Vorteil, dass die Waren angeschaut und Bekanntschaften gemacht, Freundschaften geschlossen werden können)
76. Einkaufsberater für den gesamten Bereich der Informationstechnologie (inklusive Preisvergleiche)
77. Einkaufsberatung für »starke Frauen«: Wo gibt es schicke Mode in großen Größen?
78. Sicherheitstechnik für Privathäuser
79. Sammeleinkäufe beziehungsweise Großeinkäufe für Nachbarn und Freunde
80. als Personal Shopper schwierige Besorgungen für solvente Kun-

den – private und Firmen – machen (»Das besondere Geschenk zum Geburtstag, zu Weihnachten, zum Jubiläum«)
81. Modenschauen für Senioren organisieren – mit anschließendem Verkauf
82. Styling- und Einkaufsberater für Männer, die keine Lust haben, einkaufen zu gehen
83. Spielzeugbörse (die meisten Kindern haben zu viel Spielzeug, da kann man etwas an ärmere Familien preisgünstig verkaufen)
84. ein Laden für Kunst aus Wachs
85. Internet-Shop für Kaffee-Aromasirup, ausgefallene Accessoires oder selbst hergestellte künstliche Blumen
86. im Ausland für andere einkaufen: viele Spezialitäten bekommt man nur im Ausland, aber die wenigsten Menschen haben die Zeit und das Geld, diesen Einkauf zu organisieren
87. Verkaufsagentin: Handel mit eigener und fremder Ware

Gastronomie und Catering

Catering, also das Bereitstellen von Essen und Trinken, wird immer wichtiger, weil immer weniger Menschen in einem Drei-Mahlzeiten-Zuhause leben. Dazu kommen Klimakatastrophen, Lebensmittelskandale, Gen-Food – Signalworte, die das Unbehagen und das Misstrauen vieler Menschen gegenüber den Ernährungsgroßkonzernen und Discountern nähren. Einfache Mahlzeiten sind darum wieder der Renner.

88. Restaurant-Lieferservice: Sie liefern Speisen mehrerer Restaurants in Büros oder nach Hause
89. Partyservice mit Hausmannskost aus verschiedenen Regionen (Labskaus, Schweinsbraten, Königsberger Klopse ...)
90. Zutaten für asiatisches Essen als Home-Service liefern: Asiatisches Essen besteht im Prinzip aus fünf Komponenten a) Reis oder Nudeln, b) Saucen (süß, sauer, scharf), c) Gewürze, Kräuter,

d) Fleisch, e) zusätzlich Nüsse, Körner. Die Kunden bekommen keine fertigen Gerichte geliefert, sondern die Grundkomponenten (alle oder einige)

91. Gourmetspeisen zum Mitnehmen (morgens ins Geschäft, abends nach Hause)
92. erotische Süßigkeiten für Lover
93. Mahlzeiten im Abonnement (Anlieferung im Stadtviertel auf Wunsch)
94. Kinderkochkurse
95. Müsliservice (auch zum Mitnehmen auf dem Weg in die Arbeit)
96. Bio-Einkäufe auf dem Lande tätigen und so die Grundversorgung mehrerer Haushalte sicherstellen
97. Schokoladenladenmädchen – Spezialgeschäft nur für Schokolade (Versand im Web)
98. Müsliversand im Web
99. Kartoffeln und sonst nichts – Spezialladen mit ausgesuchten Kartoffelsorten
100. Obst, Obst, Obst (inklusive Obstler)
101. Versand von Wildkräutern (im Internet)
102. Müsliladen mit täglich neuen Müsliideen im Abo
103. Milchladen wie zu Omas Zeiten
104. Müslikiosk an Schulen
105. Produktion von Müsli aus naturbelassenen Produkten für gewerbliche Kunden in Hotellerie und Einzelhandel
106. Aufbau eines Spezialrestaurants; Beispiele: Südsee (Sand, Sitzmatten), altes Rom (Essen im Liegen)
107. Ein-Menü-Restaurants: nur Suppen, zehn Sorten Lasagne, Nachtische satt
108. behindertengerechtes Restaurant
109. behindertengerechtes Café
110. Mutter-Kind-Café
111. Restaurant, in dem Gäste (Teams, Bürogemeinschaften et cetera) selbst kochen können

112. Restaurant als Kochschule
113. Männergarten: Bar in der Einkaufszone, in der Frauen während des Einkaufens ihre Männer »parken« können
114. Erlebniskochen und Weinproben
115. Überraschungsessen (ohne Speisekarten)
116. Kochduelle anbieten (Nachbarschaft)

Gesundheit ist die Basis

Gesundheitsangebote gibt es auf vier verschiedenen Ebenen: als Vorbeugung vor Krankheiten, als Heilung von Krankheiten, als »gut leben trotz einer bestimmten chronischen Krankheit«, als Fürsorge bei seelischen und Selbstfindungsleiden. Ist das ein Gebiet, auf dem Sie Ihre Fähigkeiten und Erfahrungen einsetzen können?

117. als ehemalige Krankenschwester eine kleine Fußpflegepraxis aufmachen
118. Fitnessprogramme und angeleitetes Training (zum Beispiel bei den Kunden zuhause) speziell für Frauen, Senioren, Freundinnengruppen
119. Yogaschule nach langem Indienaufenthalt (gute Werbung) speziell für Ihren Stadtteil
120. Bauchtanzkurse – auch am Wochenende
121. Walking- oder Lauftreff für (korpulente) Frauen, die sich nicht trauen, in ein Fitnessstudio zu gehen
122. Gesundheits- und Wellness-Angebote für Vereine, Clubs, Firmenbelegschaften
123. Massage mit Hausbesuchen (das bedeutet, dass Sie keine Praxis eröffnen müssen, was ja finanzielle Investitionen erfordern würde)
124. mitfühlende Beratung und Hilfe für Scheidungspaare, Kindererziehung, Eheberatung
125. Scheidungsbegleitung

126. Übernahme einer betreuenden Patenschaft, zum Beispiel für einen Jugendlichen vier Stunden am Tag (Kochen, Nachhilfe, Freizeitaktivitäten)
127. therapeutische Arbeit mithilfe von Pferden oder anderen Tieren
128. spirituelle Begleitung von Trauungen, Scheidungszeremonien, Beerdigungen, Jugendweihen

Coaching für den Lebenserfolg

Coaching bedeutet Begleitung, menschlich-persönliche Beratung zu »weichen« Themen wie zum Beispiel Glück, Erfolg, Partnerfindung, Erziehung, Liebe, Ehe und viele andere Lebensfragen. Dies eröffnet Ihnen die Möglichkeit, Ausbildung, Erfahrung und Methoden einzubringen.

129. Weiterbildungskurse für Mütter (Kinderbetreuung eingeschlossen)
130. Weiterbildungskurse für Väter
131. Selbstverteidigungstraining
132. Spritspar-Fahrkurse anbieten
133. Surflehrgänge
134. Swin-Golf-Trainerin (vereinfachtes Golfspiel)
135. Personal Fitnesscoach
136. Bewerbungscoach
137. Führungskräftecoaching
138. Online-Coaching übers Internet (das bedeutet, täglichen Kontakt herstellen für Führungskräfte und Privatpersonen, Persönlichkeits- und Konfliktberatung)
139. Veränderungscoach
140. Coach für Raucherentwöhnung
141. Mentaltrainer
142. als Ausländerin in Deutschland: interkulturelles Training für Geschäftsleute, die mit dem Ausland in Kontakt stehen

143. Wissenstraining für Berufsaufsteiger
144. Benimmtraining für Männer und Frauen, die beruflich wie sozial aufgestiegen sind
145. Ernährungsberaterin – zum Beispiel Abnehmen durch gesunde Ernährung
146. Knigge-Kurse für Kinder und Teenager

Counseling – worin kennen Sie sich aus?

Beratung zu »harten« Themen wie Recht, Steuern, Medizin – diese Gebiete sind gut abgedeckt durch die traditionellen freien Berufe, aber durch Spezialisierung auf bestimmte Zielgruppen lassen sich Marktlücken finden.

147. Schuldnerberatung
148. Schulberatung für Kinder und Eltern
149. Lifestyle-Agentur mit Beratung für Reisen, Einkauf, Wohnen
150. Karriereplaner für Abiturienten und andere Schüler
151. Haushaltskostenberatung
152. Finanz- und Anlageberatung für einfache Menschen und kleine Beträge
153. Beratung zu Reha-Möglichkeiten

Caring – sich um andere kümmern

Immer mehr Frauen sind beruflich tätig, der Bedarf an professioneller Fürsorge und Pflege wächst dadurch – zum Beispiel das Sorgen für Kinder und Senioren, die Pflege von Haushalt oder Kranken.

154. Zeitplaner für Mütter plus Adressen, wo es Hilfen vor Ort gibt
155. Sicherheitsdienst beschützt Senioren nachts
156. Senioren-Transportservice mit Autos, die für ältere Menschen bequem zu nutzen sind

157. Senioren-Motivationstrainer bei Lebenskrisen
158. Organisation von Seniorenpartys (Bridge, Poker, Canasta)
159. Tagesbetreuung von Senioren
160. Concierge-Service wie in Hotels – auch und gerade für Senioren; alles, was der Kunden wünscht, wird erledigt: Boten-, Fahr-, Besorgungsdienste (zum Beispiel Konzertkarten)
161. Mediator/Schlichter (für Juristinnen, Psychologinnen im Ruhestand)
162. Partneragentur für Landwirte (die haben es besonders schwer, eine Frau zu finden)
163. Kinderbetreuung für berufstätige Eltern
164. Kinderbetreuung in Einkaufszentren, Kaufhäusern und Wohngebieten mit benachbarten Einkaufsstraßen
165. Kinderbranchenbuch für Ihren Heimatort/Heimatlandkreis
166. Kinderladen mit Spielzeugverleih
167. Museumsführungen für Kinder
168. vorschulische Sprachkurse für Kinder
169. Frauentaxi: nach Einbruch der Dunkelheit sicher nach Hause kommen
170. Umzugsservice für Senioren: Ihr Team hilft beim Einpacken der Möbel, baut Küchen auf, meldet das Telefon um und schließt den Fernseher an
171. Hausmeisterservice für Alleinstehende, kommt mit Leiter und Werkzeugkoffer

Computing

172. Angebot von Einkaufshilfe und technischer Betreuung, Übernahme des Services
173. Einkaufshilfen und technische Betreuung – in Kooperation mit mehreren Firmen (als Konkurrenzangebot zu großen Händlern wie Media Markt und Saturn, wo sich viele Zielgruppen nicht hintrauen)

174. Computer-Servicehotline anbieten und selbst zur Reparatur kommen oder Experten vorbeischicken
175. Webdesigner
176. Informationsmakler: Internetrecherchen gegen Bezahlung
177. Handy-Schoner selbst herstellen
178. Restposten verschiedenster Waren in Kommission nehmen und im Internet anbieten
179. Partybedarf (Bierdeckel, Gläser, Geschirr, Servietten et cetera mit Kundenfotos)
180. Online-Shop: jeden Tag nur ein Produkt – das aber wesentlich billiger als anderswo
181. Online-Handel für DVD (Heimkino)
182. Spezialshop online für eine einziges Kleidungsstück (das nicht angepasst werden muss): Gürtel, Hüte, Koffer
183. Online-Handel für schwerhörige Menschen
184. Online-Videoversand mit Abonnement: zum Beispiel erhalten die Kunden in regelmäßigen Abständen ein neues Video mit Fitnessübungen.
185. Online-Vitaminversand: die Kunden bestellen online ihre Vitamine und bekommen sie per Post zugestellt (in Deutschland rechtlich schwierig – aus dem Ausland eher möglich)
186. Onlinc-Versand mit Produkten für Linkshänder
187. Online-Partnervermittlung für Senioren
188. Klassik-Musik-Angebote auf CD zusammenstellen und verleihen
189. Musik für Partys auf CD zusammenstellen und verleihen
190. Spezialtipp: Sichern Sie sich im Internet die Wortkombinationen aus Ort oder Stadtteil plus Ihrem Namen – also *www.Hamburg-Mueller.de* oder *www.Westend-Mueller.de*. Das können Sie zu einer Stadt- oder Stadtteilzeitung ausbauen.

Ökologisch sinnvolles Handeln

Der Neue Trend: Statt Altes und Kaputtes einfach in den Müll zu werfen und gleich etwas Neues zu kaufen, wird wieder mehr repariert. Die Wegwerfmentalität ändert sich. Beweisen Sie Ihr handwerkliches Geschick.

191. Reparaturagentur mit mehreren Frauen, die stricken, stopfen, nähen, ausbessern können
192. Reparaturagentur mit Männern fürs Grobe
193. Autowäsche, Pflege und leichte Reparaturen – 50 Autos »in Patenschaft« nehmen (auch Autos, die aufgrund ihrer Größe nicht in eine Waschanlage passen)
194. Autos innen tipptopp reinigen
195. Putzdienst für großen Hausputz, Umzüge, nach Feiern
196. mobiler PC-Berater und Reparaturservice
197. mobiler Fahrradreparatur-Service (repariert wird vor Ort)
198. Renovierung und Instandsetzung: Holz, Glas, Teppiche, Möbel
199. Porzellanreparatur
200. Pflanzendoktor – spezielle Pflanzenpflege
201. Graffitientfernungsservice

Events – gefeiert wird immer

Immer weniger Menschen haben Zeit, aufwändige Feiern selbst zu organisieren. Bei der Vorbereitung von Festen zu helfen, ist ein wunderbarer Zweig der Selbstständigkeit. Denn dafür geben Menschen gerne Geld aus. Das gilt insbesondere für Firmen, die ihre Kunden beeindrucken wollen.

202. Blumengestecke für Veranstaltungen herstellen
203. Dekorationen für Feste
204. Videos für Firmen, Vereine, Familien herstellen
205. Kunstberaterin für Unternehmen
206. für Kunden in deren Küche kochen – täglich oder bei Events – hört sich trivial an, klingt als »Homecooking« schon edler
207. die Aufräumer – räumen Firmenräume oder Wohnzimmer nach Feiern über Nacht auf

208. Hochzeitslader oder Hochzeitsplaner
209. Hochzeitsvideos herstellen und auf DVDs für die Gäste brennen
210. Veranstalter von Klassenreisen
211. Last-Minute-Geschenkgutscheine (per SMS zu verschicken)

Service für andere Selbstständige

Selbstständige arbeitet bekanntlich selbst und ständig. Deshalb brauchen auch sie Unterstützung. Um die eigene Kompetenz zu Geld zu machen, muss man andere Dinge delegieren. Und zwar nicht nur an Angestellte, sondern immer mehr an Dienstleister auf Honorarbasis.

212. Sekretariatsarbeiten, Privatbuchhaltung
213. Kurierdienste übernehmen
214. Agentur für Praxisübernahmen: Vermitteln Sie Ärzte, die eine Praxis suchen beziehungsweise abgeben wollen
215. Corporate Designerin für kleine Firmen und Freiberufler

Auf den Hund gekommen

Wenn Sie schon einmal in einem Modeladen für Hunde waren, dann wissen Sie, dass viele Herrchen oder Frauchen bereit sind, richtig Geld für ihren Liebling hinzublättern. Wenn Sie selbst Tiere mögen, wird das vielleicht Ihre Geschäftsidee.

216. mobiler Hundewaschsalon – gewaschen wird zuhause
217. Hundeausstatter: der neuste Schick für den Hund
218. Haustier-Sitter mit Ferienbetreuung
219. Tierfotografin
220. Tiergeschäft mit Tier-Sitter-Service
221. Gassi-Geh-Service, auch für mehrere Hunde
222. Biotierfutter besorgen und verteilen

Und noch zehn drauf!

Und falls Sie Dubletten gefunden haben, die uns entgangen sind, hier noch mal zehn Ideen oben drauf:

223. Strickkurse für Linkshänder
224. Diätköchin für Dalmatiner
225. Pokerkurse für Senioren
226. Pflanzenflüsterin
227. Maßanfertigungen für Mollige
228. Sprechtrainerin für Wellensittiche
229. Theaterkarten-Ansteherin
230. Hussennäherin (Möbelbezüge)
231. Kelleraufräumerin
232. Händchenhalterin gegen Redeangst

So, jetzt bin ich platt. Sie haben immer noch nicht genug? Vielleicht noch Tangokurse für Therapeuten, Häkeln für Holisten, Körnerkost für Karrierefrauen … Nein, jetzt muss Schluss sein. Wenn Ihnen bis jetzt noch nichts eingefallen ist zum Thema Selbstständigkeit: Lassen Sie es sacken, achten Sie in nächster Zeit einmal auf Ihre Träume. Reden Sie mit Menschen, die Fantasie haben. Und vertrauen Sie darauf: Eines Morgens wachen Sie auf, und Sie wissen: Ja, natürlich, das ist es!

4. Sind Sie eine Fünf-Sterne-Unternehmerin?

Nicht jeder Mensch ist in gleicher Weise für die Selbstständigkeit geeignet. In diesem Kapitel können Sie prüfen, ob berufliche Eigenständigkeit tatsächlich für Sie in Frage kommt. Hervorragend dafür geeignet zum Beispiel wäre ein Mensch, auf den folgende Beschreibung zutrifft:

»Der erfolgreiche Existenzgründer ist kerngesund, täglich 16 Stunden einsatzbereit, verheiratet mit einer Frau, die ihn völlig unterstützt, er ist in Buchführung versiert und kümmert sich selbstverständlich um Haushalt und Kinder, er ist branchenerfahren, mit Kontakten und Eigenkapital gesegnet, selbstbewusst und flexibel und eine Führungspersönlichkeit.«

So fassen die Psychologen Sigrun Göbel und Professor Michael Frese das Idealbild von Unternehmern zusammen, wie es sehr oft dargestellt wird.[15] Und da ist schon das allererste Wort verräterisch: »*Der* erfolgreiche Existenzgründer ...« ist also männlich. Und »der« hat alles und kann alles.

Hinterfragen Sie sich selbst: Ist selbstständiges Arbeiten Ihr Weg?

Fühlen Sie sich jetzt unter Druck gesetzt? Haben Sie Sorge, dass Sie an das oben skizzierten Ideal nicht heranreichen? Vergessen Sie Ihre selbstkritischen Gedanken, denn diesem Bild »dürften die wenigsten erfolgreichen Existenzgründer/innen entsprechen«, erklärt die Arbeitswissenschaftlerin und Diplom-Psychologin Constance Groth, »da es sich auch bei Unternehmensgründern um Menschen mit Stärken und Schwächen handelt.«[16]

Constance Groth schreibt dies in einer Praxishilfe für Existenzgründerinnen und Existenzgründer, die von der Landesagentur für Struktur und Arbeit Brandenburg (LASA) herausgegeben worden ist. Darin werden 25 Eigenschaften und Fähigkeiten benannt, die erfolgreichen Gründern oft zugeschrieben werden. Gehen Sie die auf dieser Seite beginnende Liste bitte dreimal durch und kreuzen Sie jeweils an, wie stark jede Fähigkeit ausgeprägt ist:

- im ersten Durchgang: bei sehr erfolgreichen Existenzgründerinnen und -gründern,
- im zweiten Durchgang: bei sehr erfolgreichen Führungskräften der Wirtschaft,
- im dritten Durchgang: bei Ihnen selbst.

Dabei bedeutet:

1 = das trifft minimal zu
2 = das trifft etwas zu
3 = das trifft deutlich zu
4 = das trifft stark zu
5 = das charakterisiert die Person/mich geradezu

Test: Welche Gründereigenschaften besitzen Sie?

hohe Arbeits- und Leistungsmotivation		
1 2 3 4 5	1 2 3 4 5	1 2 3 4 5
Existenz-gründer/in	Führungs-kraft	Ihre Selbst-einschätzung

Bereitschaft zu lebenslangem Lernen

1 2 3 4 5	1 2 3 4 5	1 2 3 4 5
Existenz-gründer/in	Führungs-kraft	Ihre Selbst-einschätzung

harte Entscheidungen treffen können

1 2 3 4 5	1 2 3 4 5	1 2 3 4 5
Existenz-gründer/in	Führungs-kraft	Ihre Selbst-einschätzung

Flexibilität und Veränderungsbereitschaft

1 2 3 4 5	1 2 3 4 5	1 2 3 4 5
Existenz-gründer/in	Führungs-kraft	Ihre Selbst-einschätzung

angemessene Selbsteinschätzung

1 2 3 4 5	1 2 3 4 5	1 2 3 4 5
Existenz-gründer/in	Führungs-kraft	Ihre Selbst-einschätzung

Kritikfähigkeit

1 2 3 4 5	1 2 3 4 5	1 2 3 4 5
Existenz-gründer/in	Führungs-kraft	Ihre Selbst-einschätzung

Bereitschaft, das eigene Verhalten zu ändern

1 2 3 4 5	1 2 3 4 5	1 2 3 4 5
Existenz-gründer/in	Führungs-kraft	Ihre Selbst-einschätzung

Beharrlichkeit

1 2 3 4 5	1 2 3 4 5	1 2 3 4 5
Existenz-gründer/in	Führungs-kraft	Ihre Selbst-einschätzung

Bereitschaft, auf Freizeit zu verzichten

1 2 3 4 5	1 2 3 4 5	1 2 3 4 5
Existenz-gründer/in	Führungs-kraft	Ihre Selbst-einschätzung

gute Selbstorganisation

1 2 3 4 5	1 2 3 4 5	1 2 3 4 5
Existenz-gründer/in	Führungs-kraft	Ihre Selbst-einschätzung

Kommunikationskompetenz

1 2 3 4 5	1 2 3 4 5	1 2 3 4 5
Existenz-gründer/in	Führungs-kraft	Ihre Selbst-einschätzung

Unterstützung aus dem Umfeld

1 2 3 4 5	1 2 3 4 5	1 2 3 4 5
Existenz-gründer/in	Führungs-kraft	Ihre Selbst-einschätzung

Erholung und gesunde Lebensweise

1 2 3 4 5	1 2 3 4 5	1 2 3 4 5
Existenz-gründer/in	Führungs-kraft	Ihre Selbst-einschätzung

Durchsetzungs- und Konfliktfähigkeit

1 2 3 4 5	1 2 3 4 5	1 2 3 4 5
Existenz-gründer/in	Führungs-kraft	Ihre Selbst-einschätzung

Entscheidungsbereitschaft bei Unsicherheiten

1 2 3 4 5	1 2 3 4 5	1 2 3 4 5
Existenz-gründer/in	Führungs-kraft	Ihre Selbst-einschätzung

Sind Sie eine Fünf-Sterne-Unternehmerin?

ausgeprägte Führungsqualitäten

1 2 3 4 5	1 2 3 4 5	1 2 3 4 5
Existenzgründer/in	Führungskraft	Ihre Selbsteinschätzung

positiver Umgang mit frustrierenden Ereignissen

1 2 3 4 5	1 2 3 4 5	1 2 3 4 5
Existenzgründer/in	Führungskraft	Ihre Selbsteinschätzung

positiver Umgang mit Stress

1 2 3 4 5	1 2 3 4 5	1 2 3 4 5
Existenzgründer/in	Führungskraft	Ihre Selbsteinschätzung

angemessene Risikoabschätzung

1 2 3 4 5	1 2 3 4 5	1 2 3 4 5
Existenzgründer/in	Führungskraft	Ihre Selbsteinschätzung

gutes Zeitmanagement

1 2 3 4 5	1 2 3 4 5	1 2 3 4 5
Existenzgründer/in	Führungskraft	Ihre Selbsteinschätzung

gutes Konfliktmanagement

1 2 3 4 5	1 2 3 4 5	1 2 3 4 5
Existenzgründer/in	Führungskraft	Ihre Selbsteinschätzung

rhetorische Fähigkeiten

1 2 3 4 5	1 2 3 4 5	1 2 3 4 5
Existenzgründer/in	Führungskraft	Ihre Selbsteinschätzung

gute Präsentation der Produkte und Dienstleistungen

1 2 3 4 5   1 2 3 4 5   1 2 3 4 5
Existenz-   Führungs-   Ihre Selbst-
gründer/in   kraft   einschätzung

positives Selbstwertgefühl

1 2 3 4 5   1 2 3 4 5   1 2 3 4 5
Existenz-   Führungs-   Ihre Selbst-
gründer/in   kraft   einschätzung

erfolgreiche Selbst-PR

1 2 3 4 5   1 2 3 4 5   1 2 3 4 5
Existenz-   Führungs-   Ihre Selbst-
gründer/in   kraft   einschätzung

Statt einer Auswertung

Wie ist es Ihnen beim Ausfüllen ergangen? Haben Sie für hoch erfolgreiche Existenzgründer/innen und Führungskräfte fast immer die 5 und nur ab und zu mal die 4 angekreuzt? Gut so, denn das zeigt, dass Sie eine ordentliche Einschätzung der persönlichen und beruflichen Qualitäten haben, die zu wirtschaftlichem Erfolg führen. Und zudem bestätigen Sie eine der Kernthesen dieses Buches, nämlich dass erfolgreiche Existenzgründer/innen und Führungskräfte sehr viel miteinander gemein haben.

Aber in diesen Test habe ich eine kleine Falle eingebaut, die Ihnen die Augen über Ihre eigenen Fähigkeiten öffnen soll und Ihnen Mut machen kann – besonders dann, wenn Sie sich selbst schlechter eingeschätzt haben als die beiden Erfolgstypen. Sie haben sich nämlich mit dem Idealbild von erfolgreichen Existenzgründerinnen und Führungskräften verglichen. Natürlich wäre es fantastisch, wenn Sie für sich selbst in allen Eigenschaften die 5 hätten zusprechen können, aber wie gesagt: Es gibt keinen einzigen Menschen aus Fleisch und

Blut, der all diese 25 Eigenschaften in extrem hoher Ausprägung besitzt!

Markieren Sie einmal die Eigenschaften, bei denen Sie sich nur einen Punkt oder zwei gegeben haben. Falls Sie nicht allzu selbstkritisch waren, sind diese niedrigen Punktzahlen ein Hinweis auf Schwächen, die Sie bei sich erkennen. Dem sollten Sie nachgehen. Zuerst mit den weiteren Fragen dieses Tests, aber auch, indem Sie sich von Menschen, die Sie gut kennen, einschätzen lassen.

Um es noch einmal klar auszusprechen: Schwächen sind kein Grund, von einer Selbstständigkeit abzuraten. Hingegen ist der Weg in die berufliche Selbstbestimmung ein guter Anlass, sich der eigenen Stärken bewusst zu werden. Ansonsten aber gilt: Auch von Existenzgründerinnen werden keine übermenschlichen Fähigkeiten verlangt.

Vorsicht! Vertrauen Sie nicht jedem Test!

Im Internet und in Büchern stoßen Sie häufig auf Psychotests, die aus Positiv-Listen konstruiert worden sind. Diese Tests sind gefährlich, weil sie Menschen entmutigen können.

»Sind Sie ein Unternehmertyp?« – so oder ähnlich heißen diese Tests. Bei solchen Fragespielen kann als Ergebnis herauskommen,

Sie würden sich nicht zur Selbstständigkeit eignen. Nur stimmen die Ergebnisse in aller Regel nicht. Denn sie können auch dadurch zustande kommen, dass nicht *Sie* ungeeignet sind, sondern der *Test*.

Geben Sie im Internet einmal die Suchworte »Sind Sie ein Unternehmertyp?« ein. Sie werden auf mehrere Angebote stoßen. Einen dieser Tests haben wir etwas genauer unter die Lupe genommen. Er stammt von einer Diplom-Psychologin und einem Psychologie-Professor, und Sie müssen dabei zu Aussagen Stellung nehmen wie:

- Ich habe eine scharfe Zunge.
- Ich fühle mich wohl, so wie ich bin.
- Ich arbeite nur so viel, wie ich muss.
- Ich gewinne leicht Freunde.
- Ich akzeptiere Menschen so, wie sie sind.
- Ich bin immer gut vorbereitet. (Aber kann das auch heißen: Ich kann gar nicht spontan sein?)
- Ich halte mich im Hintergrund. (Bin ich ein schlechter Unternehmer, wenn ich ein bescheidener Teamplayer bin? Sollte ich als Unternehmer immer ganz vorn an der Rampe tanzen?)
- Ich kann andere »auseinander nehmen« (Ist da das Handwerk der Psychologen gemeint, die Menschen analysieren?)
- Ich bin oft völlig am Ende.

Bei dieser letzten Aussage war ich dann völlig am Ende. Und zwar mit dem Test. Denn »völlig am Ende« kann man nach meinem Verständnis der deutschen Sprache nur ein Mal sein – und nicht oft. Dennoch ein Blick in die Ergebnisse. Der Test basiert auf dem bekannten Big-Five-Modell – das heißt: Es werden fünf grundlegende Persönlichkeitseigenschaften abgetestet: »Extraversion«, »emotionale Stabilität«, »Verträglichkeit«, »Gewissenhaftigkeit« und »Offenheit«.

Und nun kommt der Hammer, mit dem die Wissenschaftler sich selbst auf die Finger hauen:

Die Big Five, die fünf Faktoren, die doch Antwort auf die Frage geben sollen »Sind Sie ein Unternehmertyp?«, haben mit Unternehmensgründern so viel zu tun wie die Drei Tenöre oder die Drei Musketiere.

Dass hohe oder niedrige Werte für »Extraversion«, »emotionale Stabilität«, »Verträglichkeit«, »Gewissenhaftigkeit« und »Offenheit« Einfluss auf eine erfolgreiche Existenzgründung haben, ist zu vermuten, aber es ist nicht wissenschaftlich erforscht! Das sagen die Psychologin und der Professor sogar selbst:

- »Wenn man nach Zusammenhängen dieser Eigenschaft zum Erfolg einer Unternehmensgründung sucht, so sollte eine hohe *emotionale Stabilität* für Unternehmensgründer von Vorteil sein.« Sollte – aber nix Genaues wissen sie nicht.
- »Für den Erfolg einer Unternehmensgründung wird eine leicht überdurchschnittliche Ausprägung der *Extraversion* allgemein als vorteilhaft angesehen.« »Leicht überdurchschnittlich« und »wird allgemein als vorteilhaft angesehen« – also wieder: Genaues weiß da keiner.
- »Inwiefern die Skala *Offenheit* Einfluss auf den Gründungserfolg hat, ist nicht ganz klar.« (Warum wird dann in dem Test danach gefragt?)
- »Für Unternehmensgründer wird eine nicht zu hohe Ausprägung dieser Eigenschaft [*Verträglichkeit*] als vorteilhaft angesehen.« Erneut keine konkreten Angaben, denn was ist »eine nicht zu hohe Ausprägung«? Und nach welchen Kriterien wird sie »als vorteilhaft angesehen«?
- »Eine überdurchschnittliche *Gewissenhaftigkeit* wird allgemein als vorteilhaft ... angesehen, da dies dazu führen sollte ...«. Erneut derselbe akademische Schwampf: Nix Genaues weiß man eben nicht.

Warum sind sich wissenschaftlich gebende Tests so gefährlich? Stellen Sie sich nur einmal vor, Sie würden solche Tests in einer Lebenssituation machen, in der Sie – wie einige der in diesem Buch vorgestellten Existenzgründerinnen, die aus der Not heraus gegründet haben – berufliche Selbstständigkeit als große oder gar als letzte Chance sehen! Dann können solche Testergebnisse – wenn sie als wissenschaftlich und gültig verstanden werden – Lebenspläne und sogar Leben zerstören.

Aber wenn Sie als Existenzgründerin eines brauchen, dann ist es Mut. Und die Expertinnen in diesem Buch stimmen darin überein, dass nur sehr wenigen Menschen von beruflicher Selbstständigkeit abzuraten ist. Wer diese Menschen sind, erfahren Sie auf Seite 104 im Abschnitt »Sollten Sie sich im Moment lieber nicht selbstständig machen?«.

Gut vorbereitet – ohne demotivierende Tests

In diesem Buch finden Sie keine Tests, sondern Checklisten, die Ihnen helfen, sich auf die berufliche Selbstständigkeit gezielt vorzubereiten. Gleich im Anschluss stelle ich Ihnen 150 wichtige Aussagen zur beruflichen Selbstständigkeit vor. Das »riecht« nach Arbeit – und das ist es auch, denn Sie sollen jeweils Punkte von 1 bis 5 dafür vergeben, wie sehr jede einzelne Aussage auf Ihre Situation und auf Sie persönlich zutrifft.

Es handelt sich dabei nicht um Tests im üblichen Sinne, sondern um Checklisten. Diese sollen Ihnen helfen, mögliche Schwachstellen in Ihren Plänen für die berufliche Eigenständigkeit zu entdecken. Bitte führen Sie sich die Unterschiede zwischen einem Tests und einer Checkliste deutlich vor Augen.

Ein *Test* soll eine Einzelfrage beantworten, zum Beispiel: »Sind Sie ein Unternehmertyp?« Am Schluss kommt also ein klares Ja oder Nein heraus. Oder eine Prozentzahl (zum Beispiel: »Mit einer Wahrscheinlichkeit von 60 Prozent wird Ihre Gründung erfolgreich sein.«). Jede einzelne Testfrage trägt also zu einem Gesamtergebnis bei.

Anders ist es bei einer *Checkliste*. Mit ihr testen Sie nicht, ob Sie sich selbstständig machen sollten. Sondern jede einzelne Aussage der Liste weist Sie auf eine mögliche Stärke oder Schwachstelle hin. Eine einzige übersehene wichtige Aussage kann über Ihren Erfolg und Misserfolg entscheiden – und vor solch einem Scheitern sollen diese Checklisten Sie bewahren.

Nehmen Sie als Beispiel die Aussage: *Ich glaube, wenn ich in meinem Fachbereich die Beste bin, läuft mein Geschäft gleichsam von ganz allein.* In dieser Einstellung liegt für viele Gründerinnen und Gründer, die fachlich hoch qualifiziert sind, eine große Gefahr, wenn sie glauben, Leistung zahlt sich aus – und sie leisten ja besonders viel. Aber als Selbstständige können Sie an Ihren hervorragenden Leistungen zugrunde gehen, wenn es Ihnen zum Beispiel an Geschick im Umgang mit den Finanzen oder den Kunden mangelt.

Wäre die Aussage *Ich glaube, wenn ich in meinem Fachbereich die Beste bin, läuft mein Geschäft gleichsam von ganz allein* Teil eines Test, würde diese Gefahrenquelle, die über Sein oder Nichtsein entscheiden kann, das Testergebnis zwar etwas ins Negative ziehen – in ihrer gefährlich Brisanz aber würde sie in dem allgemeinen Testergebnis untergehen.

Die Formel für erfolgreiche Selbstständigkeit heißt: *Eine gute Idee fällt mit einer günstigen Lebenssituation und unterstützenden persönlichen Merkmalen zusammen.* Was aber, wenn das nicht der Fall ist?

Dann helfen diese Checklisten Ihnen, Problemgebiete und Schwachstellen zu identifizieren. Und Ihre Lösung heißt dann: *Ich habe für alle Problemgebiete und Schwachstellen jederzeit leicht erreichbare und bezahlbare Berater.*

Je mehr Problemgebiete Sie haben, desto mehr beratende, stützende und helfende Menschen brauchen Sie an Ihrer Seite. Zum Beispiel: Wenn Sie in steuerlichen Fragen nicht ausreichend qualifiziert sind, werden Sie sich selbstverständlich Rat und Hilfe bei einem Steuerberater holen. Nehmen Sie dies als Modell für alle Gebiete.

Berater sollten Sie auch schon jetzt beim Ausfüllen der Checklisten hinzuziehen. Selbsterkenntnis ist bekanntlich schwer. Meist über- und noch öfter unterschätzen wir uns selbst. Bitten Sie deshalb Menschen, deren Urteil Sie vertrauen und die Ihren Charakter, Ihre Talente und Ihre Lebenssituation kennen, Sie mithilfe dieser Checklisten zu beurteilen. Spannende und produktive Gespräche werden daraus folgen.

Sollten Sie sich im Moment lieber nicht selbstständig machen?

Packen wir den Stier bei den Hörnern, und fangen wir mit den Punkten an, die gegen eine berufliche Selbstständigkeit sprechen können, um sie aus dem Weg zu räumen.

Sie finden im Anschluss sechs Aussagen, die auf Menschen zutreffen, für die Selbstständigkeit eine zu große Herausforderung darstellen kann, weil ihre aktuellen Lebenssituation nicht einfach ist. Bitte kreuzen Sie zu jeder Aussage die Ziffern links an. Dabei bedeutet hier und in allen Checklisten dieses Kapitels:

1 = das trifft gar nicht oder nur minimal zu
2 = das trifft etwas zu
3 = das trifft deutlich zu
4 = das trifft stark zu
5 = das charakterisiert mich geradezu

> **Checkliste: Ihre Lebenssituation**
>
> 1 2 3 4 5   Ich bin zurzeit von privaten Krisen gebeutelt.
> 1 2 3 4 5   Ich werde zurzeit von Selbstzweifeln geplagt.
> 1 2 3 4 5   Ich bin in der Phase der Familienplanung.
> 1 2 3 4 5   Meine Kinder sind aus dem Gröbsten noch nicht heraus.
> 1 2 3 4 5   Ich habe überhaupt kein finanzielles Polster.
> 1 2 3 4 5   Wenn bei meinem Start in die Selbstständigkeit auch nur die kleinste Sache schiefgeht, bin ich finanziell ruiniert.

Das bedeutet Ihr Ergebnis: Haben Sie bei einer oder mehreren Aussagen eine 4 oder sogar eine 5 angekreuzt, kann es sich lohnen, mit dem

Schritt in die Selbstständigkeit zu warten, bis sich diese Situation verändert hat. Denn möglicherweise leidet Ihr neu zu gründendes Unternehmen aufgrund äußerer Umstände unter den momentanen Gegebenheiten, während zu anderen Zeiten der Erfolg leicht erreichbar wäre. Das wäre dann schade um die Zeit, Energie und auch um das investierte Geld.

Lassen Sie sich aber nicht einschüchtern oder abschrecken! Viele Frauen und Männer haben unter extrem ungünstigen Lebensumständen erfolgreich ein Geschäft gegründet. Aber es ist eine große Hypothek, wenn Sie zum Beispiel als junge Mutter zwischen Schreibtisch und Baby hin- und hergerissen sind und sich weder der einen noch auf der anderen Aufgabe richtig widmen können. Beides ist mit Organisationstalent und Helfern zu schaffen. Aber eine Hypothek bleibt bestehen, denn Sie müssen darauf bauen, dass sehr viele Aspekte Ihrer Selbstständigkeit einfach glatt laufen müssen. Sie müssen auf Glück bauen – auf positive Umstände also, die Sie nicht unter Kontrolle haben. Auch wenn im Augenblick nicht alles für eine berufliche Existenzgründung spricht, machen Sie dennoch weiter mit den folgenden Checklisten, denn Sie werden immer wieder Hinweise erhalten, wie die berufliche Selbstständigkeit trotzdem zu schaffen ist.

Wichtig für den Erfolg und Misserfolg von Gründungen sind neben den äußeren Umständen einige persönliche Eigenschaften und Charaktermerkmale.

Sie finden gleich Aussagen, die auf Menschen zutreffen, für die Selbstständigkeit aufgrund von Persönlichkeitszügen eine zu große Herausforderung darstellen kann, weil sie sich charakterlich stark verändern und von vielen ihrer bisherigen Gewohnheiten und Interessen Abschied nehmen müssten.

Checkliste: Persönliche Merkmale, die eine Selbstständigkeit erschweren

Bereich: Kommunikation

1 2 3 4 5 Ich bin menschenscheu.
1 2 3 4 5 Ich kommuniziere nicht gern.
1 2 3 4 5 Ich kommuniziere nur mit ausgewählten Menschen gern.

Bereich: Umgang mit Problemen

1 2 3 4 5 Ich habe meist einen pessimistischen Blick auf die Dinge und sehe vor allem, was alles schiefgehen, und nicht, was gelingen könnte.
1 2 3 4 5 Wenn etwas misslingt, beschimpfe und verdamme ich mich.
1 2 3 4 5 Wenn es Probleme gibt, glaube ich, dass sie mein gesamtes Leben negativ beeinflussen werden. (Ich sehe dann keine Gebiete, die von den Problemen nach wie vor unbelastet bleiben.)
1 2 3 4 5 Wenn es Probleme gibt, glaube ich, dass sie lange Zeit bestehen bleiben. (Ich kann kein Ende absehen.)

Bereich: Arbeitseinstellung

1 2 3 4 5 Ich bin zögerlich.
1 2 3 4 5 Ich bin bequem und habe es gerne bequem.
1 2 3 4 5 Ich wähle für mich gerne den einfachsten Weg – auch wenn Aufgaben damit nicht wirklich gelöst werden.
1 2 3 4 5 Ich mache Dienst nach Vorschrift, erledige meine Pflichten, aber danach ist Schluss mit der Arbeit.

1 2 3 4 5   Ich arbeite nach der Uhr, nach Feierabend wird nicht weitergearbeitet – auch wenn eine Aufgabe noch nicht erledigt ist.
1 2 3 4 5   Aufgaben arbeite ich lediglich ab. (Ich habe keinen Ehrgeiz, sie gut zu erledigen.)
1 2 3 4 5   Unter Druck fallen meine Leistungen rapide ab.
1 2 3 4 5   Ich bin in der Arbeit nur bei überschaubaren Aufgaben glücklich, ich habe Freude an Routine.
1 2 3 4 5   Beim Arbeiten schweife ich oft in Details ab.
1 2 3 4 5   Zielorientiertes Denken und Arbeiten an der konkreten Aufgabe, an der ich gerade sitze, fällt mir schwer.

Bereich: Lebensmut und Lebensfreude

1 2 3 4 5   Ich bin entscheidungsschwach.
1 2 3 4 5   Ich fühle mich besser aufgehoben, wenn mir jemand sagt, wie der nächste Arbeitsschritt aussehen soll.
1 2 3 4 5   Unter Druck kann ich nur schwer Entscheidungen treffen.
1 2 3 4 5   Ich bin ängstlich.
1 2 3 4 5   Ich fühle mich außerhalb meiner gewohnten Umgebung nicht geborgen, unsicher, unwohl.
1 2 3 4 5   Ich habe kein ausgeprägtes Bedürfnis, etwas Unbekanntes und Neues auszuprobieren.
1 2 3 4 5   Ich kann meine Angst vor einem Risiko nicht überwinden.
1 2 3 4 5   Ich versuche, Probleme aktiv zu umgehen, statt mich mit ihnen aktiv auseinanderzusetzen.
1 2 3 4 5   Ich bin ohne ein klar strukturiertes Leben unglücklich.

1 2 3 4 5 Mein Gewissen – mein innerer Kritiker – ist ein Sicherheitsfanatiker, es hat schon oft verhindert, dass ich vorwärts gerichtete Entscheidungen treffe.

1 2 3 4 5 Mein Gewissen – mein innerer Kritiker – ist ein eher ängstlicher Warner und Mahner, aber kein Berater.

Bereich: Umgang mit Geld

1 2 3 4 5 Ich kann kaum schlafen, wenn das Konto in den Miesen ist.

1 2 3 4 5 Ich habe ein sehr starkes Sicherheitsbedürfnis.

1 2 3 4 5 Ich bin ohne übersichtliche Finanzen unglücklich.

1 2 3 4 5 Ich bin eine Glücksspielernatur. (Ich riskiere viel oder alles, wenn ein hoher Gewinn lockt.)

1 2 3 4 5 Ich nehme das Berufsleben nicht ernst und sehe mich eigentlich als reinen Privat- oder Familienmenschen.

1 2 3 4 5 Ich habe eine »Mir-steht-aber-dieses-und-jenes-zu«-Haltung.

1 2 3 4 5 Der Gedanke, dass einem nichts geschenkt wird und Geld hart erarbeitet werden muss, macht mir keine Freude.

1 2 3 4 5 Ich interessiere mich nicht für kaufmännische Themen.

Das bedeutet Ihr Ergebnis: Erneut gilt: Schauen Sie sich die Aussagen an, bei denen Sie die 5 oder die 4 angekreuzt haben. Jedes Kreuz dort kann heißen: Sie brauchen fachliche und vor allem menschliche Unterstützer und Mutmacher. Je öfter Sie die 1 oder die 2 angekreuzt haben, desto gelassener können Sie sich das »Go!« für den Start in die Selbstständigkeit geben.

Gelesen haben Sie gerade 36 Hinweise auf Menschen, die von ihrer ganzen Lebensart her für eine feste Anstellung besser geeignet sein könnten als für die berufliche Eigenständigkeit. Es sind Menschen, die im Beruf keine große Karrieren anstreben und die bei Aufstiegsmöglichkeiten oft übergangen werden, weil sie dem Bild eines Fünf-Sterne-Unternehmers nicht entsprechen.

Günstige Startbedingungen

Wenn Sie selbstständig sind oder sich selbstständig machen wollen, hängt Ihr Erfolg von Ihrer Lebenssituation, Ihren persönlichen und Ihren fachlichen Qualitäten ab. Prüfen Sie, worauf Sie bauen können – und wo Sie Stützen und Streben einfügen sollten. Bitte kreuzen Sie zu jeder Aussage die Ihnen entsprechende Ziffer an.

Checkliste: Ihre Lebenssituation

1 2 3 4 5   In der Familie beziehungsweise im Freundeskreis habe ich finanzielle Absicherung.

1 2 3 4 5   Meine Familie beziehungsweise mein Freundeskreis gibt mir emotionalen Rückhalt.

1 2 3 4 5   Ich finde Unterstützung (zum Beispiel bei Kollegen, beim Lebenspartner), um an alles zu denken.

1 2 3 4 5   Ich habe Menschen (zum Beispiel Kollegen, Lebenspartner), die mich motivieren.

1 2 3 4 5   Ich habe zwar keine finanzielle Absicherung, aber ich kann Risiken sehr genau abwägen.

1 2 3 4 5 Ich habe zwar keine finanzielle Absicherung, kann auch Risiken nicht gut abwägen, aber ich habe jemanden, der das kann und für mich macht.

1 2 3 4 5 Meine Pläne zur beruflichen Selbstständigkeit werden von Familie und Freunden grundsätzlich unterstützt, und auf meine zeitliche Belastung wird Rücksicht genommen.

1 2 3 4 5 Ich kann etwa ein Jahr ohne geregeltes Einkommen existieren.

1 2 3 4 5 Ich kann ohne Bankkredite in die Selbstständigkeit starten.

1 2 3 4 5 Für jedes Problem, das auf mich zukommen kann, weiß ich jemanden, an den ich mich um Rat wenden kann.

Das bedeutet Ihr Ergebnis: Sie haben wesentliche Aspekte Ihrer Lebenssituation abgeschätzt. Je mehr Kreuze Sie bei einer 5 gemacht haben, desto erfolgversprechender ist die Ausgangslage und desto gelassener können Sie sich das »Go!« für den Start in die Selbstständigkeit geben. Denn eine 5 bedeutet jetzt: In diesem Punkt dürfen Sie sich bereits als eine Fünf-Sterne-Unternehmerin bezeichnen.

Genauso wichtig aber ist, dass Sie die anderen Aussagen – jede für sich – im Einzelnen bewerten. Achten Sie besonders auf jene, bei denen Sie Ihre Kreuze bei der 1 oder 2 gemacht haben. Da können Risiken liegen. Je früher sie erkannt werden, desto einfacher werden Sie mit ihnen fertig. Wenn zum Beispiel Ihre Familie oder Ihre Freunde Ihre Selbstständigkeit nicht mittragen, fehlen Ihnen wichtige Unterstützer. Das kann Sie zu einem »Jetzt gerade, denen werde ich es beweisen« motivieren. Gut so – wenn es keine reine Trotzreaktion ist.

Denken Sie auch daran, was Ihr Lebenspartner, Ihre Lebenspartnerin Ihnen als Mahner und Warner wirklich sagen möchte: »Jede

Veränderung in deinem Leben bedeutet auch eine Veränderung in meinem Leben. Jede Veränderung bedeutet erst einmal Stress – auch eine Veränderung zum Guten.« Vergessen Sie also nie – es sei denn, Sie leben völlig isoliert von anderen Menschen –, dass die Existenzgründung nicht nur Ihr eigenes Leben, sondern auch das aller Menschen betrifft, mit denen Sie das Leben teilen.

Checkliste: Persönliche Eigenschaften

1 2 3 4 5 Ich übernehme die Verantwortung für mein Tun und Lassen.
1 2 3 4 5 Ich habe ein hohes Durchhaltevermögen.
1 2 3 4 5 Ich habe eine große Kraft, mich selbst zu motivieren.
1 2 3 4 5 Ich habe ein gesundes und ausgeprägtes Selbstbewusstsein.
1 2 3 4 5 Ich bin begeisterungsfähig.
1 2 3 4 5 Ich kann Visionen entwickeln.
1 2 3 4 5 Ich spüre den intensiven Wunsch nach Selbstständigkeit aus mir selbst heraus.
1 2 3 4 5 Ich besitze innere Stärke.
1 2 3 4 5 Ich habe Mut.
1 2 3 4 5 Ich habe Biss.
1 2 3 4 5 Ich besitze geistige Reife (Lebenserfahrung).
1 2 3 4 5 Ich besitze menschliche Reife.
1 2 3 4 5 Wo meine geistige und menschliche Reife nicht ausreichen – zum Beispiel weil ich noch jung bin –, helfe ich mir mit Demut, Intelligenz und dem Rat von erfahrenen Menschen.
1 2 3 4 5 Meine Lebenserfahrung reicht aus, um auch in Krisensituationen gelassen reagieren zu können.

1 2 3 4 5 Ich besitze geistige Fitness und Intelligenz.
1 2 3 4 5 Ich besitze die Bereitschaft, mein Leben lang zu lernen und offen zu sein für Ratschläge.
1 2 3 4 5 Ich befolge nicht alle Ratschläge, aber ich höre den Ratgebern zu und denke über jeden Rat nach.
1 2 3 4 5 Ich habe Berufserfahrung – allgemein und auch auf dem Gebiet, in dem ich mich selbstständig machen möchte. Meine Anfängerfehler habe ich schon gemacht.

Das bedeutet Ihr Ergebnis: Sie haben wesentliche Aspekte Ihrer Persönlichkeit in den Blick genommen. Erneut gilt: Je öfter Sie eine 5 angekreuzt haben, desto sorgenfreier können Sie in die Selbstständigkeit starten. Allerdings nur, wenn Sie sich wirklich objektiv einschätzen können. Da das schwer ist, tun Sie sich unbedingt den Gefallen und bitten Sie einen oder mehrere Menschen Ihres Vertrauens, Sie zu beurteilen. Das kann im ersten Augenblick schwer, ja sogar peinlich sein – aber Sie wollen ja möglichst abgesichert an den Start gehen oder Ihre Existenzgründung abgesichert fortführen.

Erneut gilt: In den Bereichen, bei denen Sie eine 5 angekreuzt haben, sind Sie Fünf-Sterne-Unternehmerin. Und es gilt auch: Alle Aussagen, bei denen Sie weniger als die 4 angekreuzt haben – oder von Ihren Beratern eingeschätzt werden –, sind ein Hinweis auf mögliche Risiken, die sich meist aber relativ leicht ausschalten lassen, je früher sie erkannt werden.

Denken Sie auch daran, dass Ihre Existenzgründung eine großartige Chance ist, menschlich zu wachsen und zu reifen. Aber ...!!! Aber Sie werden Ihre Energien jetzt mehr fürs Geschäft als für Ihr menschliches Wachstum brauchen. Suchen Sie sich für die persönlichen Dinge einen Coach – einen Menschen, der Sie geistig-seelisch geleitet und begleitet. Und prüfen Sie genau, ob dieser Coach Ihr Lebenspartner, Ihre Lebenspartnerin sein soll. Auf Dauer wird dann nicht mehr die Liebe, sondern das Geschäft zum Kern Ihres Zusammenlebens. Nichts dagegen – aber nur, wenn Sie beide das wollen.

Checkliste: Ihre fachliche Kompetenz

1 2 3 4 5   Meine berufliche Qualifikation ist besser als branchenüblich.
1 2 3 4 5   Ich kenne den Markt und die Konkurrenten.
1 2 3 4 5   Meine Preise sind konkurrenzfähig.
1 2 3 4 5   Ich kenne die Fachliteratur und bin auf dem aktuellen Stand.
1 2 3 4 5   Ich bilde mich weiter, wenn andere Menschen Feierabend machen.
1 2 3 4 5   Ich besuche Seminare, Fachtagungen, Messen und Ähnliches.
1 2 3 4 5   Ich kenne die Zukunftstrends auf meinem Gebiet.
1 2 3 4 5   Bei den wichtigen Innovationen bin ich vorne dabei.
1 2 3 4 5   Ich halte aber auch fest am Bewährtem – all dem, woran meine jetzigen und zukünftigen Kunden gewohnt sind, und was sie nicht missen wollen.

Meine kaufmännischen Kenntnisse reichen aus, ...

1 2 3 4 5   ... um das notwendige Startkapital zu berechnen.
1 2 3 4 5   ... um die laufende Buchführung zu machen.
1 2 3 4 5   ... um von Banken als Gesprächspartner ernst genommen zu werden.
1 2 3 4 5   ... um die wirtschaftlichen Ziele zu formulieren und anzugeben, wann sie erreicht sein sollen.

1 2 3 4 5 … um zur Not auch zu wissen, wann der Betrieb einzustellen ist, wenn die wirtschaftlichen Ziele nicht erreicht werden.

Ich habe die eben genannten Punkte und weitere in einen Businessplan (siehe Kapitel 8: »Zur Sache: Businessplan und Office-Ausstattung«) eingebracht, …

1 2 3 4 5 … der meine Geschäftsidee in allen Einzelheiten beschreibt.

1 2 3 4 5 … der festlegt, wann welche wirtschaftlichen Ziele erreicht sein sollten.

1 2 3 4 5 … der die Maßnahmen nennt, mit denen die wirtschaftlichen Ziele erreicht werden sollen.

1 2 3 4 5 … der mir deshalb eine wichtige Orientierung bei Alltagsentscheidungen gibt.

1 2 3 4 5 … der von Finanzexperten geprüft worden ist.

1 2 3 4 5 … den ich mit meiner Bank durchgesprochen habe.

1 2 3 4 5 … der mir Respekt bei meiner Bank eingebracht hat.

1 2 3 4 5 … den ich bei neuen Entwicklungen immer wieder ergänze.

1 2 3 4 5 … der nicht nur Ideen und Pläne enthält, sondern konkrete Maßnahmen, die durchgerechnet sind.

Das bedeutet Ihr Ergebnis: Sie haben wesentliche Aspekte Ihrer fachlichen Qualitäten eingeschätzt. Und Sie wissen inzwischen, wie Sie Ihre Ergebnisse am sinnvollsten bewerten: Alle Bereiche, in denen Sie noch keine Fünf-Sterne-Unternehmerin sind, bieten Hinweise auf Risiken und Schwachstellen, mit denen Sie umso schwerer fertig werden, je länger Sie sie zu verdrängen suchen.

Hier erneut die Warnung: Versuchen Sie nicht, alles selbst zu machen. Und streben Sie keine Perfektion an. Sie sind jetzt in einer Phase, in der Ihr Geschäft wachsen soll – Ihr persönlich-menschliches Wachstum muss hintan stehen, weil Sie sich sonst übernehmen. Deshalb brauchen Sie einen Coach. Speziell zum Thema Businessplan finden Sie Information und Hilfen in Kapitel 8: »Zur Sache: Businessplan und Office-Ausstattung«.

Wie ist Ihre Außenwirkung?

Wie die meisten Existenzgründerinnen und -gründer fangen vielleicht auch Sie ganz klein an, aber dennoch müssen Sie bereits mit dem Beginn Ihrer beruflichen Eigenständigkeit Menschen führen. Und Sie müssen für Ihr Geschäft – aber auch für Ihre Person, denn zwischen beiden ist nicht wirklich zu trennen – Marketing und PR betreiben. Wieder geht es darum herauszufinden, wo Sie bereits sicheren Grund haben, und wo Sie Ihre Fundamente noch festigen können.

Auch wenn Sie anfangs beruflich eine Einzelkämpferin sind, haben Sie jetzt bereits Menschen zu führen: Ihre Berater, Ihre Kunden, Ihre Geldgeber, Ihre Hilfskräfte ... Was also zeichnet Sie in den Augen der Menschen, mit denen Sie geschäftlich zu tun haben, aus?

Checkliste: Ihre Führungsqualitäten

1 2 3 4 5 Ich bin fleißig. (Ich arbeite mehr als andere.)

1 2 3 4 5 Ich bin ehrgeizig.

1 2 3 4 5 Ich habe die Energie, um – wenn es sein muss – auch zehn und noch mehr Stunden zu arbeiten.

1 2 3 4 5 Ich kann Menschen überzeugen.

| 1 2 3 4 5 | Ich habe Freude am Verkaufen und am Aushandeln von Preisen.
| 1 2 3 4 5 | Ich kann mich durchsetzen, ohne Menschen zu beleidigen, zu kränken oder zu erniedrigen.
| 1 2 3 4 5 | Ich kann Arbeit delegieren.
| 1 2 3 4 5 | Ich kann gut organisieren.
| 1 2 3 4 5 | Ich kann ein Team führen.
| 1 2 3 4 5 | Ich kann im Team arbeiten.
| 1 2 3 4 5 | Ich bin flexibel und auch bereit, meine bisher gewohnte Lebensart aufzugeben, wenn es erforderlich sein sollte.
| 1 2 3 4 5 | Ich blühe auf, wenn sich Veränderungen ergeben.
| 1 2 3 4 5 | Wenn es für die Firma richtig ist, ziehe ich um.
| 1 2 3 4 5 | Ich habe bereits bewiesen, dass ich auch schwere Rückschläge verkraften kann.
| 1 2 3 4 5 | Ich habe bereits bewiesen, dass ich aus Rückschlägen lernen und meine Maßnahmen und Ziele ändern kann.
| 1 2 3 4 5 | Ich habe bereits bewiesen, dass ich auch bei Rückschlägen einen erfolgversprechenden Weg weitergehen kann.
| 1 2 3 4 5 | Ich habe bereits bewiesen, dass ich auch bei Rückschlägen an die Zukunft denke, statt über Vergangenes zu klagen.
| 1 2 3 4 5 | Mir fällt in der Arbeit und privat sehr oft die Führungsrolle zu.
| 1 2 3 4 5 | Ich kann mich aber vernünftiger Führung unterordnen – auch wenn sie von Menschen auf einer niedrigeren Hierarchiestufe kommt.
| 1 2 3 4 5 | Ich bin kein Eigenbrötler und gebe mein Wissen gern an andere weiter.

Das bedeutet Ihr Ergebnis: Sie haben wesentliche Aspekte Ihrer Führungsqualitäten abgeschätzt. Wieder gilt: Überall, wo Sie noch keine Fünf-Sterne-Unternehmerin sind, finden sich Hinweise auf Risiken und Schwachstellen, mit denen Sie umso leichter fertig werden, je eher Sie sie angehen.

Führungsqualitäten sind ein wichtiger Pluspunkt, wenn Sie Ihre eigene Chefin sind. Bedenken Sie aber: Führen ist eine Dienstleistung. Die Arbeit läuft besser, wenn sie gut organisiert ist. Und wenn Sie das nicht können – oder bei anderen Punkten Defizite aufweisen, suchen Sie sich Hilfe. Eine Sekretärin – nicht als Statussymbol, sondern als Co-Managerin – ist solch eine Hilfe, selbst wenn sie nur wenige Stunden zur Verfügung stehen kann.

Checkliste: Ihre Selbst-PR – der wichtige erste und der bleibende Eindruck, den Sie machen

1 2 3 4 5   Menschen anzusprechen – auch Erstkontakte mit Kunden aufzubauen – fällt mir leicht.

1 2 3 4 5   Akquisitionsgespräche führe ich freundlich, aber selbstbewusst nach dem guten Leitsatz: »Der Kunde hört es, wenn dein Magen knurrt.«

1 2 3 4 5   Ich kann Menschen in die Augen schauen, ohne sie peinlich zu fixieren.

1 2 3 4 5   Ich stehe aufrecht – aber entspannt.

1 2 3 4 5   Ich spreche klar und verständlich.

1 2 3 4 5   Wenn ich mich vorstelle, sage ich meinen Namen so, dass jeder Mensch ihn versteht.

1 2 3 4 5   Mein Atem fließt gleichmäßig.

1 2 3 4 5   Mein Händedruck ist spürbar, aber für niemanden schmerzhaft.

1 2 3 4 5   Ich kann stillstehen – kann aber auch meine posi-

                tiven Gefühle in einer Gesprächssituation durch Gesten ausdrücken.

1 2 3 4 5 Zu Gesprächspartnern halte ich einen für alle angenehmen Abstand beziehungsweise eine angenehme Nähe.

1 2 3 4 5 Ich werde wahrgenommen, ohne auf mich aufmerksam zu machen.

1 2 3 4 5 Ich kann vor größeren Gruppen frei sprechen.

1 2 3 4 5 Ich beteilige mich an Diskussionen und werde gehört.

1 2 3 4 5 Ich kann Menschen durch Humor auftauen und Situationen dadurch auflockern.

Wenn ich auffalle, dann durch ...

1 2 3 4 5 gutes Benehmen.
1 2 3 4 5 Zuvorkommendheit.
1 2 3 4 5 Höflichkeit.
1 2 3 4 5 gutes Zuhören.

Das bedeutet Ihr Ergebnis: In allen Bereichen, in denen Sie noch keine Fünf-Sterne-Unternehmerin sind, liegen erneut Hinweise auf Risiken und Schwachstellen, mit denen Sie umso schwerer fertig werden, je länger Sie sie zu verdrängen suchen.

Das Wichtigste aber ist: Bleiben Sie authentisch, bleiben Sie der Mensch, der Sie sind. Dieser Rat gilt für alle Ihre persönlichen Eigenheiten mit Ausnahme derjenigen, an denen eine größere Zahl von Menschen Anstoß nehmen könnten. Also meiden Sie Arroganz, Zynismus, Humor auf Kosten anderer. Sie kommen weit, wenn Sie es mit gutem Benehmen versuchen.

Checkliste: Selbstvertrauen

1 2 3 4 5 Ich kenne meine Stärken.
1 2 3 4 5 Ich kenne meine Schwächen.
1 2 3 4 5 Ich kann aufgrund meiner Erfahrung auf meine eigenen Fähigkeiten vertrauen.
1 2 3 4 5 Ich halte meine Versprechen ein.
1 2 3 4 5 Ich halte auch Langzeitversprechen ein – weil ich sie nicht aus den Augen verliere.
1 2 3 4 5 Ich lüge nicht, ich kann meinen eigenen Worten vertrauen.
1 2 3 4 5 Ich benötige auch keine Notlügen. (Ich belaste meinen Geist und mein Gedächtnis nicht mit unwahren, halbwahren Angaben, die ich mir dann extra merken muss.)
1 2 3 4 5 Ich habe großes Mir-selbst-Vertrauen, ich kann mich auf mich verlassen.
1 2 3 4 5 Ich lebe in Selbstverantwortung. (Für meine Fehler muss kein anderer die Verantwortung übernehmen.)
1 2 3 4 5 Wenn Erfolge auf sich warten lassen, habe ich einen langen Atem, weil ich weiß, dass ich mein Bestes gegeben habe.
1 2 3 4 5 Konkurrenz belebt das Geschäft – ich genieße solche Herausforderungen.

Das bedeutet Ihr Ergebnis: Wo sind Sie bereits eine Fünf-Sterne-Unternehmerin, und wo liegen Hinweise auf Risiken und Schwachstellen, denen Sie sofort Aufmerksamkeit schenken sollen?

Vielleicht sind Sie über ein Wort gestolpert, statt »Selbstvertrauen« haben Sie an einer Stelle gelesen: »Mir-selbst-Vertrauen«. Ebenso sollten Sie statt »Selbstvertrauen« lieber »Sich-selbst-Vertrauen« sagen. In diesem Kunstwort steckt das ganze Geheimnis für alle Menschen, die glauben, zu wenig Selbstvertrauen zu haben.

Trainieren Sie sich kein forsches Auftreten, keine stramme Haltung an. Es reicht, wenn Sie Ihren eigenen Worten glauben – und so gepflegt auftreten, dass Sie nicht über Ihre Wirkung nachdenken, wenn Sie mit anderen Menschen zusammen sind, sondern sich ganz auf die anderen konzentrieren können.

Checkliste: Ihr Verhältnis zu Geld

1 2 3 4 5 Geld zu verdienen, motiviert mich.
1 2 3 4 5 Viel Geld zu verdienen, motiviert mich noch mehr.
1 2 3 4 5 Ich bin aber frei von Gier. »Je mehr er hat, je mehr er will« gilt für mich nicht.
1 2 3 4 5 Ich erfreue mich an dem, was ich habe. »Was sie hat, das will sie nicht, und was sie will, das hat sie nicht« gilt für mich nicht.
1 2 3 4 5 Ich mache keine kleinen Geschäfte (keine kleine »Gewinnmitnahme«), sondern bleibe konzentriert auf die großen Erfolge.
1 2 3 4 5 Ich stehle nicht. (Niemals – auch nicht von Stiefvater Staat bei der Steuererklärung.)

Das bedeutet Ihr Ergebnis: Hoffentlich sind Sie zumindest bei den ersten beiden Punkten bereits eine Fünf-Sterne-Unternehmerin. Denn das Gegenteil wäre fatal – aber es wäre leider auch »typisch Frau«. Mädchen werden traditionell immer noch zur Überbescheidenheit erzogen. Frei nach dem Poesiealbumspruch: »Wandle stets auf Rosen auf immergrüner Au, bis einer kommt in Hosen und nimmt dich dann zur Frau.« Viele Frauen haben ein Un-Verhältnis zu Geld, sie halten das Streben nach Geld für unweiblich oder gar unschicklich. Tun Sie das nicht. Denn bei Ihrer Existenzgründung geht es doch um Ihre Existenz. Sie arbeiten für Geld. Basta! Und während Frauen als Angestellte in Unternehmen immer noch in Geld und Aufstiegsmöglichkeiten weit hinter den Männern herhinken, bietet Ihnen Ihre berufliche Selbstständigkeit die gute Chance, auch finanziell topp zu sein.

Wie gut kennen Sie sich selbst?

In den letzten drei Checklisten geht es um Ihre Grundhaltung der Arbeit, anderen Menschen und sich selbst gegenüber.

Checkliste: Ihre Grundhaltung zur Arbeit

1 2 3 4 5 Ich habe Freude an harten Nüssen.
1 2 3 4 5 Ich analysiere Probleme, bis Lösungen gefunden sind.
1 2 3 4 5 Ich gehe nur kalkulierte Risiken ein.
1 2 3 4 5 Ich lerne aus Fehlern.
1 2 3 4 5 Ich weiß, wann ich Rat einholen muss.
1 2 3 4 5 Ich bin kreativ, ich habe neue Ideen.
1 2 3 4 5 Meine kreativen Ideen sind aber nur selten oder nie genial und grandios, sie sind meist geeignet, ein Detail (an Produkten, Plänen, Strategien, in der Zusammenarbeit) etwas zu verbessern.

Flexibilität

1 2 3 4 5 Ich überprüfe ständig, ob meine großen und vor allem meine naheliegenden Ziele noch die richtigen sind.

1 2 3 4 5 Ich weiche vom richtigen Weg ab, wenn es einen besseren gibt.
1 2 3 4 5 Ich kann Entscheidungen ändern und alte Entscheidungen an neue Situationen anpassen.

Beständigkeit

1 2 3 4 5 Ich setze mir hohe Ziele und werde ihnen gerecht, auch wenn es manchmal Mühe macht. Zwei Markenzeichen meiner Persönlichkeit sind »Qualität« und »Zuverlässigkeit«.
1 2 3 4 5 Ich übernehme die Verantwortung für jede Aufgabe, die ich angehe.
1 2 3 4 5 Wenn es sein muss, kann ich sehr schnell entscheiden – meist, weil ich mit der Materie vertraut bin.
1 2 3 4 5 Ich möchte vorwärtskommen und zeige das auch – aber nicht auf Kosten anderer, indem ich sie schlechtmache oder mich über sie hinwegsetze.
1 2 3 4 5 Ich arbeite hart und – außer es geht um kreative Ergebnisse – konzentriert und zielgerichtet. Zwei Markenzeichen meiner Persönlichkeit sind »fleißig« und »ausdauernd«.
1 2 3 4 5 Ich werde mit Rückschlägen fertig.

Die entscheidende Distanz zur Arbeit

1 2 3 4 5 Ich habe mir fordernde, aber erreichbare Ziele gesetzt.
1 2 3 4 5 Ich überprüfe gewohnheitsmäßig, wie weit ich von meinen Zielen entfernt bin.
1 2 3 4 5 Meine Langzeitziel behalte ich ständig im Auge, weil das eine gute Methode ist, aktuelle Entschei-

					dungen zu evaluieren. (»Dient Entscheidung A oder B meinen übergeordneten Zielen besser?«)
1	2	3	4	5	Ich suche gerade für tagtägliche Abläufe nach kreativen und innovativen Problemlösungen.
1	2	3	4	5	Ich kann mich ausreichend organisieren.
1	2	3	4	5	Ich kann andere Menschen ausreichend organisieren.
1	2	3	4	5	Ich werde meist vor Termin mit einer Arbeit fertig, weil ich im ersten Arbeitsgang keine absolute Perfektion anstrebe – einigermaßen fertige Arbeit zu optimieren bringt mehr.

Das bedeutet Ihr Ergebnis: In diesen sechsten und letzten Checklisten geht es um Grundhaltungen. Seien Sie stolz auf sich, wann immer Sie sich als Fünf-Sterne-Unternehmerin sehen können. Und wo nicht, suchen Sie Menschen, die Sie beraten und Ihnen helfen.

Die Aussagen in diesem letzten Abschnitt sollen Ihnen eines zeigen: Eine Fünf-Sterne-Unternehmerin ist nicht in allen Punkten super und spitze. Im Laufe eines Arbeitstages, eines Arbeitsjahres geht es längst nicht immer um Höchstleistungen, sondern um eine höhere Tugend: um das rechte Maß. Sinn ist, dass Sie ein typisches »Frauenleiden« bei sich entdecken und abstellen: den Hang und manchmal auch den Zwang zur Perfektion.

Prüfen Sie Ihre Kreuze, die Sie gemacht haben. Waren Sie zu streng mit sich? Haben Sie viele Aussagen mit weniger als 3 bewertet, weil Sie sich zu weit von der Perfektion entfernt gefühlt haben? Vielleicht ist das der wichtigste Rat dieses Buches: Lassen Sie Zwänge los, und legen Sie sich mehr Selbstliebe zu.

> **Checkliste: Ihre Grundhaltung anderen Menschen gegenüber**
>
> 1 2 3 4 5 Ich kann andere Menschen motivieren.
> 1 2 3 4 5 Ich bin selbstbewusst, aber nicht aggressiv.
> 1 2 3 4 5 Ich bin nicht introvertiert, ich komme aus mir heraus und gehe auf Menschen zu.
> 1 2 3 4 5 Ich kommuniziere gerne (auch durch zuhören).
> 1 2 3 4 5 Ich kann Menschen überzeugen, ohne mich bei ihnen einzuschmeicheln.
> 1 2 3 4 5 Ich bin für jeden Rat erst einmal offen.
> 1 2 3 4 5 Ich bin für jede Kritik erst einmal offen.
> 1 2 3 4 5 Ich bin für jede Idee erst einmal offen.
> 1 2 3 4 5 Ich bin flexibel und anpassungsfähig.
> 1 2 3 4 5 Ich genieße es, neuen Menschen zu begegnen.
> 1 2 3 4 5 Ich pflege alte Kontakte – auch solche, deren Nutzen ich nicht erkenne.
> 1 2 3 4 5 Ich kann Menschen überraschen und begeistern.
> 1 2 3 4 5 Auch meine geschäftlichen Angebote überraschen und begeistern.

Das bedeutet Ihr Ergebnis: Je mehr Kreuze Sie oberhalb der Ziffer 3 gemacht haben, desto stärker zeigen Sie, dass Sie von der »typischen Männerkrankheit« – der grundlegenden Wettbewerbshaltung anderen Menschen gegenüber – frei sind. Sie behandeln andere Menschen mit Achtsamkeit. Das heißt: Sie sehen, was mit dem Menschen ist, aber Sie werten nicht und bewerten die Menschen nicht.

Nun kommt alles darauf an, dass Sie dieselbe Grundhaltung, die Sie anderen Menschen entgegenbringen, auch sich selbst gegenüber praktizieren.

Checkliste: Ihre Grundhaltung sich selbst gegenüber

1 2 3 4 5 Konflikte belasten mich nicht persönlich, sondern ich sehe sie als Ringen um den besten Weg an.
1 2 3 4 5 Wenn Konflikte persönlich werden, stehe ich auch harte Auseinandersetzungen ohne persönliche Feindseligkeit durch.
1 2 3 4 5 Um Frieden zu bewahren, kann ich eine Problemlösung vertagen, aber ich knicke in meinen Grundsätzen nicht ein.
1 2 3 4 5 Ich werde durch Widerspruch oder Unfreundlichkeit nicht verunsichert.
1 2 3 4 5 Von Hektik lasse ich mich nicht anstecken.
1 2 3 4 5 Auch wenn es kompliziert wird, behalte ich klare Gedanken.
1 2 3 4 5 Wut und Unbeherrschtheit gibt es bei mir nicht.
1 2 3 4 5 Ich gehe Risiken ein – aber nur, nachdem ich sie geprüft und überschlafen habe.
1 2 3 4 5 Ich gehe bereitwilliger als die meisten Menschen Risiken ein.
1 2 3 4 5 Ich bin geistig, seelisch und körperlich hoch belastbar.
1 2 3 4 5 Ich habe seit vielen Jahren kaum einen Arbeitstag wegen Krankheit versäumt.
1 2 3 4 5 Ich kann auch in Krisensituationen schnell und angemessen entscheiden.
1 2 3 4 5 Ich kann berechtigte Kritik ertragen.
1 2 3 4 5 Ich kann auch unberechtigte Kritik ertragen, denn ich weiß, dass manche Menschen, die etwas Wichtiges zu sagen haben, sich nicht gut ausdrücken können.

1 2 3 4 5   Ich weiß, dass man mir manchmal meine Grenzen aufzeigen muss.
1 2 3 4 5   Ich kann Fehler zugeben.
1 2 3 4 5   Ich kann unter Stress arbeiten.
1 2 3 4 5   Ich kann in unklaren Situationen arbeiten.
1 2 3 4 5   Ich denke insofern positiv, als mein erster Gedanke ist: »An allem ist etwas Gutes dran, und wenn ich es nicht erkenne, habe ich nicht lange genug oder nicht gründlich genug hingeschaut.«
1 2 3 4 5   Ich kann allein arbeiten.
1 2 3 4 5   Ich kann Kritik annehmen.
1 2 3 4 5   Ich kann auf Freizeit und Urlaub verzichten.
1 2 3 4 5   Ich bin bereit, meine Interessen und Hobbys in der Aufbauphase dem Geschäft zu opfern.
1 2 3 4 5   Ich mache regelmäßig Ausgleichssport.
1 2 3 4 5   Ich treibe keinen Raubbau mit meinen Kräften – auch nicht beim Essen.
1 2 3 4 5   Ich sorge für tägliche Entspannung.

Bei mir stimmt/stimmen ...

1 2 3 4 5   die zeitliche Arbeitsbelastung.
1 2 3 4 5   die Erholungszeit.
1 2 3 4 5   das Abschalten (der Übergang zwischen Arbeit und Nicht-Arbeit).
1 2 3 4 5   die Schlafenszeiten.
1 2 3 4 5   die Ess- und Trinkgewohnheiten.
1 2 3 4 5   der Umgang mit Drogen (Tabak, Alkohol).
1 2 3 4 5   die allgemeine Lebenszufriedenheit.
1 2 3 4 5   die Arbeitsfreude.
1 2 3 4 5   die Konzentrationskraft.
1 2 3 4 5   die Selbstdisziplin.

Das bedeutet Ihr Ergebnis: Schauen Sie, in welchen Bereichen Sie eine Fünf- oder Vier-Sterne-Unternehmerin sind. Merken Sie sich diese Gebiete und prüfen Sie, ob Sie mit diesen Grundhaltungen nicht schon alles haben, was Sie für Ihre Arbeit brauchen. Und wo es mangelt, versuchen Sie es mit Selbstliebe. Was das ist, und wie das geht, erfahren Sie als Abschluss dieses Hinterfrage-dich-und-erkenne-dich-selbst-Kapitels.

Lieben Sie sich selbst

Was zeichnet einen Menschen aus, der sich selbst liebt? Wenn Sie nicht glauben, dass Selbstliebe sich darin erschöpft, ganz wenig von sich selbst zu erwarten und noch weniger von sich selbst zu fordern; oder ganz wenig zu tun und sich dann zur Belohnung »ganz doll« zu verwöhnen, oder sich zwischen den großen Zehen zu streicheln, bleiben vierzehn herausgehobene Merkmale.

1. Wer sich selbst liebt, findet Geborgenheit in sich selbst, unter den Menschen und in seinen Aufgaben und Pflichten.
2. Ein Mensch mit Selbstliebe lebt in Liebe. Liebe ist das Wagnis, die eigenen positiven Seiten zu leben, die positiven Seiten der wichtigen und vertrauten Menschen zu erkennen und die Summe der positiven Seiten zum Zentrum des Lebens und Zusammenlebens zu machen.
3. Wer sich selbst liebt, erweitert sein Selbst – dehnt die eigene Erfahrung und den eigenen Zugriff auf immer größere Bereiche aus und erweitert zugleich seinen Eigensinn, seine Unabhängigkeit, seinen Individualismus.
4. Der Mensch mit Selbstliebe lebt nicht in negativen Emotionen, lässt nicht »die Sau raus«, sondern teilt die positiven Gefühle – Freude, Zufriedenheit und Interesse am Leben – mit anderen Menschen und mit sich selbst.

5. Wer sich selbst liebt, ist kreativ und sieht sich als Schöpfer des eigenen Lebens, als Drehbuchschreiber, als Regisseur – und nicht einfach nur als Darsteller, der vorgegebene und genehmigte Texte aufsagt.
6. Der Mensch mit Selbstliebe hat Sich-selbst-Vertrauen und weiß: »Ich werde nicht immer Erfolg haben, aber ich kann mich auf mich verlassen, darauf, dass ich mein Bestes gebe.«
7. Wer sich selbst liebt, spürt Lebenssinn und Lebensfreude und strahlt beides aus – als ansteckende Gesundheit.
8. Der Mensch mit Selbstliebe ist intelligent jenseits von kleinkarierten Vorstellungen wie IQ oder gar »EQ«, sondern in der klassischen Sicht der Intelligenz als Teilhabe an Geist und Kultur der Zeit.
9. Wer sich selbst liebt, besitzt und zeigt Charakter jenseits festgefahrener Lebensformen und im Sinne einer flexiblen, sich entwickelnden Persönlichkeit.
10. Der Mensch mit Selbstliebe zeigt Hoffnung und Optimismus – beides sind realistische Sichtweisen des Lebens, bei denen auch die negativen Seiten frühzeitig erkannt und rechtzeitig bearbeitet werden.
11. Wer sich selbst liebt, ist in kritischen Situationen in der Lage, sich so lange mit Worten und Taten zurückzuhalten, bis der positive Aspekt deutlich wird, den jede Lebenssituation, jeder Mensch in sich trägt und den man selbst ebenfalls in sich hat.
12. Der Mensch mit Selbstliebe fühlt sich in Menschen, Situationen und Aufgaben ganzheitlich ein – und nicht durch den Versuch, etwas durch intellektuelles Zerkleinern und Zergliedern zu verstehen.
13. Wer sich selbst liebt, sieht Menschen, Situationen und Aufgaben, die für viele andere eine Bedrohung darstellen, als Herausforderung an und geht ihnen nicht aus dem Wege.
14. Der Mensch mit Selbstliebe lehnt Null-Summen-Spiele ab, achtet auf den Nutzen anderer Menschen und profitiert so stärker als durch Streben nach Eigennutz.

Menschen mit Selbstliebe stehen allerdings nicht kurz vor der Heiligsprechung. Sie verdrängen einfach nur ihre charakterlich guten Seiten nicht. Viel wäre gewonnen, wenn mehr Menschen die positiven Möglichkeiten der eigenen Person – und somit auch die anderer Menschen – nicht verneinten, sondern als reale Chancen im Blick behielten.

5.

Frauen gründen anders

Im Jahr 2006 wurde der Friedensnobelpreis Muhammad Yunus aus Bangladesh verliehen, dem Wirtschaftswissenschaftler und Gründer der Grameen Bank. Die Bank vergibt Mikrokredite, mit deren Hilfe Menschen sich mit einem kleinen Geschäft selbstständig machen können. Dieser Weg ist der weltweit erfolgreichste im Kampf gegen Elend und Armut.

97 Prozent der Grameen-Bank-Kunden sind Frauen. Eigentlich haben diese Frauen den Friedensnobelpreis verdient. Und den Wirtschaftsnobelpreis noch dazu – statt dass Jahr für Jahr Männer dafür prämiert werden, den Raubbau am Planeten Erde noch etwas effizienter zu machen. Diese Frauen haben aber auch Gesinnungsge-

nossinnen in vielen Teilen der Welt. Etwa 50 Prozent der Unternehmensgründungen durch Frauen in Deutschland sind gezielt auf kleine Einheiten angelegt: Sich selbst und die Familie durchbringen, das ist das Ziel.

Wenn Männer Unternehmen gründen, geht es oft darum, den großen Wurf zu wagen, gar den ganz großen, zu wachsen, zu expandieren – und irgendwann an die Börse zu gehen, um an das ganz große Geld zu kommen. Frauen gründen anders. Sie wollen ihr Auskommen haben, höre ich immer wieder. Sie wollen nicht mehr von einem missgünstigen Chef gedeckelt werden. Sie wollen selbst entscheiden können. Sie wollen nach ihren Vorstellungen arbeiten. Sie wollen ihren Lebensunterhalt verdienen, etwa weil sie von Harz IV nicht leben können. Oder sie wollen etwas dazuverdienen, weil das Leben für Familien immer teurer wird. Sprich: Frauen wollen vor allem ihre Existenz sichern. Und das unterscheidet sie nicht von der Frau in Eritrea oder in Bolivien, die ihre Familie ernähren muss.

Die vielen Frauen, die sich aus diesen Gründen in vielen Ländern der Welt selbstständig machen, lehren den Rest der Welt, wie wir wirtschaftlich überleben können, wenn es – wie Jeremy Rifkin prophezeit – die gewohnten Arbeitsmärkte mit ständigem Wachstum nicht mehr geben wird. Insofern ist eine Innovation, die im Oktober 2007 von Familienministerin Ursula von der Leyen und Arbeitgeberpräsident Dieter Hundt ins Leben gerufen wurde, ein Stück alte – und bald überholte – Arbeitswelt.

Ministerin und Arbeitgeberpräsident haben den Wettbewerb »Erfolgsfaktor Familie« ausgeschrieben, der sich an Arbeitgeber wendet, »die ihre Beschäftigten vorbildlich bei der Vereinbarkeit von Familie und Beruf unterstützen«. Dieter Hundt erklärt, worum es wirklich geht, um den Fachkräftemangel nämlich: »Angesichts des Fachkräftemangels ist Familienfreundlichkeit zu einem wichtigen Erfolgsfaktor für die Unternehmen geworden.«

Schöner Ansatz. Übersehen aber werden hier – wieder einmal – viele Hunderttausend Unternehmen: die Kleinstfirmen von Existenzgründerinnen. Diese Unternehmen müssten vor allen anderen prämiert werden, denn viele sind von Frauen gegründet worden, um Beruf und Familie miteinander vereinbaren zu können – und zwar lange bevor Politik und Wirtschaft die Familie aufgrund des Fachkräftemangels entdeckt haben. Und es wird diese Kleinstfirmen noch geben, wenn Politiker und Wirtschaftsführer die betriebswirtschaftliche Notwendigkeit familienfreundlicher Arbeitsplätze längst wieder vergessen haben.

> **Weniger Stunden, mehr Leben**
> Fast 90 Prozent der selbstständigen Männer, aber nur rund 60 Prozent der selbstständigen Frauen arbeiten 40 und mehr Stunden in der Woche. Hier zeigt sich, dass Selbstständigkeit für Frauen eben auch ein Weg ist, mehr Zeit für Kinder und Familie zu haben, weil von ihnen beides gewollt ist. Die Zufriedenheit, die selbstständige Frauen in dieser Konstellation finden, gleicht finanzielle Einbußen für sie aus.

»Ich führe ein erfolgreiches, kleines Familienunternehmen«, sagt eine Frau in einer Anzeigenkampagne, mit der das Wort »Familienmanagerin« in den Köpfen der Deutschen verankert worden ist. Die Werbung kam so gut an, dass ein Fernseh-Spot produziert wurde. Die Frau sitzt bei der Bank, offensichtlich geht es um einen Kredit. Und wieder punktet sie mit der Aussage, dass sie ein prosperierendes Familienunternehmen führen würde. Dass sie aber ebenso ihre eigene Firma hätte managen können, wie es viele Hunderttausend Frauen vorleben, entzieht sich immer noch der öffentlichen Wahrnehmung. Deshalb hier einige Zahlen, die den getrübten Blick auf die wirtschaftliche Realität klären.

Etwa 1,3 Million Frauen in Deutschland waren Ende 2007 selbstständig, Tendenz steigend – und zwar seit es die Selbstständigenstatistiken gibt. 1,3 Million ist eine imposante Zahl, obwohl sie noch – wie meist bei Daten aus der Wirtschaft – unter der Männerquote liegt. »Frauen stellen hierzulande zwar mit 45 Prozent nicht ganz die Hälfte aller Arbeitnehmer, aber nur ein Viertel (28 Prozent) aller

Selbständigen«, fasst das Institut für Mittelstandsforschung (ifm) der Universität Mannheim zusammen. Das ifm aber erkennt zumindest einen übergeordneten Trend: Die Frauen holen bei der beruflichen Selbstständigkeit auf, vor 30 Jahren waren erst ein Fünftel der Selbstständigen Frauen und die restlichen vier Fünftel Männer.[17]

Wovor scheuen Frauen zurück? Es sind vor allem Gründe von gestern:

- Sie arbeiten eher in »zuarbeitenden« Berufen.
- Sie erben weniger Unternehmen.
- Sie haben mehr Angst vor Risiken.
- Sie haben mehr Angst vor dem Scheitern.
- Sie haben manchmal sogar Angst vor Erfolg.

> **Selbstständig zu sein tut der Liebe gut**
> Etwa 65 Prozent der selbstständigen Frauen sind verheiratet – Selbstständigen-Ehen sind deutlich haltbarer als Angestellten-Ehen. Das mag daran liegen, dass Selbstständige auf die Unterstützung durch den Partner bauen und sich entsprechen verhalten, es kann aber auch daran liegen, dass Selbstständige aufgrund sinnvoller Arbeitsauslastung weniger »Kicks« außerhalb der Arbeit und der Familie suchen.

Warum gibt es weniger selbstständige Frauen als Männer?

Ein wesentlicher Grund dafür, dass Männer bei den Selbstständigen überwiegen, ist, dass ein Geschäft in vielen Familien immer noch eher an den Sohn als an die Tochter vererbt wird. Und vermutlich kommen vor den Töchtern oft sogar immer noch die Schwiegersöhne eher zum Zug. Hinzu kommt, dass Frauen in der Mehrheit keine Handwerks- oder Produktionsbetriebe, sondern Unternehmen im Dienstleistungsbereich gründen. Bislang waren männliche Berufsausbildungen eher darauf ausgerichtet, eine eigene Existenz aufzubauen – die Zahl der selbstständigen Handwerker, Ingenieure, Maschinenbauer, Architekten et cetera spricht für sich. Doch das Blatt wendet sich: Die Dienstleistungsberufe werden immer mehr.

»Im Gesundheitssektor und der Freizeitindustrie warten auf die Gründerinnen Umsatzpotenziale in Milliardenhöhe«, titelte Ende 2007 die bundesweite Gründerinnenagentur (bga). Schon heute investieren die Bundesbürger zwischen 10 und 20 Prozent ihres Haushaltseinkommens in ihre Freizeitgestaltung, was einem Jahresumsatz von 250 Milliarden Euro entspricht. Und der Markt der Gesundheitsleistungen, vor allem der Gesundheitsprävention, soll bis zum Jahr 2020 um 74 Prozent wachsen. Sie erinnern sich an die amerikanische Prognose: Caring, Catering, Coaching …

> **Die Gesundheit selbstständig erwerbstätiger Frauen**
>
> Da Frauen öfter als Dienstleister selbstständig sind, bringen sie sich selbst – körperlich, geistig und seelisch – stärker in die Arbeit ein als etwa Geräte und Maschinen. Zu erwarten wäre deshalb eine höhere gesundheitliche Belastung bei selbstständigen Frauen. Die wenigen vorliegenden Untersuchungen aber deuten in die Gegenrichtung, denn:
>
> - Frauen versuchen, die Lebensrisiken generell zu kontrollieren und zu mindern;
> - ihre Existenzgründungen sind meist lang überlegt – viele Frauen gewähren sich eine Testphase, bevor sie ganz auf die Selbstständigkeit setzen, sie »schleichen« sich in die neue Lebens- und Arbeitsform also ein, statt alles spontan auf eine Karte zu setzen;
> - sie versuchen möglichst lange ohne Verantwortung für Angestellte auszukommen, minimieren also Leistungs- und Erfolgsdruck;

- das Verhältnis von Unternehmerinnen zum Geld scheint ebenfalls gesünder zu sein als das der Männer: Sie streben weniger nach immer mehr Geld und versuchen zudem, die Abhängigkeit von Banken sehr gering zu halten, indem sie ihre Kreditrahmen seltener ausschöpfen.

Wie schon weiter vorn erwähnt sind etwa 50 Prozent der von Frauen in Deutschland gegründeten Unternehmen Neben-Erwerbsgründungen (»neben der angestellten Berufstätigkeit«) oder Zu-Erwerbsgründungen (»zum Haushaltseinkommen beitragend«). Frauen halten ihre Unternehmen zudem bewusst klein. »Solounternehmerin« nennt man diese Klein-aber-fein-Strategie. Viele Frauen planen zum Beispiel weder bei der Gründung noch auf Dauer, Personal einzustellen. Das typische Unternehmerinnenbild weicht deshalb deutlich von dem männlichen Pendant ab, es geht den meisten Frauen nicht darum, eine Firma groß zu puschen und der Big Boss zu werden. Ehrlich gesagt, ging es auch mir nie darum. Ich wollte: gutes Geld verdienen, frei entscheiden können, Anerkennung bekommen und Spaß an der Arbeit haben.

Männliche und weibliche Wege im Beruf

typisch männliche Wege	typisch weibliche Wege
Dominanz suchen	Verbundenheit suchen, Zuwendung geben
sich abgrenzen	sich verbinden
sich überlegen fühlen	sich gleichberechtigt fühlen
Konkurrenz	Kooperation
glücklich sein, wenn Ziele erreicht sind	die Wege zum Ziel genießen

eine Persönlichkeit sein	Rollenwechsel leben und lieben
Unabhängigkeit anstreben	Nähe anstreben
Regeln aufstellen	Abweichungen akzeptieren, solange die Grundregeln nicht verletzt werden
Menschen den Sachfragen unterordnen	Sachfragen den Menschen zuordnen
in der Gruppe führen wollen	die Gruppe nutzen, um neue Einsichten und Alternativen zu finden
die eigene Individualität hinter den Zielen zurückstellen	Individualität bei sich selbst und bei anderen als Bereicherung ansehen

Viele von Frauen gegründete Unternehmen wirken also erst einmal nicht besonders spektakulär, gerade wenn Sie an den Hype denken, der von der Familienministerin Ursula von der Leyen um das Familiengeld für Männer gemacht wurde, die als Angestellte eine Weile bei ihren Kindern bleiben. Aber die unscheinbar wirkenden Unternehmensgründungen von Frauen sind genau die Lösung, für die die Familienministerin mit viel Medienaufwand und viel Geld erst noch wirbt: Es sind die auf Kinder und Familie zugeschnittenen, von den Frauen selbst und ohne »Staatsknete« geschaffenen Arbeitsplätze! Warum wird das so geflissentlich übersehen?

> **Wirtschaft und Moral**
> Anita Roddick, die im Oktober 2007 verstorbene Body-Shop-Gründerin, sagte im März 2007 in einem Interview mit der Zeitschrift *existenzielle:* »Die Wirtschaft ist die größte und mächtigste Institution in der Gesellschaft. Sie ist mächtiger als die Kirche, mächtiger als die Regierungen. Wenn sie gänzlich ohne Moral auskommt, dann helfe uns Gott. Alles, was in der Wirtschaft geschieht, berührt das Leben von Millionen Menschen. Grund genug, um ehrenhaft zu arbeiten.«

Unternehmensgründungen durch Frauen werden in Zukunft deutlich mehr werden. Dies ergibt sich auch aus einer Statistik aus dem Frühjahr 2007 innerhalb des »Reports über Frauen und Unternehmerschaft«, mitherausgegeben von der London University. Die Statistik beschreibt für zwanzig reiche Länder dieser Welt, dass Männer zwar überall als Unternehmer aktiver sind als Frauen. Sie zeigt aber auch, dass – werden die unternehmerischen Aktivitäten von Land zu Land miteinander verglichen – Frauen in Deutschland auf Platz 17 von 20 liegen. Klingt negativ, ist aber in der Einschätzung positiv zu sehen: Denn das bedeutet, dass es zukünftig sehr viel mehr Unternehmensgründungen von Frauen in Deutschland geben wird, weil sich die Verhältnisse weltweit – und besonders in den reichen Ländern – immer mehr aneinander angleichen.

> **Selbstständigkeit und Multikulti**
> Selbstständigkeit bei Menschen mit Migrationshintergrund ist noch nicht sehr ausgeprägt (Ausnahmen: Gastronomie, Einzelhandel, haushaltsnahe Routinedienstleistungen und der Arztberuf), sie wächst aber rascher als bei Deutschen ohne Migrationshintergrund. Als Faustregel gilt, dass Selbstständige mit Migrationshintergrund zumeist sehr gut in die deutsche Lebenskultur integriert sind.

Frauen gründen anders als Männer

Unterschiede bei Gründungen aufgrund des Geschlechts sind schwer festzumachen. Was habe ich als Frau zum Beispiel mit Mutter Teresa, Britney Spears oder Alice Schwarzer gemeinsam? Was ist im Geschäftsleben typisch weiblich, was typisch männlich? Unnötig zu sagen, dass »weiblich« nicht heißt: »So machen es alle Frauen, und Männer könnten das nie.« Aber es gibt Unterschiede, und der »typisch männliche Weg« entspricht der Industriegesellschaft, deren Zeit abläuft. Der »typisch weibliche Weg« entspricht der Kommunikations- beziehungsweise Informationsgesellschaft – also: der Gesellschaft der Zukunft. Das Dilemma der Frauen als Gründerinnen heute ist: Sie müssen in einer männerorientierten Welt Erfolg haben. Das heißt:

1. Sie müssen »männliche Wege« auch wider besseres Wissen gehen.
2. Sie müssen lernen, Risiken einzugehen.
3. Sie müssen lernen, erfolgreich zu sein.

Es kann große Freude machen und sehr erfolgreich sein, zusammen mit einer Freundin ein Geschäft aufzubauen. Es gibt ein paar Grundregeln, die Sie beachten sollten, wenn Sie Ihre Freundin und Ihr Geschäft auf Dauer behalten wollen:

- Stellen Sie Professionalität vor Freundschaft.
- Reden Sie vorher über Geld – das zu investierende und das verdiente.
- Entscheiden Sie, was das Beste fürs Business ist, nicht für die Freundschaft.
- Stellen Sie klare Regeln auf.
- Halten Sie Absprachen schriftlich fest.
- Sorgen Sie für ausreichend Zeit für Jour-fix-Gespräche.
- Reden Sie sofort und offen über Irritationen, Ärger, Enttäuschungen, Konflikte.
- Reden Sie miteinander, nicht mit anderen übereinander.
- Bedenken Sie den klugen Satz: »Klarheit schafft Harmonie!«

> **Männer sind anders, Frauen auch**
>
> Vielfach bestätigt ist, dass Männer in der Selbstständigkeit häufiger scheitern als Frauen. Einer der Gründe hierfür kann nach Auffassung mancher Experten darin liegen, dass Frauen mit klareren Vorstellungen über
>
> - Leistungsmotivation,
> - Kontrollpflicht,
> - Problemlösungsaufgaben
>
> in die Selbstständigkeit gehen.

Ich habe mir in den letzten acht Jahren immer wieder Rat von männlichen Kollegen geholt: Wie erobert man den Markt, wie steigert man Honorare, wie baut man die Dienstleistungspalette aus? Und ich kann im Nachhinein sagen: Einige Tipps waren Gold (Geld) wert, andere habe ich verworfen, und das war gut so, und manche habe ich befolgt, und das war ein Fehler. Die Empfehlungen lauteten:

1. Was nichts kostet, ist nichts wert.
2. Konzentrier dich auf ein Produkt, mach keinen Bauchladen auf.
3. Du brauchst ein repräsentatives Büro.
4. Stell zusätzliche Trainerinnen beziehungsweise Trainer ein.
5. Vergiss dieses Thema, das kommt in der Wirtschaft nicht an.

Hier meine Erfahrungen mit diesen guten oder gut gemeinten Ratschlägen.

1. Was nichts kostet, ist nichts wert. Meine Erfahrung: stimmt! Natürlich trifft es nicht in der vollen Härte des Wortes zu. Qualität findet man in allen Preisklassen. Was aber stimmt: Viele Frauen verkaufen ihr Angebot zu billig, kalkulieren zu eng, planen ein ordentliches Gehalt und Rücklagen für Investitionen nicht ein. Ich habe die Erfahrung gemacht: Je höher meine Honorare wurden, umso mehr Aufträge bekam ich – vor

allem von Männern! Frauen haben mich oft runtergehandelt, Männer haben anerkennend durch die Zähne gepfiffen. Die Höhe des Preises sagt manchmal etwas darüber aus, in welcher »Liga« man spielt. Wie beim Sport geht es dabei natürlich um Leistung, aber auch um Außenwirkung und Bekanntheitsgrad, Kontakte und Empfehlungen. »Zu billig« wirkt manchmal amateurhaft. Deshalb: Wenn Sie gründen, checken Sie die Preise am Markt ab – und zwar nicht nur die von Mitbewerberinnen, sondern auch die von den männlichen Konkurrenten. Preise später anzuheben, wenn Sie einmal im Geschäft sind, ist viel schwieriger. Wenn Sie mit niedrigen Preisen einsteigen wollen, weil Sie sich nicht trauen, mehr zu verlangen, machen Sie eine Werbeaktion daraus: »Einführungspreis«, »Freundschaftspreis«, »Damit Sie unser Angebot kennen lernen können«. Meine Empfehlung: Erstellen Sie eine Preisliste mit verschiedenen Modulen – je mehr jemand möchte, umso mehr muss er oder sie bezahlen! So ist das in der Geschäftswelt. Schenken können Sie dann etwas, wenn Ihr »Alltagsgeschäft« Sie finanziell ausreichend trägt.

2. Konzentrier dich auf ein Produkt, mach keinen Bauchladen auf. Meine Erfahrung: stimmt nicht! Ich weiß, dass Marketing-»Schulen« gegen den Bauchladen und damit gegen Beliebigkeit argumentieren. Meine Erfahrung: Die Richtung sollte klar sein, meine Geschäftsidee »Training. Coaching. Redenhalten« ist eine klare Ausrichtung. Ich sollte also nebenher nicht auch noch Mode in großen Größen verkaufen.[18] (Warum eigentlich nicht, fragt gerade mein kreativer Trotzkopf. Eine tolle Designerin zur Seite, eine gut eingeführte Marke, eine weiblich-professionelle Linie ... »Fahr doch mit einem Jahrmarktswagen zu deinen Vorträgen und verkaufe vom Wagen runter«, schlägt mein aufmüpfiger Mann gerade vor, dem ich diese Zeilen vorlese. Ja, ja, ich weiß, weiterschreiben!)

Sich auf die Kernkompetenz konzentrieren, nennen Männer das gern. Aber ganz ehrlich: Ein einziges Thema langweilt mich. Wenn ich immer ein und denselben Vortrag halten müsste, wie manche männliche Kollegen das mit großer Ernsthaftigkeit tun, würde ich vor Überdruss eingehen. Wann immer ich ein Thema »erarbeitet« habe, ist es dann auch schließlich durch. Und ich konzentriere mich auf das nächste, das mich auch persönlich weiterbringt. Bauchladen ja – die Welt ist bunt und tänzerisch. Beliebigkeit nein. Das gemeinsame Band aller meiner Aktivitäten heißt: Menschen ermutigen, ihr Leben anzupacken, sich aktiv um ihre Zufriedenheit zu bemühen. Aber bitte in allen Farben des Regenbogens! Und nichts ist spannender als ein Vortrag, von dem ich die grobe Struktur kenne, ich aber zu Beginn noch nicht genau weiß, in welche Details mich die Energie im Raum, die Reaktionen der Zuhörer und meine eigene Stimmung bringen werden. Heißt allgemein formuliert: Sei nicht zu begrenzt in deiner Erfolgsfantasie. Es ist viel mehr möglich, als wir uns vorstellen können. Sei offen, um auf Ideen, Strömungen, Einflüsse, Chancen zu reagieren. Und pack zu, konzentrier dich zumindest eine Zeit lang, wenn du Lust darauf hast und einen Markt dafür erkennst.

3. Du brauchst ein repräsentatives Büro. Meine Erfahrung: stimmt (aber es hat seinen Preis). Der Schritt raus aus meiner privaten Umgebung und weg von meinem Ex-Wickeltisch-Schreibtisch hat meine berufliche Entwicklung deutlich vorangetrieben. Ich hatte plötzlich: 130 Quadratmeter Büro, eine feine Bogenhausener Adresse, elegante Büromöbel, modernste Technik, eine voll ausgestattete Küche, neues Geschirr, eine knallrote Ledercouch, Kunst an den Wänden, einen großzügigen Coachingraum, eine »Vorzimmerdame«, die als einzige die komplizierte Telefonanlage bedienen konnte, und eine teure Marketingfrau, die ein einziger Ausfall war. Das machte nicht nur was her, sondern weckte in mir auch das Gefühl, endlich eine »richtige« Unternehmerin zu sein. Auf der anderen Seite hatte ich damit aber auch ein 60 000-Euro-Gründungsdarlehen zurückzuzahlen, eine stattliche Miete und horrende Personalkosten. Was habe ich daraus gelernt? Man muss sich was trauen, um sich zu verändern. Und hinterher kann man sich überlegen, ob's nicht auch eine Nummer kleiner gegangen wäre.

Ein Geschäftstermin bei dem verehrten, hocherfolgreichen Trainerkollegen Dr. Reinhard Sprenger in Essen, der mich im Wohnzimmer seines Reihenhauses zu einem Interview empfing, und mir höchst selbst in seiner Küche einen Tee zubereitete, brachte nach drei Jahren die Wende. Als ich im Jahr 2002 zuhause auszog und eine Wohnung für mich suchte, beschloss ich, es ihm nachzumachen und Wohnen und Arbeiten wieder zusammenzuführen. Und siehe, es war gut. Die Wohnung war groß genug, hatte immer noch eine gute Bogenhausener Adresse, ein Büro, einen großen Raum für Coachings und Besprechungen – aber mit einem privaten Touch, den Kunden und Klienten als sehr angenehm empfanden. Und ich hatte den großen Vorteil, nicht mehr zwischen Zuhause und Büro hin- und herpendeln zu müssen. Meine Office-Managerin arbeitete inzwischen von ihrem Home-Office aus. Ich war meistens eh unterwegs. Und meine Tochter betreute als Projektmanagerin mein Büro. So fügte es sich. Seit ich wieder in einer festen Beziehung lebe, haben sich die Prioritäten wieder verschoben. Ich möchte meine Wohnung für mich (für uns) haben und wir haben die Aussicht, im gleichen Haus ein Büro mieten zu können. Besser geht's nicht.

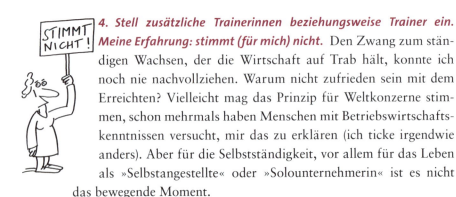

4. Stell zusätzliche Trainerinnen beziehungsweise Trainer ein. Meine Erfahrung: stimmt (für mich) nicht. Den Zwang zum ständigen Wachsen, der die Wirtschaft auf Trab hält, konnte ich noch nie nachvollziehen. Warum nicht zufrieden sein mit dem Erreichten? Vielleicht mag das Prinzip für Weltkonzerne stimmen, schon mehrmals haben Menschen mit Betriebswirtschaftskenntnissen versucht, mir das zu erklären (ich ticke irgendwie anders). Aber für die Selbstständigkeit, vor allem für das Leben als »Selbstangestellte« oder »Solounternehmerin« ist es nicht das bewegende Moment.

Ich hatte im Jahr 2001 auf Anraten männlicher Kollegen mein Team vergrößert: »Du brauchst jemanden fürs Marketing und eine zweite Trainerin«. Ehrlich gesagt, ich fand mich auch klasse dabei.

Aber die Kehrseite der Medaille waren nicht nur die höheren Kosten, sondern vor allem die Notwendigkeit, die neuen Mitarbeiterinnen zu führen, zu unterstützen, zu fordern, zu korrigieren, ihre Persönlichkeit zu entwickeln und ihre Fehler zu ertragen. Wer gerne Führungskraft ist, kann sich aus all dem seine Arbeitszufriedenheit holen. Ich fand es äußerst anstrengend, es machte mir nicht nur keinen Spaß, sondern erzeugte Stress. Ich war tagelang unterwegs, und wenn ich wiederkam, erwarteten die jungen Kolleginnen Anweisungen, Feedback und Personalentwicklung. Ich merkte, dass ich nach 25 Jahren Umgang mit freien Autoren, Praktikanten, Chefs und Kollegen einfach keine Lust mehr hatte, andere zu päppeln. Ich wollte endlich frei sein – mit einem starken Backoffice, das mir den Rücken stärkt.

Nachdem ich das Vagabundenleben jetzt ausreichend genossen habe, spüre ich, dass ein neuer Wunsch nach Gemeinschaft erwächst. Ich freue mich, mit meiner Tochter im Büro zusammenzuarbeiten, mit ihr und meiner Office-Managerin zu konferieren. Ich finde es schön, meinem Mann an unserem großen Esstisch gegenüberzusitzen und im Gleichklang in die Tasten unserer Laptops zu hauen. Und nach und nach erwärme ich mich für den Gedanken, ein Netzwerk mit anderen Coaches zu bilden, gemeinsam etwas aufzubauen und zu bewegen. Aber nicht als Chefin, sondern als Partnerin. Ich kenne Kolleginnen, die dies sehr erfolgreich tun und die mir berichten, wie bereichernd es ist. Alles hat seine Zeit.

Netzwerke tun gut

Die einzelne Unternehmerin ist längst keine Einzelkämpferin mehr. In der Solidarität von Netzwerken geborgen zu sein, bedeutet einen guten Gesundheitsschutz. Das hat die Professorin Ursula Ammon von der Sozialforschungsstelle Dortmund untersucht. Ihr Urteil:

- Eine Potenzialbewertung der selbst organisierten Netzwerke für Wissenstransfer und Unterstützungsangebote in Bezug

auf persönliches Gesundheitsmanagement fällt eindeutig positiv aus.
- Netzwerke sind ausgesprochen hilfreich, um gemeinsame Gesundheitsrisiken zu thematisieren und situationsgerechte Strategien der Stress- und Krisenbewältigung auf der Ebene von »Selbsthilfe« zu kommunizieren.

5. Vergiss dieses Thema, das kommt in der Wirtschaft nicht an. Meine Erfahrung: stimmt nicht! Wenn ich in meinem Leben etwas gelernt habe, dann ist es Folgendes: Misstraue Menschen, die alles ganz genau wissen. Beispielsweise, was im Umgang mit Kunden geht und nicht geht. Zwei Beispiele dazu: Anfang 2001 bat ich einen erfahrenen Kollegen, mit meinem Team und mir ein Brainstorming durchzuführen. Wir sammelten Themen, und ich schlug ein Seminar vor: »So machen Sie Ihre Kunden glücklich!« Der Kollege zerpflückte dieses Thema: »Damit kannst du Vorständen und Geschäftsführern nicht kommen. Viel zu soft. Das muss präziser und härter klingen.« Mei, er hatte jahrelange Erfahrung mit Kunden aus der Wirtschaft. Wir strichen das Thema. Wenig später tauchten die ersten Bücher, Vorträge und Seminare mit genau diesem Titel auf, und ich hätte mich in den Hintern beißen können.

Was habe ich daraus gelernt? Vertrau deinem Bauchgefühl. Du bist nicht blöder als die anderen. Wenn du spürst, das ist es, probier es wenigstens aus! Vor allem, wenn du eine Frau bist, und eine andere Lebenswahrnehmung hast als deine männlichen Mitbewerber. Ich habe gelernt, meine Sichtweise nicht als defizitär, sondern als komplementär zu empfinden. Ich komme auf Themen, auf die Männer nicht kommen, ich finde den Dreh, den sie nicht erkennen. Ich darf als Frau Themen ansprechen, die Männern anfangs nicht prestigeträchtig genug erscheinen, »Gelassenheit« beispielsweise oder »Work-Life-Balance« (Jahre später zogen männliche Kollegen dann nach).

Und ich lasse mir auch »weiche, weibliche« Themen nicht mehr ausreden. »Führen mit S. E. E. L. E.« wollte ich Ende 2006 einen Vortrag nennen. Ein mir wohlgesonnener Kollege, dem ich davon erzählte, riet mir entschieden ab. »Damit kannst du doch gestandene Manager nicht ansprechen.« Ich tat es trotzdem. Der Vortrag wurde auf meiner Homepage angeboten, Unternehmen und Kongressveranstalter riefen an und buchten. Ich hatte wunderbare Diskussionen mit neugierigen, aufgeschlossenen Managern über Menschlichkeit in der Mitarbeiterführung und über ihre eigene Lebenslust.

Was ich Ihnen damit sagen möchte: Vertrauen Sie Ihrem Gefühl, starten Sie kleine Versuchsballons. Horchen Sie, wie (potenzielle) Kunden reagieren. Hören Sie nicht immer auf Ihre engsten Vertrauten, vor allem wenn die nicht Ihrer Zielgruppe angehören. Manchen Menschen fehlt die Erfolgsfantasie. Sie können nicht über den Tellerrand denken und glauben schon gar nicht an das Märchen von der Tellerwäscherin zur Millionärin.

Und denken Sie daran: Frauen gründen anders. Wir ticken anders, wir nehmen anders wahr und ziehen andere Schlüsse aus den Dingen, die wir sehen. Glauben Sie an sich!

6.
Was es wirklich heißt, selbstständig zu sein – Gründerinnen berichten

Warum machen Frauen sich selbstständig? Welchen besonderen Impuls haben sie bekommen? Was hat Ihnen den Schritt in die Risikozone versüßt? Oder wurden sie geschubst? In dem als »normal« erachteten beruflichen Lebensweg ist Selbstständigkeit meist nicht vorgesehen. Die üblichen Stationen waren und sind:

- Schule,
- Berufsausbildung oder Studium,
- einen Arbeitgeber, einen Arbeitsplatz finden,
- für Frauen: den Arbeitsplatz bis zur Hochzeit halten,
- für Männer: möglichst Karriere machen,
- den Karrierezenit erreichen,
- dieses Niveau halten,
- ab 50 langsam kürzer treten,
- in Pension, in Rente gehen.

Männer haben zumindest noch Idole für die berufliche Selbstständigkeit. »Vom Tellerwäscher zum Millionär« war ein gängiges Bild aus der Zeit der großen Auswanderungswellen aus dem alten Europa in die neue Welt. Der Selfmade-Man war ein anderes: der Mann, der es aus sich selbst heraus schafft. Aus dieser Welt kommen Männervorbilder wie Bill Gates, der es vom Studienabbrecher und Garagentüftler bis zum reichsten Mann der Welt gebracht hat.

Wo aber sind die Vorbilder für Frauen?

»Ich heiße Erwin und bin Rentner. Und in 66 Jahren fahre ich nach Island ... und da mache ich einen Gewinn von fünfhunderttausend D-Mark ... und im Herbst eröffnet dann der Papst mit meiner Tochter eine Herren-Boutique in Wuppertal.« Unvergessen die Sätze von Loriot, der schildert, wie ein Rentner sich als Lottogewinner mit einem Geschäft selbstständig machen will. Die fünf Frauen, die Sie in diesem Kapitel kennen lernen, waren weniger konfus, aber letztlich ist auch bei ihnen die Geschäftsgründung meist nach dem Motto verlaufen: »Erstens kommt es anders, und zweitens als man denkt«.

Die fünf Selfmade-Women berichten hier über ihre Erfahrungen und Erfolge. Sie geben Beispiele, an denen andere Frauen sich orientieren können. Ihr Erfolgsrezept lautet zusammengefasst:

- an sich selbst glauben,
- an die Idee glauben und sich nicht beirren lassen,
- Erfolg ausstrahlen, auch wenn der sich noch nicht eingestellt hat,
- mit Fleiß und Engagement am Ball bleiben, und auch dann weitermachen, wenn Niederlagen eingesteckt werden mussten.

Die wahren Erkenntnisse schreibt das Leben. Ziehen Sie aus den folgenden Porträts Ihre eigenen Lehren: Was gefällt Ihnen, wo schrecken Sie zurück? Was überrascht und was bestärkt Sie? Und genießen Sie die Ehrlichkeit dieser Frauen, bei denen ich mich an dieser Stelle noch einmal herzlich bedanke.

Falls Sie einen zusätzlichen kleinen Schubs in die Selbstständigkeit brauchen: Unter *www.asgodom-selbstaendig.de* finden Sie zahlreiche weitere Interviews mit starken Gründerinnen.

Wie habt ihr das geschafft? Fünf Frauen schildern ihren Weg

Heute und in Zukunft muss jeder, egal wie oder wo sie oder er angestellt ist, ganz gleich, was sie oder er macht, mit der Möglichkeit rechnen, dass es nicht so weiter geht. Dafür braucht heutzutage jeder einen Plan B. Ich habe 5 Frauen gefragt, wie sie den Schritt in die Selbstständigkeit erlebt haben.

Elke Brunner: Als Angestellte fast am Pflichtgefühl zerbrochen

Elke Brunner hat schon in jungen Jahren Karriere gemacht. Insgesamt war sie fünfzehn Jahre bei einem international aufgestellten Baustoffkonzern tätig. Sie hat mehr als zwei Jahre an ihrem Plan B gearbeitet, bis sie sich schließlich für die Selbstständigkeit entschied (*www.ideale-loesungen.de*).

Wie kam es zu Ihrer Selbstständigkeit?

Nach elf Jahren stetiger Jobverbesserung landete ich als Assistentin bei dem Personalleiter, der schließlich Geschäftsführer wurde. Während der ersten Jahre lief das ganz gut. Ich habe mich in dieses neue Aufgabengebiet eingearbeitet. Aber nach zwei Jahren geriet der Konzern in Schwierigkeiten, und es wurde über Personalabbau nachgedacht, über Werksschließungen, über die Reduzierung der Mitarbeiter.

Wie viele waren betroffen?

Etwa 400. Damit setzte ein Kampf ein – mit dem Betriebsrat, mit den Mitarbeitern. Die Stimmung schlug im gesamten Konzern von positiv auf ziemlich negativ um. Und ich war diejenige, die die Unterlagen und Listen für die Gespräche, für den Sozialplan, für die ganzen Betriebsratsfragen vorbereiten musste: Listen, auf denen Mitarbeiter standen, die womöglich abgebaut werden sollten. Da ich lange im Unternehmen war, kannte ich so gut wie alle Mitarbeiter auch persönlich. Das war einfach tragisch, was da vonstatten ging.

Sie haben also ein Spezialtraining darin erhalten, wie vielleicht auch einmal Ihr eigener Arbeitsplatz wegrationalisiert wird?

Auch das! Bei einer Werksschließung, die beschlossen worden war, gab es kein Zurück, 170 Mitarbeiter wurden entlassen. Die Abwicklung wurde Gott sei Dank von einer Personalabteilung vor Ort übernommen. Aber alle Verträge, Sozialpläne, Betriebsvereinbarungen und Pläne für die Transfergesellschaft habe ich geschrieben. Da bin ich das erste Mal überhaupt mit diesem Thema in Kontakt gekommen.

Mir hat keiner gesagt, wie man damit umgehen kann. Ich bin jemand, der sich so etwas sehr zu Herzen nimmt, auch weil ich eine persönliche Verbindung zu diesen Mitarbeitern hatte. Die erste Kündigungswelle konnte ich noch ganz gut verdauen. Aber die zweite Kündigungswelle wurde am Hauptsitz in Wiesbaden durchgeführt, also in meiner direkten Umgebung. Das war sehr viel schlimmer, weil ich die betroffenen Mitarbeiter jeden Tag gesehen hatte, aber natürlich nichts sagen durfte, obwohl mich viele gefragt und noch mehr ängstlich angesehen haben, denn die Elke, die wusste ja alles.

Mit Ihrem Ehemann konnten Sie darüber nicht reden?

Mein Mann hat im selben Unternehmen gearbeitet. Da konnte ich abends nicht nach Hause gehen und das alles wie einen Mantel abstreifen. Weil ich Geheimnisträgerin war, war ich völlig isoliert. Ich konnte mit niemandem darüber sprechen – auch mit meinem Mann nicht, weil der sogar im Betriebsrat war. Ich musste das alles mit mir selbst ausmachen. Und das ist nun mal ziemlich schwer oder fast unmöglich.

Wie lange hat sich das hingezogen?

Über gut zweieinhalb Jahre. Es waren mehrere Wellen. Kaum war eine abgeschlossen, kam die nächste: immer wieder betriebsbedingte

Kündigungen schreiben, Aufhebungsverträge, Zwischenzeugnisse, Abschlusszeugnisse …

Und wann kam der Gedanke: »Wie lange will ich mir das noch antun?«

Der kam, als es um die Mitarbeiter der Hauptverwaltung ging, also um die Kollegen im engsten Kreis. Im Januar brodelte es wieder in der Gerüchteküche, und dabei ging es auch um den Standort, an dem mein Mann beschäftigt war. Da habe ich gesagt: »Ich werde jetzt alles tun, um diese Kündigungsaktion nicht mehr aktiv mit zu begleiten.«

Das heißt, theoretisch hätten Sie auch Ihrem eigenen Ehemann die Entlassungspapiere schreiben müssen.

Ja, er stand auch auf dieser Liste. Das war ziemlich heftig. Und das Schlimme war: Ich hatte mich zu dem Zeitpunkt bereits mit dem Gedanken befasst, mich selbstständig zu machen. Nun stand er auf dieser ominösen Liste, und auf einmal war unsere Existenz gefährdet. Wir hatten eine Vereinbarung, dass ich – falls er gekündigt wird – meinen Job weiterführe, damit wir nicht beide Einkommen verlieren.

Wie groß war die Angst?

Ziemlich groß. Bei mir noch weniger als bei meinem Mann. Er war so aus der Bahn geworfen, dass er damals in eine richtig tiefe Depression gefallen ist, er hatte starke psychosomatische Störungen. Ich wollte mich selbstständig machen, ich hatte den Mut gefasst und alles vorbereitet, und ich war auch der festen Überzeugung, dass es funktionieren würde. Aber er hat einfach Angst gehabt, dass wir uns in dieser Zeit zu viel zugemutet hätten.

Warum haben Sie sich nicht bei einer anderen Firma beworben?

Ich wäre gerne wieder in die Personalentwicklung zurück gegangen. Aber damals wurden diese Maßnahmen abgebaut, weil sie zu teuer waren. Also gab es keine Jobs in diesem Bereich. Da habe ich überlegt: Ich könnte jetzt warten, bis es wieder entsprechende Arbeitsplätze gibt, aber das könnte unter Umständen noch ein Jahr dauern. Der zweite Gedanke war: Ich muss weg aus dem Unternehmen! Mein damaliger Chef war ein großer Choleriker, und ich wollte mit ihm nicht mehr zusammenarbeiten. Er hatte beschlossen, noch fünf Jahre weiterzumachen, damals wurde er 60, und er hat bekannt gegeben, er würde arbeiten, bis er 65 ist. Also habe ich mir gesagt, ich muss weg, denn wenn ich noch fünf Jahre mit diesem Mann arbeite, bin ich ein Wrack.

Wie alt waren Sie damals?

Ich war 35, und wenn ich fünf Jahre gewartet hätte, wäre ich 40 gewesen, und 40 ist ein Knackpunkt, da wird es einfach schwierig, sich in einem Angestelltenverhältnis neu zu orientieren. Ich habe mich zwar auf zwei Stellen beworben, aber eigentlich mit dem Hintergedanken, dass es gar nicht klappen sollte. Im Prinzip war mir klar, dass ich etwas Eigenes machen wollte.

Hatten Sie eine konkrete Idee? Haben Sie alles fein säuberlich aufgeschrieben ... oder war es mehr eine wolkige Vorstellung?

Die Ausrichtung war klar. Ich wollte eine Dienstleistung anbieten. Ich komme ursprünglich aus dem Hotelgewerbe und habe den Dienstleistungsgedanken verinnerlicht. Ich wollte das, was ich fünfzehn Jahre lang gemacht hatte – Personalentwicklung, die Betreuung von Sekretärinnen und Assistentinnen, alles, woraus mein Job bestanden hatte –, als Dienstleistung anbieten, das heißt: Office-Management-Produkte und Personalsachen. Ich wollte nicht nur eingleisig fahren, sondern zwei Standbeine: einmal das Personalwesen und einmal das Office-Management.

Office-Management – was genau ist das?

Im weitesten Sinne kann das ein Schreibbüro sein, aber das wollte ich nicht. Ich wollte spezielle Office-Lösungen anbieten. Ich habe mich spezialisiert auf Seminartrainer, denn ich wusste, dass es Einzelkämpfer sind. Wenn sie sehr gut sind, dann haben sie Mitarbeiter und ein eigenes Büro; wenn sie aber auf dem Weg dorthin sind, haben sie das alles nicht. Und ich dachte, dabei kann ich sie unterstützen, und ich kann nicht nur tippen, sondern ich kann durch meine Erfahrung in der Personalentwicklung Konzepte schreiben, Seminarpläne aufstellen, die Seminardokumentationen übernehmen. Das war meine Ursprungsidee. Und Sie, Frau Asgodom, haben mich durch das Coaching, das ich bei Ihnen gemacht habe, motiviert, diese Idee weiterzuspinnen.

Was wollten Sie im Coaching denn noch erfahren? Sie waren eine patente Frau, im Beruf ausgereift, erfolgreich …

Ich hatte mein Selbstbewusstsein durch die Arbeit der letzten Jahre, durch diesen Personalabbau und durch die Zusammenarbeit mit meinem Vorgesetzten verloren. Er hat mir nie das Gefühl vermittelt, dass ich ihm eine Stütze bin. Mein Selbstbewusstsein ist von Tag zu Tag kleiner geworden, und ich war mir nicht mehr sicher, ob ich das, was ich einmal konnte, tatsächlich noch konnte, ob ich wirklich noch diejenige war, die fünfzehn Jahre lang Karriere gemacht hatte. Ich war auf einmal ganz klein, und ich brauchte jemanden, der mich wieder hochzupft.

Was ist nach Ihrer Erfahrung die typische Situation, in der man sich selbstständig macht? Dass man sich strahlend und kräftig sagt, jetzt erobere ich den neuen Markt? Oder kommt man eher aus einer gedeckten, geduckten Position heraus?

Bei den Frauen, die ich kennen gelernt habe, musste erst was passieren. Sie wurden krank, waren unglücklich in ihrem Job – Frauen müssen vielleicht erst ein Stück absinken, um zu erkennen, dass sie selbst etwas verändern müssen. Ich selbst hatte ja auch erst einmal gedacht, mein Umfeld muss sich ändern, denn ich bin ja immer rechtschaffen und ordentlich. Also: Ein international agierender Großkonzern muss sich ändern. Mein Chef muss sich ändern, der muss nämlich in Ruhestand gehen, dann erhalte ich einen neuen Vorgesetzten … An dieser Meinung habe ich festgehalten, bis das Leben mich verändert hat, bis auch ich krank geworden bin.

Die Krankheit sagte mir: Wenn du es nicht mehr aushältst, was augenscheinlich der Fall ist, dann musst du dich ändern, dann musst du da weg, dann musst du selber gucken, was du machen willst. Und deshalb brauchte ich einen Coach. Ich brauchte jemanden, der mir half, diesen Gedanken, den ich schon im Kopf hatte, weiterzuspinnen, damit ich mich nicht selbst ausbremste, mir sagte: »Du bist verrückt, geh nach Hause hinter den Herd.«

Sie waren fest angestellt. Sind Sie dann spontan ins kalte Wasser der Freiberuflichkeit gesprungen?

Nein, ich hatte zwei Jahre vor meiner Kündigung ein Gewerbe angemeldet, ein Kleingewerbe sozusagen, und ich wollte in dieser Zeit etwas ausprobieren ...

Erlaubt oder hinten rum?

Erlaubt. Ich hatte das offiziell im Unternehmen angekündigt, und es war auch genehmigt worden. Ich wollte anfangs selbst als Trainerin auftreten und habe überlegt, mich mit einer Freundin gemeinsam in den Seminarmarkt einzufügen – sie als Haupttrainerin und als meine Mentorin, und ich im Lauf der Zeit ebenfalls als eigenständige Trainerin. Das habe ich zwei Jahre lang probiert und dabei bemerkt: »Da will ich gar nicht hin.«

Meine Stärken liegen eher im Backoffice-Bereich, also darin, Leute zu unterstützen in der Organisation von verschiedenen Dingen. Ich ziehe im Hintergrund alle wichtigen Fäden, damit ein Mensch da vorne sorgenfrei stehen kann und sich über nichts Organisatorisches mehr Gedanken machen muss. Das liegt mir eher, als selbst im Rampenlicht zu stehen. Wobei das eine das andere langfristig nicht ausschließt. Aber bevor ich Träume verwirkliche, muss ich erst einmal auf finanzieller Ebene dafür sorgen, dass ich ruhig schlafen kann.

Nach wie viel Jahren haben Sie schließlich gekündigt?

Nach dieser Probezeit, also nach zwei Jahren, und jetzt, (im Herbst 2007), bin ich seit zwei Jahren selbstständig.

Sie haben von sich aus gekündigt, Sie haben sich also nicht rauswerfen lassen mit einer Abfindung …

Ich habe es durchaus versucht. Aber weil das Verhältnis zu meinem Vorgesetzten sehr angespannt war, hat er mir diesen Gefallen nicht getan. Ich hatte eine Kündigungsfrist von vier Wochen zum Monatsende, und die habe ich eingehalten und war dann einfach weg. Und damit bin ich meinem ehemaligen Vorgesetzten ordentlich auf die Füße getreten. Der hatte nicht geglaubt, dass ich das mache. Der hatte vermutet, ich würde es mir noch einmal überlegen, wenn ich kein Geld bekäme. Es ging immerhin um eine Abfindungssumme von 25 000 Euro.

Sie sind also wirklich ins kalte Wasser gesprungen. Und dann kamen die ersten Aufträge?

Ich habe mich mit zwei Kunden selbstständig gemacht. Das waren einmal Sie, Frau Asgodom. Ich war so froh, dass Sie mir nach dem Coaching signalisiert haben: »Wenn Sie so weit sind, dann rufen Sie doch an, dann sprechen wir darüber.« Und die zweite Kundin war eine Unternehmerin, die gesagt hat: »Du, ich brauche jemanden wie dich, der mir das Büro macht.« Sie war gewachsen und hatte größere Aufträge bekommen hat. Sie hatte immer erklärt, sie würde gerne mit mir arbeiten, aber sie wüsste nicht, wie sie mich bezahlen soll, weil ich natürlich im Angestelltenverhältnis ein richtig gutes Gehalt bekommen hatte. Zu diesen Bedingungen hätte sie mich nie einstellen können. Also hat sie mich gefragt: »Kannst du dir vorstellen, auf freiberuflicher Basis stundenweise für mich zu arbeiten?« Damit hatte ich ein Einkommen, mit dem ich auch klar gekommen bin.

Wie viele Kunden haben Sie jetzt?

Jetzt habe ich – es schwankt immer ein bisschen, weil es manchmal auch Kunden gibt, die ich nur einmal betreue – zwischen zehn und fünfzehn.

Heißt das ehrlichen Herzens: »Ich könnte davon leben und könnte sogar noch meinen Mann ernähren?«

Ich könnte mich selbst ernähren. Für mich allein reicht es. Es war auch immer so gedacht, dass ich nur für mich selbst sorge. Mein Mann hat seinen Job noch, und er wird auch in Zukunft eine Stelle haben. Es war immer so, dass ich meinen Teil zu unserem gemeinsamen Leben beisteuere.

Hat er nach 2009 einen neuen Job?

Er wird sich auch selbstständig machen. Er macht im Moment alles, um das aufzubauen. Er ist Elektromeister und Ausbilder im Elektrobereich, und er wird sich als Elektromeister selbstständig machen. Er hat aber auch mehrere Standbeine, er besitzt noch so eine Art Hausmeister-Service im Elektrobereich, und er hilft zum Beispiel alleinstehende Frauen rund um den Umzug, wenn jemand gebraucht wird, um die Möbel aufzubauen oder ein bisschen zu tapezieren oder was auch immer.

Was haben diese vier Jahre mit Ihrer Liebe und Ihrer Ehe getan?

Es hat uns gut getan.

Man muss also nicht daran kaputt gehen, dass man sagt, wir verlassen unser altes Gefüge?

Wir hatten durchaus eine starke Krise. Ich will das nicht unter den Teppich kehren. Mein Mann hat mich für verrückt erklärt, er hat gesagt: »Du hast einen sicheren Job, wie kannst du es wagen, das aufzugeben?« Darauf habe ich geantwortet: »Weißt du, ich hatte schon mehrere Jobs in meinem Leben, das habe ich schon öfter gemacht, man entwickelt sich weiter. Das ist etwas Positives.« Er war bisher nur in einem einzigen Unternehmen – in dem Unternehmen, von dem er jetzt entlassen wird.

Wie alt ist er?

Er ist 45. Und er wird nach 29 Jahren Betriebszugehörigkeit entlassen. Das ist für ihn neu. Er hatte einfach Angst um mich. Er fürchtete, dass ich mich verrenne in diese Idee. Und davor wollte er mich bewahren und beschützen. Ich habe in dieser Zeit den Mumm für zwei gehabt, weil er krank war, er hatte das alles nicht so gut verkraftet. Aber mit jedem neuen Kunden, den ich bekam, habe ich ihm gezeigt: »Du, ich gehe vorwärts, ich gehe nicht rückwärts.« Seine wichtigste Frage, die ich ihm beantworten musste, war: »Was passiert, wenn das nicht aufgeht, wenn du scheitern solltest?« Darauf habe ich geantwortet: »Erstens passiert das nicht, und zweitens suche ich mir dann wieder einen Job, ganz einfach.«

Wem würden Sie abraten, sich selbstständig zu machen?

All denen, die es brauchen, dass jemand ihnen sagt, was sie tun sollen, die eher unselbstständig sind in ihrer Arbeitsweise und die Angst haben vor dem nächsten Tag oder vor einer finanziellen Krise oder davor, dass man sich womöglich in seinem Lebensstandard einschränken muss. Denn das gehört alles dazu. Ich habe meinen Lebensstandard sehr weit zurückgeschraubt und musste in den ersten Monaten oder auch zwischendrin auf sehr viel verzichten. Wer dieses Risiko nicht eingehen möchte, der sollte die Finger davon lassen.

Wie viele Stunden arbeiten Sie am Tag?

Also locker zehn Stunden und auch am Wochenende.

Das heißt: 24/7? 24 Stunden am Tag, und das sieben Tage die Woche?

Nein, ich versuche, mich auch manchmal zu bremsen. Aber ten/seven, das kommt hin.

Wohin fahren Sie in Urlaub?

Ich war gerade zwei Wochen auf Rhodos.

Das war drin?

Ich habe mir gesagt, es muss drin sein. Mein Mann hat mir diesen Urlaub geschenkt. Er hat erklärt: »Ich möchte, dass du dich für zwei Wochen von deinem Geschäft losreißt.« Er hat alles bezahlt, weil ich das nicht finanzieren konnte: nicht für zwei Wochen und auch nicht in dieser Größenordnung.

Ein Happy End also – in jedem Bereich?

Ja, ich habe ihm gezeigt, dass es geht, und ich habe ihm Mut gemacht, ihn darin bestärkt, dass er das auch kann. Ich habe ihn dazu animiert, sich selbstständig zu machen. Ja, er würde sogar für mich arbeiten (lacht).

Elke Opolka: Was Bess'res als den Tod findest du allemal

Elke Opolka hat Geschichte und Politik für das Lehramt an Gymnasien studiert. Sie ist mit dem Ende des Studiums genau in die Lehrerarbeitslosigkeit hineingeraten. Doch davon hat sie sich auf lange Sicht nicht entmutigen lassen. Heute ist sie Inhaberin einer Sprachenschule (*www.acquis.de*).

Bitte schildere deine Arbeitssituttion, bevor du dich selbstständig gemacht hast.

Ich war nach dem ersten Staatsexamen schon einmal drei Jahre arbeitslos gewesen, und nach dem zweiten Staatsexamen war die Arbeitslosigkeit endgültig. Da war ich 35 und bin in ein tiefes schwarzes Loch gefallen: arbeitslos, ohne jegliche Aussicht auf irgendeine Stelle in ganz Deutschland.

Was hast du dann gemacht mit 35?

Eine Psychotherapie, weil mir die Situation massive Ängste gemacht hat. Dann habe ich bei Woolworth Regale eingeräumt. Und über Beziehungen und Bekannte fand ich eine Anstellung als Sachbearbeiterin in einer Fabrik. Da war ich sieben Jahre lang. Ich habe sehr viel gelernt, aber es war nach diesen sieben Jahren völlig klar, dass ich dort nicht aufsteigen werde, weil ich weder Jura noch Betriebswirtschaft studiert noch eine kaufmännische Ausbildung absolviert hatte. Damit stand fest, dass ich ewig in der Sachbearbeitung bleiben müsste. Das war mir zu wenig.

Was heißt Sachbearbeitung?

Ich war in der Exportabteilung und habe bestimmte Kunden betreut. Ich hatte keinerlei Entscheidungsbefugnis, ich habe ausschließlich weisungsgebunden gearbeitet, und das hat mich sehr gewurmt. Es zieht sich durch mein Leben – das ist mir im Nachhinein aufgefallen –, dass ich mich schlecht unterordnen kann und einen starken eigenen Willen habe.

Dann warst du Mitte vierzig.

Genau. Da war inzwischen die Mauer gefallen, das hat sich als gut für mich erwiesen. Ich hatte mir überlegt, ich gehe in die Weiterbildung, weil der Osten alles an Qualifikation und Wissen brauchte, was man sich irgendwie vorstellen konnte. Ich habe gedacht, das Studium, der pädagogische Hintergrund plus Industrieerfahrung ergeben eine hervorragende Grundlage. Das war auch so, ich hatte eine wunderbare Arbeit und bin durch den wilden Osten gereist.

Das heißt, du hast dir einen neuen Job gesucht.

Ich habe einen neuen Job bei einer Weiterbildungsfirma gefunden. Leider muss ich im Nachhinein sagen, bei einer West-Weiterbildungsfirma, denn die haben – anders als die Firmen aus dem Osten – keine Subventionen erhalten. Das war später wichtig, als die großen Fördertöpfe der Arbeitsämter leer waren. Zu diesem Zeitpunkt wurden natürlich nur noch die Firmen staatlich gefördert, die auf Steuergeldern basierten, und die, bei denen das nicht der Fall war, sind einfach vom Markt verschwunden. Aber der Boom hatte immerhin drei, vier Jahre angehalten. Das war eine tolle Zeit. Damals habe ich Lernzentren aufgebaut: Räume, Leute, Trainer, Konzepterarbeitung für diverse Weiterbildungen im Bürobereich, Telefonbereich, Sprachen, alles, alles, alles.

Das heißt, wenn wir mitrechnen, mit Ende vierzig waren deine Lebensumstände wieder hoch unsicher.

Ja, richtig. Die Weiterbildungsfirma ist bankrottgegangen. Ich war damals in Berlin, ein Pflaster, das keinerlei Verdienstmöglichkeiten bot, ein Markt, der überschwemmt war mit qualifizierten Weiterbildnern jeglicher Art und Couleur. Eine ganz schwierige Situation.

Was macht man in so einem Fall? Depressiv werden, oder?

Nein, ich hatte ein gutes Netzwerk und habe darüber immer mal wieder Trainingsjobs erhalten, Aushilfsjobs gefunden und mich auf diese Weise durchgeschlagen.

Netzwerk heißt, du kanntest Menschen, mit denen du nicht befreundet warst und die dir beruflich geholfen haben.

Über das Netzwerk habe ich Kontakt zu einer Firma bekommen, die Kommunikations- und Sprachtrainings angeboten hat. Ich habe deren Berliner Büro geleitet für 5000 D-Mark im Monat, das weiß ich noch wie heute. Ich war stolz wie Oskar. Leider stellte sich nach kurzer Zeit heraus, dass der Geschäftsführer, mit dem ich den Vertrag ausgehandelt hatte, gar keinen Vertrag hätte schließen dürfen, und als ich das erste Mal in der Zentrale in Frankfurt war, um mich vorzustellen, war er gerade vor zehn Minuten gefeuert worden. Das heißt, ich war wieder ohne Job. Ich habe schließlich gehört, dass die Firma verkauft wurde an eine Frau H., und die hat den Kommunikationsbereich geschlossen. Ich habe ihr einen Brief geschrieben und ihr mitgeteilt, falls sie jemals das Berliner Büro wieder auferwecken wollte, würde ich das gerne für sie übernehmen. Das fand sie sehr nett und kam angereist, um mich kennen zu lernen. So kamen wir in Kontakt, bis sie mich eines Tages anrief – das war 1998 – und sagte, sie wäre gerade ohne Sales-Frau und ob ich nicht nach Frankfurt kommen wollte, um die Stelle anzutreten. Ich habe alle Möbel verkauft, bis auf meine persönlichen Sachen habe ich nichts aus Berlin mitgenommen, weil ich das Gefühl hatte, noch einmal einen richtigen Neustart zu machen. Ja, ja, manche gehen nach Amerika, ich gehe nach Frankfurt (lacht).

Warst du in Frankfurt angestellt?

Ja, und das war für mich sehr, sehr erleichternd, muss ich sagen, weil es ein festes Einkommen gab. Die Arbeitssituation war allerdings sehr schwierig, hanebüchen, weil alle Kunden weg waren – aus verschiedenen Gründen. Das heißt, es gab keine Kunden, dafür aber feindliche Kollegen. Es war eine sehr komplizierte Situation gleich von Anfang an. Frau H. hat mich aber sehr gestützt. Ich war sehr erfolgreich, das muss man wirklich sagen, und habe das richtig durchgezogen, bin von Null auf diverse Millionen Umsatz gekommen, habe gute Kunden gewonnen. Das hat mir sehr großen Spaß gemacht. Es war natürlich ein Supergefühl, so erfolgreich zu sein. Und dann kam der Knacks in der Geschichte: Ich hatte angenommen, je besser ich wäre, desto erfreuter müsste meine Vorgesetzte, die Inhaberin dieses Unternehmens, sein. Aber das war nicht der Fall. Je erfolgreicher ich wurde, desto schlechter wurde das Verhältnis zu ihr und desto mehr hat sie mich gepiesackt.

Ich war – das muss ich sagen – vielleicht ein bisschen arrogant. Sie hat Mannheim betreut, da war eine zweite Schule, und ich Frankfurt. Vielleicht war sie auch neidisch, … Frauenkonkurrenz. Ich war eindeutig besser. Sie hat es mir beigebracht, und dann war ich besser. Das konnte sie nicht vertragen, und es gab heftigste Konflikte. Schließlich hat sie etwas getan, was ich gar nicht vertrage: Sie hat angefangen, mich zu kontrollieren mit Zeitschaltuhr und dem Verfassen von Besuchsberichten … Dadurch ist meine Motivation stark geschrumpft. So konnte ich nicht arbeiten. Das Ganze zog sich vielleicht über ein Jahr hin. Mir war klar, dass die Situation brenzlig war – aber ich habe immer gedacht, man feuert nicht sein bestes Pferd im Stall, und schon gar nicht jemanden, der den Umsatz bringt. Aber da habe ich falsch gelegen, das hatte ich schlecht kalkuliert. Das heißt, ich wurde nach Mannheim bestellt, es war ein Zeuge anwesend, und siehe da, mir wurde die Kündigung überreicht.

Mit welcher Begründung?

Ich hatte zwei Abmahnungen, denen ich widersprochen hatte, die aber in der Mappe lagen. Sie hat gesagt, es sei ihr egal, ob ich dem widerspreche oder nicht, die seien erst einmal da. Ich fand die Abmahnungen unsinnig, aber sie hat sich darauf berufen, das heißt, sie hat es darauf ankommen lassen. Sie hatte es vorher so mit ihrem Anwalt abgesprochen.

Und das heißt dann, du hast klein beigegeben, oder?

Nein, ich war erst mal total geschockt. Das war wirklich einer der größten Schocks meines Lebens. Die nächste Reaktion war eine ungeheure Wut nach dem Motto: Jetzt zeigen wir es ihnen mal, jetzt zocken wir sie ab! Ich war damals über 50 und hatte viereinhalb Jahre dort gearbeitet, damit hatte ich die klassische Abfindung zwischen 20 000 und 25 000 Euro zu erwarten. Und ich habe mir gedacht, ich hole mir das Geld. Ich war – das hatte ich zum Glück gemacht – in der Gewerkschaft, bei ver.di, und habe gedacht, gut, dann führen wir einen Gerichtsprozess. Sie hatte mir zwar eine Abfindung angeboten, ich glaube bis zu 10 000 Euro, aber ich habe gesagt: Nein, ich will das Ganze, ich will es wissen.

Das war tollkühn.

Ja. Ich war voller Panik. Ich durfte das Unternehmen nicht mehr betreten, nachdem ich die Klage eingereicht hatte. Das war eine ganz, ganz böse Situation, auch für die Psyche, denn da kommen Sie aufs Arbeitsamt und sagen: »Ich bin fristlos gekündigt«, und der Sachbearbeiter erwidert: »Na, Ihre Firma wird schon wissen, warum sie Ihnen fristlos gekündigt hat.«

Mehr nicht?

Fristlos heißt in der Regel, Sie haben silberne Löffel geklaut. Ich war immer noch der Meinung, dass ich vor Gericht gewinne. Der alte Klassenkämpfer kam da durch. Der Prozess vor dem Arbeitsgericht hat ungefähr zehn Minuten gedauert. Es tauchte ein Zeuge auf, jemand von einer Sprachenschule in Nürnberg, zu der ich Kontakt gehabt hatte. Und der sagte aus, ich hätte behauptet, ich würde alle Kunden mitbringen, wenn ich für ihn arbeiten könne. Das habe ich nie gesagt, aber aufgrund der Zeugenaussage hat das Gericht geurteilt, ich hätte gegen das Wettbewerbsverbot verstoßen. Ich habe den Prozess verloren. Ich war pleite, ich war absolut pleite. Ich hatte in Berlin schon kein Geld verdient, hatte mich in den vier Frankfurter Jahren mühsam ein bisschen konsolidiert, also alte Schulden abgezahlt, hatte eine Wohnung, besaß wieder Möbel – aber ich hatte natürlich keinerlei Rücklagen oder so etwas. Die drei Monate unbezahlte Arbeitslosigkeit haben mich völlig ins Nichts gestürzt

Es war absehbar, dass ich auch Hartz IV bekommen würde. Natürlich habe ich mich beworben. Anfangs dachte ich: Klar, im Vertrieb findest du auch mit 50 noch einen Job. Aber Pustekuchen. Die haben mir knallhart gesagt: »Wissen Sie, wir haben hier 20 Bewerbungen, die Leute sind zwischen Mitte 20 und Mitte 30, da glauben Sie doch nicht im Ernst, dass wir Ihnen die Stelle geben?«

Das hört man dann?

Das habe ich mehrmals zu hören bekommen.

Wie lange hat diese Schockstarre, oder wie man das nennen muss, angehalten?

Das hat ein halbes Jahr gedauert, ein knappes halbes Jahr. Ich bin im Oktober gekündigt worden, im Januar war der Prozess, und im April habe ich mich selbstständig gemacht. Ich wollte das eigentlich nicht. Aber du, zum Beispiel, du hast mich darin bestärkt. Wir kennen uns ja schon länger, mit dir konnte ich reden.

Aber Jammern hast du mir nicht gestattet, sondern hast gesagt: »Das ist alles schlimm, aber dann mache dich jetzt selbstständig.« Du warst sofort davon überzeugt, dass das für mich richtig ist und dass ich das kann.

Du hast den Charakter einer Selbstständigen schon immer gehabt.

Das stimmt. Dass ich eigentlich immer Konflikte mit Vorgesetzten hatte, das passt ja dazu. Du hast mir das nötige Selbstvertrauen gegeben. Du hast diesen Floh überhaupt erst in mein Ohr gesetzt, Selbstständigkeit als eine Möglichkeit für mich. Daraufhin habe ich angefangen, nachzudenken, das hat mich ein paar Monate gekostet. Aber es war sehr, sehr wichtig, dass jemand, der selbst erfolgreich ist, mir sagt: »Das kannst du.«

Du hast dann eine Sprachenschule ins Leben gerufen – also so etwas Ähnliches wie die Firma, in der du gearbeitet hattest.

Ja, es hat sich entwickelt. Ich habe mich zuerst gar nicht getraut, aber das hat sich ergeben. Ich habe gedacht: Was kann ich gut, und was für Kontakte habe ich? Ich habe Kontakte zu Firmen, und ich bin geschickt in der Akquise, ich kann gut reden, ich komme gut mit Leuten zurecht. Ich wollte aber nicht trainieren. Und darum habe ich überlegt: Viele, die Trainings machen, können schlecht akquirieren, deshalb wäre es doch sinnvoll, dass ich die Akquise übernehme, und die anderen machen die Trainings. Ich habe dann verschiedene Sachen probiert, bis ich feststellen musste, dass das alles dummes Zeug ist, denn ich schaffe neue Kunde heran, und die anderen sahnen nachher die schönen Aufträge ab. Ich bin auch mit diesen Trainern nicht zurecht gekommen, das ist ja ein eigenes Völkchen, diese Kommunikationstrainer. Die ersten Kunden haben schließlich zu mir gesagt: Warum machen Sie nicht das, was Sie immer schon gemacht haben, nämlich Sprachen verkaufen? Da war es zum ersten Mal etwas Gutes, dass ich den Prozess vor dem Arbeitsgericht verloren hatte, weil ich ja kein Wettbewerbsverbot mehr hatte, das heißt, ich konnte die Kunden direkt ansprechen.

Und hast du wirklich die alten Kunden angesprochen?

Ich habe die alten Kunden kontaktiert, und einer der ersten Kunde, eine Bank, ist heute noch ein Gebietskunde von mir. Da gibt es zwei nette

Frauen, die die Personalentwicklung und die Personalarbeit machen. Ich kam da hin – da stand auf meiner Visitenkarte noch: Agentur für Dienstleistung. Die beiden haben sich kaputt gelacht darüber, die haben sogar gedacht, da geht es um ein Sado-Maso-Studio (lacht). Ich war ganz aufgeregt – wir waren damals per Sie, das war eine feine Bank, ich saß da mit schlotternden Knien. Und dann haben die beiden gesagt: »Wenn Sie das machen, dann ist das in Ordnung, dann arbeiten wir mit Ihnen zusammen und nicht mehr mit der anderen Firma. Ist keine Frage, wir kennen ja Sie.« Das war der Durchbruch. Da dachte ich: »Ah, so funktioniert das.« Durch den Kontakt zu den Kunden, den ich hatte, habe ich gemerkt, dass ich eine gute Arbeit geleistet hatte. Die haben mir vertraut. Obwohl ich noch in meinem Wohnzimmer saß mit einem gebrauchten PC, ohne Auto, das Einzige, das ich hatte, war Briefpapier, aber immerhin, und ein schönes Logo.

Und wo stehst du jetzt? Jetzt bist du vielfache Millionärin?

Also den Hollywood-Film müssen wir nicht drehen (lacht). Ich bin jetzt im fünften Jahr, und ich stelle fest – ein bisschen erstaunt eigentlich –, dass ich konsolidiert bin, dass dies ein richtiges Unternehmen ist, dass ich von einer Mitarbeiterin zu einer Unternehmerin geworden bin. Das bemerke ich an meinen Gedanken, an meinen Verhaltensweisen, ich erwarte Leistung, ich trete viel dezidierter auf, ich bin viel klarer und ja, bin guter Dinge für die Zukunft.

Wem würdest du raten, diesen Schritt in die Selbstständigkeit zu gehen? Gibt es einen Typ Mensch, dem du sagen würdest: »Nein, lass die Finger davon«?

Meine wichtigste Botschaft wäre: Es ist ganz, ganz, ganz schwierig ohne einen Pfennig Geld, wie ich es gemacht habe, das ist eigentlich tollkühn.

Ja, du hattest keine Alternative.

Richtig, ich hatte überhaupt keine andere Chance. Das heißt, man muss in der Lage sein, Schulden auszuhalten. Ich habe natürlich immer noch welche. Man muss aushalten, dass es Zeiten gibt, in denen man keine Miete zahlen kann, dass es Zeiten gibt, in denen du keine Trainer zahlen kannst, wobei es dann wirklich richtig, richtig knirscht. Du musst nach außen, den Kunden gegenüber, absolut vertrauenswürdig sein, sonst würden sie ja nichts buchen, weil sie davon ausgehen, dass sie die Leistung kriegen, die sie haben wollen.

Das heißt, du musst ein bisschen schizophren sein in dieser Situation und das Äußere, das aktuelle Ich von dem abspalten, wie es wirklich ist. Wie hält man das aus über Jahre?

Ich habe das irgendwann nicht mehr ausgehalten. Weihnachten 2005 hatte ich einen Zusammenbruch. Ich wusste nicht mehr, wer ich bin. Bin ich eine Unternehmerin, bin ich eigentlich arbeitslos, bin ich ein Scharlatan? Vielleicht, weil ich allen etwas vormache. Ich verbrate hier das Geld meiner Freunde und solche Geschichten. Also, das war sehr, sehr heftig. Ich denke, dass es ganz wichtig ist, dass man nicht sozusagen den Anschluss an sein Inneres verliert, also dass man sich um seine Seele kümmert, und dass man sich um seinen Körper kümmert. Das hatte ich absolut vernachlässigt. Gott sei Dank hat mich mein Mann so lange getriezt und getrieben, bis ich zum Arzt gegangen bin. Ohne diesen Einklang von Körper, Seele und Geist kann man auf Dauer nicht erfolgreich sein. Und schon gar nicht, wenn man etwas älter ist so wie ich. Ich habe im Büro ein Sofa für meinen Mittagschlaf, weil ich denke, das muss ich einfach machen.

Ist dein Leben jetzt besser, als es mit Hartz IV gewesen wäre?

Ach, tausend Mal besser, nicht zu vergleichen. Es gibt immer wieder superschöne Momente. Zum einen ist es einfach eine tolle Erfahrung, dass ich Kunden über Jahre habe. Es kommt diese Kontinuität rein: Kunden über Jahre, Trainer über Jahre, Bindungen entstehen, Netzwerke entstehen – das ist ein tolles Gefühl. Ich war finanziell ziemlich am Ende und war schon kurz davor, das alles hier zu verkaufen. Ich hatte schon jemanden, der einsteigen wollte, und dann wäre ich wieder angestellte Geschäftsführerin gewesen. Da habe ich Gott sei

Dank einen Rückzieher gemacht und bin auf die Bank gegangen. Die Bank hat mir dann auf Grund meiner Zahlen einen Überziehungskredit von 20 000 Euro eingeräumt, da war ich richtig stolz. Hatte endlich Luft.

Es ist ein rollierendes System, das heißt, es gibt natürlich keinerlei Sicherheit, selbst wenn du Verträge abgeschlossen hast. Denn du weißt nie, wie es weitergeht. Aber das Vertrauen, dass es weitergeht, das wächst. Stück für Stück.

Das heißt aber immer noch, dass du eine Einzelkämpferin bist.

Ja, letztlich ja.

Melanie von Graeve: Zur Glücksmarie wird auf die Dauer nur die Tüchtige

Sie hat sich anders als so viele Frauen und Männer nicht aus einer Notlage heraus selbstständig gemacht. »Oh nein, Gott sei Dank nicht«, sagt Melanie von Graeve. »Mein Job war in keiner Weise gefährdet. Ich war nur einfach nicht glücklich.« Ganz anders heute – als Inhaberin einer Eventagentur (*www.dkts.de*).

Was war Ihr ursprünglicher Beruf?

Ich habe eine Ausbildung als Sekretärin, ganz klassisch, hatte dann das Glück, schon mit 21 Sekretärin der Geschäftsleitung zu werden und wurde danach sozusagen herumgereicht beziehungsweise abgeworben – was man ja am Anfang superschick findet, weil es dann und wann mal einen schönen Gehaltssprung gibt.

Innerhalb der Firma?

Nein, immer von anderen Unternehmen. Ich habe in einem großen Maschinenbauunternehmen gelernt. Mein erster richtiger Wechsel war intern zu einer Unternehmenstochter. Dann wurde ich von einem Pharmaunternehmen abgeworben – da war ich Assistentin des Finanzvorstandes. Und dann rief irgendwann die große weite Welt: ein Großkonzern aus Frankfurt, die hießen damals schon »mg technologies«. Das war die frühere Metallgesellschaft. Als ich damals dorthin kam, hatten die 32 000 Mitarbeiter, waren also wirklich richtig groß. Da habe ich für den Vorstandsvorsitzenden gearbeitet.

Ich habe irgendwann gemerkt: Okay, das klingt ganz toll, der Titel ist super, aber ich hatte damit die Spitze erreicht, das war alles, was ich mit meiner Ausbildung erreichen konnte. Ich wusste also, es gibt ab jetzt in meinem Beruf überhaupt keine Ziele mehr. Da habe mich gefragt: »Und, macht es dir Spaß?«

Nein, es hat mir keinen Spaß gemacht, ich war wirklich so eine klassische Sekretärin, die sich hätte die Fingernägel lackieren können oder so. Ich hatte ungefähr drei bis vier Stunden am Tag wirklich zu überbrücken. Ich hatte überhaupt nicht das Gefühl, dass ich mich einbringen oder etwas leisten konnte. Das ist übrigens auch etwas, das ich heute bei meinen Seminarteilnehmerinnen extrem bemerke: Wenn man nur abarbeitet, aber sich nicht einbringen oder die Arbeit nicht selbst gestalten kann, wird man unglücklich.

Und dann hatte ich irgendwann fünf schöne Tage Wanderurlaub mit meinem Vater in den Dolomiten. Es war sehr, sehr lustig. Wir haben überhaupt nicht über dieses Thema gesprochen, sondern wir sind einfach nur gelaufen und hatten eine nette Zeit miteinander. Doch als ich wieder nach Hause kam, habe ich gesagt: »Ich packe es nicht, ich kann nicht mehr.« Ich bin ein sehr, sehr vorsichtiger Mensch, ich brauche immer einen Plan B. Deshalb habe ich sehr konkret überlegt, was mir denn passieren könnte. Geld hatte ich nicht – also, ich hatte gespart, ich glaube, es waren 3 000 Euro, das ist wirklich nicht viel für eine Gründung –, und sowohl mein Vater als auch meine Mutter konnten mich nicht groß unterstützen. Das ist aber etwas, das ich eigentlich ganz gut finde, denn wenn Ihnen die Eltern oder Freunde oder wer auch immer, Geld zuschießt, dann gerät man in eine emotionale Abhängigkeit.

Ich habe mir deshalb überlegt, wenn alle Stricke reißen – und darüber habe ich wirklich zuallererst nachgedacht –, was mache ich dann? Ich habe mich dann umgeschaut. Es gibt verschiedene Zeitarbeitsfirmen in Frankfurt, und Chefsekretärinnen werden immer gesucht. Darum dachte ich: Mein Gott, dann arbeite ich wieder irgendwo als Angestellte. Mein Stolz würde ein paar Dämpfer bekommen, aber meine Miete könnte ich bezahlen. Das tat mir ganz gut, deshalb habe ich mir gesagt, schlimmer kann es nicht kommen, und habe mich an das Beratungszentrum der Industrie- und Handelskammer (IHK) gewandt. Die haben richtig gute Unterlagen, also zum Beispiel darüber, welche Rechtsformen es gibt oder wie man an Kredite kommt.

Bei der IHK habe ich mich dann mehrfach schlau gemacht, was für mich überhaupt in Frage käme. Dort wurde auch ein Seminar angeboten, das war nicht teuer, vielleicht 200 Euro, wenn es hoch kommt, aufgeteilt auf sechs Abende, das hieß Existenzgründungsseminar. Jeweils einen Abend lang wurden die wichtigsten Bereiche der Existenzgründung behandelt. Da ging es um solche Sachen wie: Welche Rechtsformen wähle ich aus, um das Risiko erträglich zu gestalten; welche Kredite gibt es für mich und die Firma, die ich eben anstrebe, und so weiter. Das war für mich ganz spannend.

An dem Abend, an dem das Thema Finanzen besprochen wurde, habe ich erfahren, dass es für mich das Passende gäbe, nämlich ein Existenzgründungsdarlehen. Der Kredit war nicht billig, 7,6 Prozent Zinsen, aber ich war aus jeglichem Haftungsrisiko draußen. Der Kredit hatte nur einen großen Haken: Man musste eine Bank von der eigenen Idee überzeugen. Das heißt: Man brauchte einen fertigen Businessplan, musste damit eine passende Bank finden, und die mussten einen dann quasi vorschlagen.

Ich ging zuallererst bei meiner Hausbank, zur Frankfurter Sparkasse. Bei denen war ich schon immer, es war für mich ganz logisch, dass die das mit mir durchziehen. Und dann saß ich da einem Menschen gegenüber, der schimpfte sich Existenzgründungsberater, der hat ganz kurz in meine Kontobewegungen hineingeschaut und gesagt: »Bei dem, was Sie verdienen, bleiben Sie angestellt.« Das war dann die Existenzgründungsberatung. Da dachte ich wirklich: »Blöder Mistkerl.«

Hat er Ihnen etwa gesagt, eine Unterschrift vom Ehemann wäre hilfreich?

Ich war nicht verheiratet (lacht). Ich war genau das, was wirklich keine Bank haben wollte. Ich hatte keine Sicherheit – ich habe sofort meine Eltern ausgenommen und habe gesagt, nein, für mich geht niemand in die Haftung. Das war für mich auch eine Frage der Ehre. Ich dachte, wenn ich keine Bank davon überzeugen kann, dass mein Konzept gut ist und ich vertrauenswürdig bin, dann lasse ich es. Schließlich hatte ich noch zwei Termine, die wahnsinnig schnell aufeinander folgten, ich glaube, die waren sogar am selben Tag. Das war einmal bei der Deutschen Bank und einmal bei der Frankfurter Volksbank, und die haben beide ja gesagt. Die Deutsche Bank war ein paar Stunden schneller, deswegen habe ich das dann bei denen umgesetzt.

Ich rate wirklich jedem davon ab, sich mit dem Geld von jemand anderem in die Gründung zu wagen. Weil immer irgendetwas schief geht, und mein Vater würde mir dann zum Beispiel sagen: »Du hast einen Teil von meinem Geld durchgebracht.«

Dieser Kredit, den ich von der Bank erhalten habe, das war gar nicht so ohne, denn das ist nicht wie ein Hauskredit, also nicht etwas, was Sie bei Bedarf abrufen. Sondern Sie bekommen tatsächlich auf einmal 50 000 Euro minus Disagio. Ich hatte auf einen Schlag 47 000 Euro auf meinem Konto. Gut, ab dem ersten Tag 7,6 Prozent Zinsen. Mit dem Geld darf man nicht spekulieren, ich habe es darum immer zwischengeparkt auf Tagegeldkonten, auf denen es 3,5 Prozent Zinsen gab, einfach um die Kosten ein bisschen aufzufangen, und ich war supersparsam und supergeizig.

Ich glaube, das ist der zweite wirklich große Rat für Existenzgründer: Nicht ausflippen, weil jetzt auf einmal »Chef« auf der Visitenkarte steht. Das habe ich so oft erlebt. Vielleicht gibt es da einen Unterschied zwischen Männern und Frauen: Ich trenne nicht gerne, aber ich habe einfach häufig erlebt, dass Männer dann sagen: »Wenn ich jetzt Geschäftsführer bin, dann brauche ich ein passendes Auto« oder: »Ich brauche eine Sekretärin«. Bei Frauen erlebe ich häufig das Gegenteil, und so war es auch bei mir. Ich war während der ersten drei Jahre selbst meine Sekretärin, ich war auch meine Putzfrau. Ich habe aber für alles, was ich nicht konnte, also Steuer und Buchhaltung, natürlich Fachleute hinzugezogen. Aber ich bin immer zu geizig gewesen, jemanden zu bezahlen, der mit dem Staubsauger durchs Office flitzt. Und wenn ich es nachts um eins gemacht habe, aber ich habe es selbst gemacht. Also, Kosten so gering halten, wie es nur irgend geht. Man muss nicht gleich ein tolles Office mieten, man kann am Anfang auch durchaus als Untermieter irgendwo einsteigen. Und die Büromöbel, die können auch ruhig mal gemietet sein, oder es gibt ja immer wieder Unternehmen, die in Konkurs gehen müssen, da gibt es dann Aufkäufer. Also, es gibt ganz, ganz tolle Möglichkeiten, Geld zu sparen.

Und Sie haben sich dann ein Office gemietet?

Ich wurde Untermieterin bei einer Werbeagentur. Ich dachte, das passt ja gar nicht schlecht – ich mit meinen Veranstaltungen und die mit ihrer Agentur, vielleicht kann man sich auch gegenseitig befruchten. Das war zwar nicht der Fall, aber dort gab es zwei sehr nette junge Herren, die mir immer geholfen haben, wenn mein Computer nicht ging oder der Drucker nicht funktionierte.

Den Kontakt zur Agentur hatte ich über die Wirtschaftsjunioren in Frankfurt bekommen. Ich war ja fast immer in solchen Riesenunternehmen tätig gewesen, und als ich dann die ersten zwei Monate lang versucht habe, von zu Hause aus, von meiner Wohnung aus zu arbeiten, musste ich feststellen, dass mir wirklich die Decke auf den Kopf fällt. Es ist auch etwas vorgekommen, was ich überhaupt nicht professionell fand: Ich bin wirklich morgens im Schlafanzug an den Schreibtisch und nachts genau so wieder zurück ins Bett gefallen. Das geht gar nicht. Darum habe ich mir gesagt, das muss sich ändern. Außerdem fand ich es schrecklich, dass ich niemanden hatte, mit dem ich sprechen konnte. Nicht so sehr jemanden, mit dem man Kaffee trinken kann, sondern eher über Arbeitsfragen: dieses Akquirieren – mein Gott, wie macht denn ihr das; oder wie ist es mit der Altersvorsorge – hat da jemand einen Vorschlag?

Deshalb hat eine sehr liebe Freundin zu mir gesagt: Suche dir ein Netzwerk. Es gab den Marketing-Club, den BJU, das ist der Bund Junger Unternehmer, und eben die Wirtschaftsjunioren. In den Marketing-Club habe ich nicht so richtig hingepasst. Das waren alles gestandene Jungunternehmer, die meisten hatten – zumindest kam es mir damals so vor – Papis Firma übernommen und fuhren einen dicken Mercedes. Bei denen habe ich mich nicht wohl gefühlt. Bei den Wirtschaftsjunioren gab es einen Info-Abend, und während der Vorstellungsrunde hat einer gesagt: »Ich habe versucht, mich selbstständig zu machen, hat leider nicht geklappt, momentan betreibe ich Schadensbegrenzung.« Das hat mir sehr imponiert, dass jemand so ehrlich ist und sich nicht produziert oder gar Dinge erzählt, die gar nicht stimmen. Darum habe ich gedacht, hier bin ich richtig. Die Wirtschaftsjunioren sind eine ganz gute Plattform, die sind bundesweit und auch weltweit tätig. Ich glaube, es ist sogar mit 200 000 Mitgliedern eines der größten Netzwerke weltweit. Wir schulen uns ehrenamtlich gegenseitig, das heißt, man gibt sich gegenseitig Tipps und hilft sich. Auf diese Weise kamen dann sehr, sehr gute Kontakte zustande.

Über das Netzwerk fand ich also mein Firmenräumchen, als Untermieter in dieser Agentur. Das war auch gut, wenn mich jemand besucht hat. Viele Kunden wollen zu Ihnen kommen, um zu sehen, wer und wie Sie in Ihrer eigenen Umgebung sind. Und in der Agentur gab es ein Sekretariat, da war jemand, der die Tür geöffnet hat – das hat immer einen ganz guten Eindruck gemacht.

So lief es mit meiner Firma dann an. Ich habe mich durch die Akquise gequält – das war wirklich kein Spaß –, aber ich habe mich ja ganz gut durchgebissen, hatte auch tatsächlich bereits im ersten Monat meinen ersten Auftrag. Ich war zwar noch weit davon entfernt, dass ich davon hätte leben können, aber wenigstens gab es schon mal Kunden, die ich mit auf meine Angebotsliste schreiben konnte. Angeboten habe ich geschultes Veranstaltungspersonal als einen und die Veranstaltungsorganisation als zweiten Baustein.

Und woher haben Sie das Personal gehabt?

Die habe ich unter anderem an Universitäten rekrutiert, ich habe dort Aushänge an den Schwarzen Brettern gemacht. Außerdem gibt es Studentenzeitschriften, die regional und auch überregional erscheinen. In denen habe ich Inserate geschaltet. Zudem gibt es verschiedene Internet-Plattformen, dort habe ich ebenfalls inseriert.

Und dann habe ich mir ein sehr, sehr gutes Internetformular von jemandem aus dieser Werbeagentur erstellen lassen, der programmieren konnte. In das Formular konnten sich die Studenten nun eintragen: Was studiere ich? Welche Fremdsprachen beherrsche ich? Verfüge ich über einen Gewerbeschein? Für welche Agenturen arbeite ich außerdem? Und ein Lichtbild. Mit den interessanten Personen habe ich mich dann getroffen. Ich habe sozusagen Casting-Termine ausgemacht, und diejenigen, bei denen ich gedacht habe, jawohl, so will ich mich nach außen hin präsentieren, habe ich mit in meine Datenbank aufgenommen.

Das Personal war aber nur ein Baustein. Ich wollte eher in die Veranstaltungsorganisation. »Sehen Sie uns als Ihre externe Veranstaltungsabteilung oder Agentur und geben Sie alles ab, was Sie nicht mehr selbst tun möchten« – die Erstellung von Namensschildchen, den Versand der Einladungskarten oder was auch immer – alles, was vor der Veranstaltung nervt oder zu viel Mühe bereitet, wird genau so sorgfältig und gut gemacht, als wenn man es selbst erledigen würde.

Manche Kunden haben gesagt: »Mensch, dann buchen wir von Ihnen auch gleich noch die Hostessen.« Andere wollten nur Hostessen, die nächsten wollten nur das Teilnehmer-Handling oder was auch immer. Ich habe alles getrennt voneinander angeboten, und so klappt das auch heute noch sehr, sehr gut.

Dann hatte ich dieses wunderschöne Treffen mit Ihnen, Frau Asgodom, und im Laufe des Gesprächs habe ich gesagt: »Akquise finde ich so fürchterlich, haben Sie nicht einen Tipp, was ich da machen kann?« Und Ihr Vorschlag war: »Ja, ganz einfach, schreiben Sie ein Buch, *Enthaltsame Jahre*. Dazu haben Sie was zu sagen, geben Sie die Tipps weiter.« Zuerst dachte ich: Mein Gott, wovon spricht diese Frau, wer will denn ein Buch von mir lesen oder gar kaufen? Das klang nach: »Ich nehme mich zurück« oder Tiefstapelei. Aber dann dachte ich, eigentlich hat sie Recht, eigentlich klingt das ganz verlockend. Deshalb fing ich an mit kleinen Artikeln für eine Fachzeitschrift, meist eine oder zwei Seiten, zum Beispiel zu den Themen »Wie versichere ich Veranstaltungen?«, »Einsparungsmöglichkeiten im Veranstaltungsbereich«, »Wie finde ich auch während Messezeiten noch günstige Hotels« und Ähnliches.

Ich habe mich gefragt, wo den Zielgruppen der Schuh drückt und dazu dann nett und recht locker einen Artikel geschrieben. Erst danach habe ich die Zeitschriften, in die ich gern hinein wollte, angerufen, die Themen kurz am Telefon umrissen und dann gefragt: »Wäre das für Sie interessant?« Ich hatte eine sehr, sehr hohe Veröffentlichungsquote. Dafür bekommt man gar kein Geld oder sehr wenig, vielleicht mal 100 Euro oder 150 Euro. Aber es war trotzdem natürlich für mich schön – ich konnte die Artikel einscannen und sie zusammen mit meinem Newsletter versenden oder bei Akquisegesprächen verteilen. Das kam wirklich sehr gut an, weil das eigene Wort noch mehr Gewicht bekommt, wenn man es schwarz auf weiß geschrieben sieht.

Wie ging es dann weiter?

Über den Beitrag »Einsparungsmöglichkeiten im Veranstaltungsbereich« konnte der Kontakt zu einem Forum aufgebaut werden. Die haben mich angesprochen: »Toll, wir haben durch Ihre Tipps 17 000 Euro gespart, halten Sie auch Seminare?« Daraufhin habe ich gesagt: »Ja, mache ich.« (lacht) Und ich habe erst mal sehr, sehr schnell eine Trainerausbildung gemacht. Die hat fast zehn Tage gedauert und hat mich auch eine ganz schöne Stange Geld gekostet.

Wo haben Sie die gemacht?

Über die Wirtschaftsjunioren bei verschiedenen Trainern, ich habe mir einfach die Bausteine zusammengesucht, die ich meiner Meinung nach brauchte.

In zehn Tagen?

In insgesamt zehn Seminartagen, also in einer Frist von einem halben Jahr habe ich zehn Seminartage gebucht. Das fing an mit: Welche Mittel, welche Medien kann ich einsetzen? Wie muss ich ein Seminar aufbereiten? Wie lernen Erwachsene? Auf diese Weise ich habe mir den wirklich nötigen Unterbau geholt, den ich bis dahin nicht hatte – ich hatte meine Hostessen immer selbst geschult, aber ich finde, bei einem kostenpflichtigen Seminar ist das etwas ganz anderes.

Das erste Seminar ist fantastisch gelaufen. Die Firma Forum ist auch heute noch einer meiner Auftraggeber, und wir machen vier bis sechs zweitägige Seminare pro Jahr. Das hat mir Riesenspaß gemacht. Darum habe ich natürlich in diesem Bereich verstärkt Akquise betrieben. Durch mein abgeschlossenes Studium – ich habe Event-Management studiert in der Zeit, als ich mich selbstständig gemacht habe ...

Wo haben Sie das studiert?

Bei der hessischen Verwaltungs- und Wirtschaftsakademie, der VWA. Die haben Räume an der Goethe-Universität Frankfurt, und man kann das in vier Semestern – jeden Abend von 6 bis 10 – studieren. Die ersten zwei Semester bestanden überwiegend aus Betriebs- und Volkswirtschaft und Buchführung, also die Allgemeinthemen, die ganz wichtig sind, wenn man eine Firma hat. Und dann noch zwei Semester wirklich gezielt Event-Themen.

Durch dieses Studium erfuhr ich von der VGA, einem Bundesverband für Weiterbildung. Später hörte einer der Referenten dort auf, und der VGA-Geschäftsführer sprach mich an, ob ich nicht Lust hätte, dort einzusteigen. Sie suchten gezielt mehrere Referenten aus der Praxis. So kam ich zu der ersten Dozententätigkeit. Inzwischen habe ich noch zwei andere Dozentenstellen, und langsam merke ich auch, dass ich bei mir an die Obergrenze stoße. Ich habe aktuell in den Seminarmonaten ungefähr zehn Seminartage pro Monat, und irgendwann reicht es dann.

Ich bin nach wie vor sehr froh über diese Dreiteilung meiner Tätigkeiten, dass ich immer noch die Events habe, die ich organisiere und durchführe und von denen ich in den Seminaren berichten kann. So ist es eben nicht nur angelesenes Wissen, das weitergegeben wird, sondern es ist wirklich vom Fach. Ich denke, deshalb weiß ich auch eher, wo die Damen tatsächlich der Schuh drückt. Ich habe mich damals in meiner Studienzeit über zwei Dozenten ziemlich aufgeregt. Einer von denen hat so ein schönes Statement abgegeben: »Wenn ein Briefing von einem Kunden nicht die und die Bausteine enthält, dann lehnen Sie den Auftrag ab.« Ich saß im Publikum und habe gesagt: »Ich habe mich gerade selbstständig gemacht, ich werde den Teufel tun und einen Auftrag ablehnen.« Da merkt man dann wirklich, dass die Dozenten oft gar keine Ahnung haben, wie die Praxis wirklich aussieht.

Irgendwann kam dann das erste Buch, das ist jetzt vier Jahre her. Das entstand über die sehr, sehr ausführlichen Seminar-Handouts, die ich meinen Teilnehmern gebe. Ich habe einfach noch dazuformuliert, was ich sonst im Seminar oder in der Vorlesung erzähle. So entstand das erste Büchlein, und dieses Jahr werde ich mich wohl ans fünfte machen.

Toll. Dann ist also alles easy gewesen. Überhaupt keine Probleme?

Absolut nicht easy. Es ist sehr, sehr schwierig, sich immer wieder zu motivieren. Das ist das eine. Es gibt wahnsinnig tolle Akquisegespräche, wonach Sie wirklich denken, juchhu, in zwei Wochen kommt der erste Auftrag, und dann passiert zwei Jahre nichts. Da kommen Sie dann ins Grübeln und überlegen: »Habe ich etwas falsch gemacht?« Häufig ist es aber einfach so, dass die ja schon einen Partner haben, mit dem sie zusammenarbeiten, und wenn kein konkreter Grund zum Handeln besteht, werden sie meist auch nichts tun. Oder es gibt diese fürchterlichen Akquisetelefonate. Wenn Sie dann vierhundertneun Mal zu hören bekommen: »Ach schicken Sie mir mal was zu«, und Sie wissen genau, es wandert in den Papierkorb – also, das ist wirklich nicht easy. Sie stoßen auch immer wieder mit Ihrer Kraft an die Grenze, das ist so.

Wer sollte sich nicht selbstständig machen?

Das sollte niemand tun, der Angst hat, der nicht risikofreudig ist, denn Risikobereitschaft gehört dazu. Man hat starke Monate und hat schwache Monate, man muss in den schwachen daran glauben, dass wieder starke kommen, und nicht panisch werden. Es gibt viele Menschen, die versuchen, als Bittsteller und Klinkenputzer Aufträge zu bekommen. Aber das funktioniert nicht. Kunden möchten jemanden beauftragen, von dem sie glauben, dass er erfolgreich ist. Keiner vergibt Aufträge allein aus Mitleid. Natürlich gibt es Momente, in denen es nicht rosig aussieht – aber davon muss der Kunde nichts wissen.

Das ist die alte Regel: Pass auf, denn der Kunde hört es, wenn dein Magen knurrt!

Oh, wie gut! Schöner Satz.

Kein Kunde will das Magenknurren hören. Man will am Erfolg anderer Menschen partizipieren und nicht in die Zwickmühle geraten: Jetzt muss ich dem helfen.

Ganz genau – wenn jemand an das gute Herz appelliert, fragen sich die Menschen, was ist da los, vielleicht ist der oder die nicht gut?

War Ihnen die Familie eine Hilfe?

Wer Hilfe braucht, den muss die Familie tragen. Aber leider ging meine Beziehung, die ich während der Gründungsphase hatte, wahnsinnig schnell in die Brüche, obwohl sie davor schon Jahre bestanden hatte. Das geht schnell – Sie verlieren einfach die Gesprächsbasis miteinander.

Morgens zuhause begann ich mit der Arbeit, dann hatte ich meinen Tag im Office. Abends ging ich zur Uni, danach habe ich oft noch mal ins Office hineingeschaut oder habe mich zu Hause noch hingesetzt – und mir hat das Spaß gemacht! Ich wollte mich dafür auch nicht entschuldigen! Wenn Sie entweder von Kindern oder vom Partner dieses »Schatz, was gibt es denn heute Abend zu essen?« oder »Wo sind denn meine Socken?« hören, wenn der andere nicht wirklich aktiv mithilft, damit es mit der Gründung eines Unternehmens läuft, dann ist es schwer. Da sollte man sich zumindest mal fragen: Kann ich auch mit dem Gedanken leben, dass die Beziehung vielleicht zu Ende geht? Oder sage ich: Das darf auf keinen Fall sein? Dann sollte ich mir es aber auch mit der Selbstständigkeit noch einmal überlegen.

Sie konzentrieren als Selbstständige die Liebe also nicht auf die Familie, sondern ziehen Liebe ab und lenken Sie aufs Geschäft …

Es ist für Selbstständige sehr wichtig, dass sie Menschen mögen, denn man kommuniziert permanent – mit Mitarbeitern, mit Kunden, mit Dienstleistern. Wer sich selbstständig macht, sollte gerne kommunizieren. Eigenbrötlerei kann ich mir vielleicht im IT-Bereich leisten; aber in unserem Bereich, in der Dienstleistung, in der ich ja tätig bin, würde das gar nicht gehen. Die Basis ist Sympathie für Menschen, vielleicht auch Empathie. Mitbekommen, wo den anderen der Schuh drückt. Sich fragen: Wo und wie kann ich helfen? Das alles ist sehr, sehr wichtig.

Menschen wollen bemerkt werden und verstanden werden, wollen ernst genommen werden, aber für die meisten Menschen interessiert sich niemand. Aber wer es dann trotzdem tut, hat Chancen. Auch im Geschäftsleben.

Da gebe ich Ihnen völlig Recht. Das trifft gerade bei meiner Zielgruppe zu – häufig Sekretärinnen, Assistentinnen. Die treffe ich oft in meinen Seminaren an, denn die bekommen vom Chef aufs Auge gedrückt:

»Nächstes Jahr ist 50. Firmenjubiläum oder Tag der Offenen Tür, machen Sie mal.« Gerade die Sekretärin hat ja im Grunde nur den Chef als Bezugspunkt, er lädt ihr alles Mögliche auf. Bei mir im Vorstandssekretariat war es fast noch trauriger, weil der Chef gar nicht wollte, dass ich mich mit anderen Sekretärinnen austausche. Man sitzt da in der Firma mit 30 000 Leuten und fühlt sich ganz schön allein.

Haben es Frauen in der Geschäftswelt heute leichter oder schwerer als Männer?

Frauen stehen sich häufig selbst im Weg. Von Frauen bekomme ich oft zu hören: »Mein Gott, wie schaffen Sie das in einer Männerwelt?« Ich lebe nicht in einer Männerwelt, ich lebe auch nicht in einer Frauenwelt, ich lebe in einer ganz normalen Welt. Ich merke, ich werde von Männern sehr stark danach eingeschätzt, wie ich auftrete. Heute trete ich relativ klar auf, ich will niemals mit einem kurzen Rock zu einem Geschäftstermin kommen. Die Signale, die ich sende, sind eher sehr sachlich. Mir begegnen immer wieder, gerade auch bei meinen Hostessen, Damen – das sei jedem auch gestattet –, die vollkommen normal und aufgeweckt sind, tolle junge Frauen, bis ein einziger Mann dazu kommt. Dann ist dieses Gehabe: »Ach, ich weiß jetzt gar nicht, wie das Telefon funktioniert, könnten Sie mir mal helfen?« Auf einmal werden aus selbstbewussten Frauen Schäfchen.

Warum machen sie das?

Na, ich vermute, das ist einfach so, da kommt der Höhlenmensch in uns hervor: Es taucht ein Mann auf, und der ist jetzt das neue Highlight oder das Objekt der Begierde aus welchem Grund auch immer. Und dann wird einfach geflirtet; dazu gehören auch Gesten wie dieses Zurückwerfen der Haare.

Als Geschäftsfrau ist man damit aber auf einmal in einer ganz anderen Schublade, nämlich nicht mehr in der Kategorie: »Die buche ich für einen Vortrag vor 500 Leuten«, sondern: »Die will wohl geheiratet werden«. Ich meine das nicht abwertend. Wenn ich aber diese Signale sende, dann werde ich so wahrgenommen. Das ist, glaube ich, wirklich ein wichtiger Punkt, den sich Frauen klarmachen müssen. Sie sollen nicht uncharmant sein, aber wenn ich anfange zu flirten, dann wird vielleicht zurückgeflirtet, und es ist schwuppdiwupp eine ganz andere Geschichte. Durch Flirten habe ich noch keinen Auftrag in der Tasche, das muss ich mir einfach klar machen. Ich locke mit einem Flirt einen Mann auf eine andere Fährte, und der will auf einmal etwas anderes von mir als Beratung.

Das ist das erste, was ich ganz kritisch finde. Und das zweite: Frauen beurteilen sich nach wie vor häufig untereinander nach solchen Dingen wie: Wer ist schlanker, wer hat was wie auch immer? Ich finde, es wird schon besser; man merkt es jetzt anhand von Werbekampagnen wie die für »Dove«, da treten ganz normale Frauen auf, die haben Ecken und Kanten und mal ein paar richtig schöne Rundungen, wo man ansonsten aus der Werbelandschaft nur Knochen kennt.

Sind Männer frei und selbstbewusst?

Ja, ich denke schon. Ich hatte kürzlich einen Referenten für einen großen Kongress gebucht, der meiner Meinung nach nicht gerade brillant war. Er wurde auch von seiner Zuhörerschaft, die ziemlich hochkarätig war, zerfleischt. Und er ging hinterher vom Podium runter und meinte: »Da habe ich doch eine tolle Diskussion angeregt!« Ich hätte mich zwei Wochen lang nicht aus meinem Schlafzimmer getraut.

Das sind zwei Sachen, die Frauen sich immer mal wieder sagen können: Seid nett zu euch und seid gnädig mit euch.

Alexandra Haas: Erotik auf höchstem Niveau

Alexandra Haas ist seit dem Jahr 2006 mit ihrer Firma Special Moments (*www.specialmoments.ch*) selbstständig. Im Zentrum Zürichs macht sie den – oft als etwas spröde geltenden – Schweizern deutlich, dass Erotik nicht in die Schmuddelecke gehört, sondern sinnlich und lustvoll zelebriert werden kann.

Was genau war Ihre anfängliche Geschäftsidee?

Ein Online-Shop und ein High-Class-Erotikladen im Herzen von Zürich, in dem Paare, Frauen und Männer sich wohlfühlen, mit einem breiten Produktemix und persönlicher kompetenter Beratung: beispielsweise Tipps zum Thema: Wie inszeniere ich sinnliche Momente zu zweit? –, Dekor fürs Ambiente – schwimmende Rosenkerzen, Duftkerzen, alles, was man für das romantische Dinner zu zweit benötigt –, Qualitäts-Erotikspielzeug, Literatur, Kamasutra-Verwöhnsets, Pornofilme, die sich für Paare eignen, eine kleine Auswahl an »härterem« Erotikspielzeug wie Peitschen oder Fesseln.

Welches Angebot hat sich aus der ursprünglichen Geschäftsidee entwickelt?

Es gibt den Online-Shop und ein Ladenlokal im Zürcher Niederdorf (leider noch nicht an der Bahnhofstraße …). Es werden außerdem Romance-Workshops, Toypartys, Veranstaltungen für Sexualtherapeuten und ein monatlicher kostenloser Newsletter mit einem Romance-Tipp angeboten.

Wann haben Sie den Gedanken an Selbstständigkeit zum ersten Mal gefasst?

Vor über 10 Jahren. Damals besuchte ich während eines Auslandaufenthaltes den Laden »Toys in Babeland« in Seattle. Die offene Art der zwei Besitzerinnen und die ganz andere Gestaltung des Ladens beeindruckten mich. In den Jahren danach begann ich immer häufiger, Freundinnen und Kolleginnen Tipps zu geben, wie sie ihre Beziehung zelebrieren könnten. Ich merkte, dass es sehr aufwändig ist, gute und sinnlich-schöne Produkte zu finden – und dass frau dafür häufig in diese unappetitlichen Sexshops gehen muss. Ich begann nachzuforschen, ob und wo es stilvolle Produkte überhaupt gibt. Vor etwa drei Jahren startete ich damit, einen Businessplan zu schreiben – und am 14. Februar 2005 gründete ich meine Firma.

In welcher beruflichen Situation waren Sie damals?

Seit meinem Studienabschluss war ich immer in Vollzeit im Kommunikationsbereich bei renommierten Schweizer Firmen angestellt.

Wie haben Sie den Übergang von der Anstellung zur Selbstständigkeit gestaltet?

Nach der Firmengründung habe ich mein Stellenpensum auf 50 Prozent reduziert.

Wie lange hat die konkrete Planungsphase gedauert?

Zirka zweieinhalb Jahre.

Und wie lange hat es gedauert, bis Sie zum ersten Mal den geplanten beziehungsweise erhofften Minimalumsatz erreicht hatten?

Der Start im Juli 2006 mit dem Ladenlokal war dank guter Presse sehr gut. Der Laden finanzierte sich praktisch selbst. Leben kann ich von dem Geschäft aber noch nicht, ich finanziere meinen Lebensunterhalt mit meinem Nebenerwerb.

Was denken Sie, wann werden Sie den geplanten Minimalumsatz erreichen?

Ich habe mir zwei Jahre gegeben – Kollegen im gleichen Business berichten allerdings, dass es bis zu drei oder sogar fünf Jahre dauern kann, bis ein Detailhandelsladen läuft. Die Fixkosten sind sehr hoch, weshalb ich den Laden wieder aufgeben werde, wenn er sich in einem Jahr nicht rentiert. Fernziel ist natürlich, den Nebenerwerb dann an den Nagel hängen zu können.

Was hat den Ausschlag für Ihren Schritt in die Selbstständigkeit gegeben?

Mir sind die Themen Sexualität und Lust sehr wichtig. Ich möchte – soweit dies möglich ist – die Einstellung der Leute, mit denen ich dank Special Moments in Berührung komme, verändern, möchte Vorurteile abbauen und Tabuzonen aufbrechen. Der Laden mit seinem schönen Ambiente soll Leute, die sonst vielleicht nicht in einen Erotikshop gehen würden, einladen, sich mit dem Thema zu beschäftigen. Letzten Dezember erschien ein Artikel von mir in einer Schweizer Tageszeitung (dem *Tagesanzeiger*) zum Thema Sexualität, der ein unglaubliches Echo auslöste.

Welche Ihrer Charakterstärken haben Ihnen in der Anfangsphase geholfen? Und welche Charakterstärken haben geholfen, bis heute den Weg der Selbstständigkeit durchzuhalten?

Enthusiasmus, Begeisterungsfähigkeit, Ehrlichkeit, positive Einstellung, Kreativität, Durchhaltewillen.

Welche Ihrer Talente haben beim Weg in die Selbstständigkeit geholfen?

Offene, selbstverständliche, unkomplizierte Art im Umgang mit dem Thema Sexualität, gute Kommunikationsfähigkeit, Intuition (bei der Beratung), Produktkenntnis im Erotikbereich, Kenntnisse im Bereich Sexualität.

Hatten Sie Ratgeber – zum Beispiel Menschen, Firmen, Bücher, Computerprogramme – zur Unterstützung herangezogen? Welche waren besonders wichtig?

Am wichtigsten war mein Partner. Unterstützung erhielt ich auch von einer Freundin, die einen Bettenladen hat. Außerdem: ein genialer Buchhaltungskurs, Banana-Buchhaltungsprogramm; tonnenweise Bücher zu Beziehungsthemen, Zeitungen und Zeitschriften (ich sammle alles, was mit den Themen Erotik, Sexualität et cetera zu tun hat). Kurs und Messe (»Ich mache mich selbstständig« an der Eidgenössischen Technischen Hochschule Zürich. Die Erotikmesse Venus in Berlin – die hat wichtige Kontakte erbracht.

Vor welchen Herausforderungen standen Sie beim Schritt in die Selbstständigkeit? Welche Veränderungen oder Probleme gab es?

Die größte Herausforderung war das Energiemanagement. Mein Nebenerwerbsjob ist sehr anspruchsvoll, und ich begann meinen 50-Prozent-Job gleichzeitig mit dem Ladenlokal, was eine extreme Belastung war. Zum Ladenstart machte ich sehr viel PR, weil ich kein Geld für Werbung hatte. Das Ganze war aber sehr zeitintensiv. Als One-Woman-Show musste ich alle Gebiete abdecken (Einkauf, Werbung, Medienarbeit, Finanzen, Beratung und so weiter) und die ganze Zeit mit den Finanzen jonglieren. Sehr schwierig war auch, die Bestellungen abzuschätzen. Ich hatte praktisch keinen finanziellen Raum für Fehlentscheidungen.

Für meine Familie habe ich so gut wie keine Zeit mehr, nur noch am Sonntag, Wochenendunternehmungen sind gestrichen, da der Laden am Samstag geöffnet ist.

Mit meinem Partner hat sich ein genialer Austausch entwickelt. Anfangs habe ich zu häufig nur übers Geschäft gesprochen – nach entsprechendem Feedback von ihm haben wir begonnen, Abende »ohne Geschäft« zu definieren.

Von meinen Freunden helfen alle mit. Ich bin mir aber nicht sicher, wie lange das noch so geht – obwohl die meisten es toll finden zu helfen, wir haben immer sehr viel Fun.

Wie oft haben Sie gedacht: »Es gelingt einfach nicht wie geplant, ich könnte/sollte eigentlich aufgeben«? Warum haben Sie es dann doch nicht getan?

Ich habe bisher überhaupt nicht ernsthaft ans Aufgeben gedacht. Aber als vor ein paar Monaten überraschend und unerwartet die Umsatzzahlen vorübergehend zurückgingen, war ich etwas verunsichert. Ich habe mir dann eine Auszeit von zwei Wochen gegönnt, was sehr geholfen hat. Ich habe einen Plan B entworfen, falls der Laden schlecht läuft: Laden aufgeben und dafür Showroom einrichten (das ist günstiger), Kurse und Toypartys weiterführen und natürlich den Webshop, den Newsletter und Ähnliches. Außerdem: Endlich mein Buch fertigschreiben und dadurch wieder etwas zum Thema Lust und Sexualität beitragen. Seit ich diesen Plan B habe, läuft der Laden wieder wie verrückt. Merkwürdig, aber toll.

Welche Ängste hatten Sie auf dem Weg? Haben Sie sie bis heute?

Dass ich kräftemäßig nicht durchhalte. Dass der Detailhandel vielleicht keine Zukunft hat. Dass die Zeit nicht reicht – die Zeit, bis der Laden genug bekannt ist, im Verhältnis zum Geld, das ich zur Verfügung habe. Zu denken gibt mir die Sache mit dem Nebenjob – eigentlich immer. Der braucht extrem viel Energie, Nerven und Zeit – aber er zahlt Wohnung und Essen.

Gibt es etwas, was Sie sich zur Erleichterung der ersten Schritte gewünscht hätten?

Weniger Bürokratie – ein Ladenlokal in Zürich eröffnen ist schrecklich. Ich hätte mir eine Stelle gewünscht, die ich anrufen kann, wenn ich eine Frage habe zu Bewilligungen und Ähnlichem. Und ich hätte mir jemanden gewünscht, der sich im Erotikdetailhandel auskennt. Zahlen wären super, die kriege ich nirgends – außer im Jahresbericht von Beate Uhse. Ein finanzielles Back-up für Notfälle wäre auch nicht schlecht.

Sind Sie der Meinung, dass es Menschen gibt, die sich eher nicht selbstständig machen sollten?

Menschen, die keine Verantwortung für ihr Tun übernehmen können. Sonst sehe ich keine Grenzen.

Gibt es Menschen, die sich unbedingt selbstständig machen sollten?

Ja: Menschen, die mutig und enthusiastisch sind und Freude am Leben haben.

Welche Gefahren lauern, wenn die ersten Erfolge sich eingestellt haben?

Mit allen – Freunde, Familie, Lebenspartner – nur noch übers Geschäft zu sprechen. Kontakte, die nichts mit dem Geschäft zu tun haben, zu vernachlässigen. Zu viele Waren bestellen.

Welche positiven Inspirationen hat Ihnen der Schritt in die Selbstständigkeit gebracht?

Ich habe gelernt, mich sehr pointiert auszudrücken – vor allem durch die Radio- und TV-Interviews. Ich genieße das Gefühl, es geschafft zu haben – es gibt meinen Laden jetzt schon über ein Jahr! Und ich habe gelernt, dass ich zu mir gut sein muss – gesund essen, genug schlafen ...

Welche drei Tipps würden Sie zukünftigen Neugründerinnen geben?

1. Bei allem, was frau anpackt, muss Freude und Fun dabei sein.
2. Bei Entscheidungen sich selbst vertrauen, aber sich nicht zu schade sein, Rat einzuholen.
3. Die einzige Ressource, die frau hat – nämlich sich selbst –, gut pflegen: gesund essen, genug schlafen, mal etwas tun, nur weil es Spaß macht, Kopf ab und zu leeren und sich von allem geistig lösen, geistige Entspannung nicht vernachlässigen.

Nicole Retter: Das beste Lokal für Münchens Weinschmecker & Feinschmecker

Im April 2006 gründete Nicole Retter ihr Unternehmen. Die Eröffnung von Restaurant und Weinladen erfolgte am 1. Juni 2006. Inzwischen arbeiten rund acht Mitarbeiter für Münchens bestes Weinlokal (*www.retters.de*).

Wie lautete Ihre anfängliche Geschäftsidee?

Ein Weinhandel mit Weinbar und Kleinigkeiten zum Essen.

Was hat sich inzwischen daraus entwickelt?

Bedingt durch die Räumlichkeiten, die wir gefunden hatten, wurde daraus ein Feinschmeckerrestaurant mit knapp fünfzig Plätzen innen, fünfzig außen und daran angrenzend ein Weinhandel. Wir sind auf deutschen Wein konzentriert und bieten dazu täglich wechselnd ein Mittags- und ein Abendmenü an.

Erzählen Sie uns von den Anfängen Ihres Weges in die Selbstständigkeit: Wann haben Sie den Gedanken daran zum ersten Mal gefasst?

Da ich aus einer Unternehmerfamilie komme, stellte sich nie die Frage nach dem »Ob«, sondern nur nach dem »Wie« und dem richtigen Zeitpunkt. Ich habe mich schließlich auf meine Kernkompetenzen besonnen: Ich habe gerne Gäste und liebe deutschen Wein. Durch Banklehre und Betriebswirtschaftsstudium bin ich auch auf die Hintergründe einer selbstständigen Tätigkeit gut vorbereitet.

Wie sah Ihre berufliche Situation aus, als Sie die Selbstständigkeit in Angriff nahmen?

Ich musste mich entscheiden, in welcher Branche ich mich selbstständig mache, ob alleine oder mit einer bereits bestehenden Firma im Hintergrund, ob Franchise oder totale Selbstständigkeit.

Wie lange hat es bis zur Selbstständigkeit gedauert?

Von der Suche der geeigneten Räumlichkeiten über die Planung und die Umbauarbeiten, parallel die Weiterbildung im Bereich Wein, hat es insgesamt ein gutes Jahr bis zur Eröffnung gedauert.

Wie lange hat es gedauert, bis Sie zum ersten Mal den geplanten beziehungsweise erhofften Minimalumsatz erreicht hatten?

Rund fünf Monate.

Was hat den Ausschlag für den Schritt in die Selbstständigkeit gegeben?

Wenn man von klein auf in einer Familie aufwächst, in der die eigene Firma eine große Rolle spielt, denkt man vermutlich nie als »typischer« Arbeitnehmer. Für mich war eher die Frage nach der richtigen Branche und dem richtigen Zeitpunkt ausschlaggebend.

Welche Ihrer Charakterstärken haben Ihnen in der Anfangsphase geholfen? Welche Charakterstärken haben geholfen, bis heute durchzuhalten?

Optimismus, Stärke, Mut, Flexibilität, Organisationstalent, Führungsstärke.

Welche Ihrer Talente haben Ihnen beim Weg in die Selbstständigkeit geholfen?

Natürlich sind die betriebswirtschaftlichen Grundkenntnisse eine wichtige Voraussetzung. Ohne die Bereitschaft, viel Zeit zu investieren oder auch dann nach außen fröhlich zu erscheinen, wenn es innen vielleicht mal nicht so rosig aussieht und natürlich ohne die nötige Selbstmotivation funktioniert keine Selbstständigkeit. Dazu kommt: Ich habe Gäste (nicht bloß Kunden), die ich auch mag!

Woher kam das Geld zum Leben in der Anfangszeit, bevor Sie erstes Geld in der Selbstständigkeit verdient haben?

Aus Erspartem und aus der Familie.

Hatten Sie Ratgeber – Menschen, Firmen, Bücher, Computerprogramme oder Ähnliches? Welche waren besonders wichtig?

Ja, viele – danke, Frau Asgodom, für das erste Coaching! Danach wusste ich besser zu differenzieren, was ich will und was nicht. Besonders wichtig war und ist mir meine Familie, auch ihr vielen Dank fürs Rücken-Freihalten, für die Unterstützung und die Motivation! Dazu zähle ich auch meinen damaligen Lebensgefährten, mit dem mich heute noch eine intensive Freundschaft verbindet, und ohne den in der Anfangszeit (und auch heute noch) fast nichts ging.

Weitere Ratgeber hatte ich einerseits auf betriebswirtschaftlicher Seite für die ersten Rentabilitätsberechnungen. Und natürlich auch im Bereich Wein. Es waren viele neue Kontakte in der ersten Zeit, die mir die Welt des Weins und der Gastronomie nahegebracht hatten. RETTERs will nicht nur anders sein, sondern besser in der Kompetenz der Gastfreundschaft.

Vor welchen Herausforderungen standen Sie beim Schritt in die Selbstständigkeit? Welche Veränderungen oder Probleme gab es?

Die größte Herausforderung ist und bleibt die Administration. Es gibt so viele schöne Momente am Tag mit Gästen, Kunden und auch mit meinen Mitarbeitern. Die Buchhaltung und die ganzen Hintergrundarbeiten sind allerdings eher lästige Pflicht. Zum Glück bin ich auch an diesem Punkt mit meiner Steuerberaterin gut beraten.

Wie oft haben Sie gedacht: »Es funktioniert einfach nicht, ich könnte/sollte eigentlich aufgeben«? Warum haben Sie dennoch nicht aufgegeben?

In diese Situation kommt wohl jeder Selbstständige mehrmals. Wenn die Arbeit überhand nimmt, kein Ende abzusehen ist und der Erfolg sich anfangs eher schleppend einstellt. Wenn aber am Abend meine Gäste das Restaurant mit einem Lächeln und einem guten Gefühl verlassen, weiß ich wieder, warum ich das Ganze mache.

Welche Ängste hatten Sie auf dem Weg? Haben Sie sie bis heute?

Die Ängste rührten eher aus der Unerfahrenheit her. Es stellte sich immer mal wieder die Frage: Ist das so richtig? Müsstest du es nicht vielleicht anders machen? Dieses kritische Hinterfragen zähle ich zu den Pflichten eines Unternehmers! An der Entscheidung selbst zweifle ich allerdings nicht.

Gibt es etwas, was Sie sich zur Erleichterung der ersten Schritte gewünscht hätten?

Die einzige Erleichterung wäre gewesen, wenn wir sofort ein volles Haus gehabt hätten. Das hat sich dann aber zum Herbst hin (auch dank einiger positiver Kritiken in den Medien) relativ schnell entwickelt. Und ich hatte meine Meisterprüfung als Weinfachberaterin während der Eröffnungsphase, das war ein etwas schwieriges Timing, da der Lernaufwand sehr groß war.

Sind Sie der Meinung, dass es Menschen gibt, die sich eher nicht selbstständig machen sollten?

Alle, die sich besser aufgehoben fühlen, wenn ihnen jemand sagt, wie die nächsten Schritte aussehen und was dafür zu tun ist, sollten sich genau überlegen, ob sie dem Druck gewachsen sind, selbst die Entscheidungen zu treffen.

Rückhalt in der Familie oder durch gute Freunde ist auf jeden Fall notwendig, denn allein ist es sehr schwierig, an alles zu denken und sich selbst immer wieder zu motivieren.

Gibt es Menschen, die sich unbedingt selbstständig machen sollten?

Jeder, der mit seiner aktuellen beruflichen Situation unzufrieden ist, eine tolle Geschäftsidee hat und die Bereitschaft zu viel Arbeit und Selbstdisziplin mitbringt. Ein finanzieller Grundstock für die ersten drei Monate sollte vorhanden sein, ansonsten ein gutes Finanzierungskonzept.

Wichtig sind auch Menschen im Umfeld, die immer wieder motivieren und stärken, wenn man selbst nicht mehr weiter weiß.

Welche Gefahren lauern, wenn sich die ersten Erfolge eingestellt haben?

Man hat definitiv wenig Freizeit, daher sollte man sie sich gut einteilen, um alte Kontakte nicht zu verlieren oder auch neue Freundschaften zu schließen.

Ganz wichtig für mich ist auch, dass ich von vornherein Urlaub und Freizeit mit in das Konzept aufgenommen habe, um nicht plötzlich total ausgebrannt dazustehen. Wenn man Mitarbeiter hat, ist es auch sinnvoll, über Betriebsferien den Urlaub abzuarbeiten, vor allem in saisonal schwächeren Zeiten.

Eine große Gefahr kann sein, die Dinge nach den ersten Erfolgen ein wenig schleifen zu lassen, da es ja funktioniert. Die Bedeutung von professionellem Marketing und Sales-Aktivitäten, PR und Referenzmanagement wird in der Gastronomie systematisch unterschätzt. Das ist eine strategische Lücke, die ich mit RETTERs besetze.

Welche positiven Inspirationen hat der Schritt in die Selbstständigkeit gebracht?

Selbstständigkeit gibt nach meiner Erfahrung viel Selbstvertrauen, vor allem, wenn sie mit Erfolg gepaart ist. Man reift an den Aufgaben, die man sich selbst stellt und strahlt das dann auch nach außen aus.

Für eine Partnerschaft ist es nicht ganz so einfach, da sich die Prioritäten mit einem eigenen Unternehmen automatisch verschieben. Da gehört viel Verständnis füreinander dazu und auch die Bereitschaft, dem Unternehmen manch Privates zu opfern.

Welche drei Tipps möchten Sie zukünftigen Neugründerinnen geben?

1. Überlegen Sie sich gut, alleine und mit Ihren Ratgebern, ob Ihre Geschäftsidee auch bei dem von Ihnen fokussierten Kundenkreis ankommt oder ob Modifikationen am Konzept sinnvoll sein können.
2. Nicht aufgeben, wenn es nicht gleich so läuft, wie Sie sich das vorgestellt haben!
3. Pausen gleich von Anfang an einplanen, dann hält man länger durch!

7.

Genug gesponnen: Jetzt geht's in die Praxis

Wie setzen Frauen ihre Gründungsideen erfolgreich in die Tat um? Gründungsberaterin Christine Vonderheid-Ebner weiß es. Denn sie hat schon vielen Frauen geholfen, sich an die Realisierung ihrer Träume zu wagen. Von der Vision bis zur Gründung begleitet die Gründungsexpertin seit 1995 Frauen, die den Schritt in die berufliche Selbstständigkeit unternehmen wollen. Sie ist unter anderem Gründerin eines regionalen Netzwerkes für Unternehmerinnen, Herausgeberin des FachFrauenVerzeichnisses und gehört mehreren Fachgremien und beruflichen Netzwerken an.

Für dieses Kapitel hat sie mir Einblick in ihren reichen Erfahrungsschatz gewährt, damit Sie Antworten auf Ihre drängendsten Fragen finden.

An einem fehlt es heutzutage nicht – an Informationen. Mit dem Internet sind Auskünfte und Tipps zudem zu jeder Zeit zugänglich. Gründerinnen haben noch nie so viele Informationen zum Thema Existenzgründung zur Verfügung gestanden. (Eine wesentliche Auswahl finden Sie im Servicekapitel am Schluss des Buches). Auf jede Frage werden unzählige Antworten geboten. Aber breit gestreute Auskünfte, wie die aus dem Internet, müssen allgemeingültig sein. Deshalb sind zum Beispiel die Vorgaben zum Businessplan, die man herunterladen kann, so abgefasst, dass sie auf möglichst viele Gründungsvorhaben zutreffen. Sie beschreiben aber nicht konkret eine, nämlich Ihre Geschäftsidee.

So bleiben drei Fragen:

- Wie soll ich diese Informationsflut bewältigen?
- Trifft alles, was ich an Information finde, auch auf mich und meine Idee zu?
- Und wann habe ich genug Hintergrundwissen, um zur Tat schreiten zu können?

Kurz und klar: Voraussetzungen, Chancen, Rahmenbedingungen

Der Anteil der Neugründungen durch Frauen steigt von Jahr zu Jahr kontinuierlich an. Chancen und Perspektiven, existenzsichernd tätig zu werden, erwachsen aus den Qualifikationen vielschichtiger Erwerbsbiografien und gleichermaßen aus dem reichen Erfahrungswissen, das insgesamt das Potenzial der Gründerinnen ausmacht.

Ihre persönlichen Voraussetzungen

Vielen Frauen ist gar nicht wirklich bewusst, über welches Potenzial sie verfügen und wie sie es für eine selbstständige Tätigkeit nutzen könnten. Eine gründliche Analyse der eigenen Fähigkeiten, Möglichkeiten, aber auch der Wünsche und Erwartungen sollte daher am Anfang jedes Gründungsprozesses stehen. Die Checklisten in diesem Kapitel unterstützen Sie dabei. Manche Frage kommt Ihnen vielleicht bekannt vor, wurde schon früher in diesem Buch behandelt – doch es lohnt sich, noch einmal, und zwar gezielt und geballt, über alle Punkte nachzudenken.

Checkliste: Ihr persönliches Profil

Klären Sie die folgenden Fragen am besten schriftlich für sich.

Welche Qualifikationen habe ich? _____

Über welche Kompetenzen verfüge ich? _____

Was fällt mir leicht? _____

Wo wird das, was ich kann, gebraucht? _____

Passt mein Angebot zu meinem Profil? _____

Passen meine Kompetenzen zu meinem Angebot? _____

Welche Werte sind mir wichtig? _____

Welche ethische Haltung habe ich? _____

Wie gut kann ich mich selbst organisieren? _____

Wie gut kann ich mich selbst motivieren? _____

Was fehlt mir? _____

Kenne ich mein Entwicklungspotenzial? _____

Wie stehen Ihre Chancen?

Sie sind von Ihrer Idee, Ihrem Angebot überzeugt, doch wie sieht es mit den Marktchancen aus?

Checkliste: Klären Sie Ihre Marktchancen

Überlegen Sie sorgfältig:

Wer braucht das Angebot? _____
_____

Wer zahlt dafür? _____
_____

Gibt es das Angebot bereits am Markt, und besteht ein weiterer Bedarf? _____

Ist der Markt profitabel? _____
_____

Hat der Markt Volumen, und wächst er? _____
_____

Was macht mein Angebot so einzigartig, dass es vergleichbaren Angeboten vorgezogen wird? _____
_____

Hat mein Produkt, meine Dienstleistung eine Geschichte? Eine Seele? Oder entspringt alles dem coolen, kaltblütigen Krämergeist? _____

Bin ich bei meiner Geschäftsidee mit meiner Seele dabei? Kann ich darin meine Leidenschaften ausleben? Oder ist alles nur rationales Kalkül (bei dem keine Freude überspringt)? _____
_____

Welche Emotionen werden auf Kundenseite angesprochen? ____
_____

Kann ich ein bestehendes Produkt oder Geschäftsmodell so variieren, dass daraus etwas Neues entsteht? _____

Was muss ich hinzufügen? _____

Was kann ich kombinieren? _____

Kenne ich meine potenzielle Zielgruppe genau? _____

Biete ich ihr einen Mehrwert? _____

Eröffne ich ihr neue Horizonte? _____

Stifte ich mit meinem Angebot Sinn? _____

Kann ich damit Geld verdienen? _____

Klären Sie die rechtlichen Rahmenbedingungen

Bevor Sie die nächsten Schritte planen, sollten Sie die rechtlichen Rahmenbedingungen bedenken.

Gibt es Zulassungsbeschränkungen? Es besteht zwar allgemein Gewerbefreiheit in Deutschland, doch für die Ausübung bestimmter Berufe gibt es Zulassungsvoraussetzungen. So regelt die Handwerksordnung, welches Handwerk nur nach Ablegung der Meisterprüfung ausgeübt werden darf und welche Handwerksberufe zulassungsfrei sind und deshalb auch ohne Meisterbrief ausgeführt werden dürfen. Informieren Sie sich, was für Sie zutrifft.

Darf ich in meiner Wohnung mein Gewerbe betreiben? Viele Neugründungen werden von der eigenen Wohnung oder dem Haus aus gestartet. In der Anlaufphase müssen dann zunächst keine Räume angemietet werden, das spart Kosten. Bevor Sie ein Gewerbe anmelden, sollten Sie beim zuständigen Ordnungsamt aber klären, ob in den vorgesehenen Räumen auch ein Gewerbe erlaubt ist – und falls es Auflagen gibt, worin sie bestehen.

Schließen Sie eindeutige Verträge

Regeln Sie von Anfang an Ihre Geschäftsbeziehungen vertraglich, dann wissen alle, woran sie sind. Das betrifft sowohl Vereinbarungen mit Kunden als auch zwischen Mitunternehmern. Gerade bei Gründungen mit mehreren Personen können sich die Verhältnisse schon beim Aufsetzen beispielsweise der Gesellschaftsverträge klären.

Selbstverständlich werden Mietverträge und Honorarverträge schriftlich geschlossen. Schriftlichkeit schafft Rechtssicherheit. Denn bei mündlichen Absprachen kann es manchmal vorkommen, dass sich eine Partei nicht mehr daran erinnern kann, wenn es zu Problemen kommt. Auf Verträge wird auch verzichtet, wenn befürchtet wird, dass die Kunden dann abspringen könnten. Denken Sie daran: Schriftliche Verträge braucht man für Konfliktfälle.

Absicherung und Vorsorge

Vor der Gründung sollten Sie eine genaue Analyse der abzusichernden persönlichen Risiken vornehmen. Klären Sie unter anderem, welche Sozialversicherungsbeiträge gezahlt werden müssen. Manche Berufsgruppen unterliegen der gesetzlichen Rentenversicherungspflicht, dann sind Pflichtbeiträge zu entrichten. Es besteht unter bestimmten Voraussetzungen die Möglichkeit einer freiwilligen Weiterversicherung in der Arbeitslosenversicherung. Damit habe Sie gegebenenfalls Anspruch auf Arbeitslosengeld, falls die Unternehmensgründung nach einiger Zeit doch scheitern sollte.

Nehmen Sie Förderungen in Anspruch

Für die Unterstützung von Existenzgründungen stehen zahlreiche unterschiedliche Förderprogramme zur Verfügung. In manchen Bundesländern gibt es Angebote, die sich speziell an Gründerinnen wenden. Neben den von der KfW-Mittelstandsbank geförderten Darlehensprogrammen gibt es Förderungen, die von den einzelnen Bundesländern eingerichtet wurden.

Der Förderung von Beratungen und Begleitung von Gründungsvorhaben kommt eine große Bedeutung zu. Studien der Förderbanken haben ergeben, dass Gründungen, die beratend begleitet wurden, höhere Überlebenschancen und höhere Erfolgsaussichten am Markt haben. Auch nach der Gründung können noch geförderte Beratungen in Anspruch genommen werden. Es gibt zum Beispiel seit Oktober 2007 das *Gründercoaching Deutschland*, gefördert von der Europäischen Union, und das ebenfalls aus EU-Mitteln finanzierte *Coaching-Angebot nach Paragraf 2 ESF-Richtlinien*, das in einigen Bundesländern von den Arbeitsagenturen verwaltet wird und dort auch zu beantragen ist.

Für Berufsrückkehrerinnen gibt es Beratungsangebote zur Berufsorientierung und Existenzgründung bei den örtlichen Arbeitsagenturen.

Wer aus der Arbeitslosigkeit heraus gründet und noch einen Restanspruch auf Arbeitslosengeld von mindesten 90 Tage hat, kann den *Gründungszuschuss* bei der örtlichen Arbeitsagentur beantragen. Viele Arbeitsagenturen bieten auch Beratungsleistungen für Gründerinnen und Gründer an.

Finanzplanung: Was kostet die Selbstbestimmung?

Lohnt sich die Investition, und können Sie von dem zu erwirtschaftenden Gewinn leben und auf Dauer Ihre Existenz sichern? Drei Pläne geben Ihnen darauf Antworten: der Investitionsplan, der Finanzierungsplan und der Liquiditätsplan.[19]

Checkliste: Ihr Investitionsplan

Wie hoch ist der Gesamtkapitalbedarf für Anschaffungen und Vorlaufkosten für Ihren Unternehmensstart und für eine Liquiditätsreserve während der Anlaufphase (6 Monate nach Gründung)? _____

Liegen Ihnen Kostenvoranschläge vor, um Ihre Investitionsplanung zu belegen? _____

Checkliste: Ihr Finanzierungsplan

Wie hoch ist Ihr Eigenkapitalanteil? _____

Welche Sicherheiten können Sie einsetzen? _____

Wie hoch ist Ihr Fremdkapitalbedarf? _____

Welche Förderprogramme könnten für Sie in Frage kommen? _____

Welche Beteiligungskapitalgeber könnten für Sie in Frage kommen? _____

Können Sie bestimmte Objekte leasen? Zu welchen Konditionen? _____
_____

Checkliste: Ihr Liquiditätsplan

Wie hoch schätzen Sie die monatlichen Einzahlungen aus Forderungen et cetera (verteilt auf drei Jahre)? ___
_____

Wie hoch schätzen Sie die monatlichen Kosten (Material, Personal, Miete et cetera)? _____

Wie hoch schätzen Sie die Investitionskosten, verteilt auf die ersten zwölf Monate? _____

Wie hoch schätzen Sie den monatlichen Kapitaldienst (Tilgung und Zinszahlung)? _____

Mit welcher monatlichen Liquiditätsreserve können Sie rechnen? _____
_____

Checkliste: Ihre Ertragsvorschau/Rentabilitätsrechnung

Wie hoch schätzen Sie den Umsatz für die nächsten drei Jahre? _____

Wie hoch schätzen Sie die Kosten für die nächsten drei Jahre?
_____

> Wie hoch schätzen Sie den Gewinn für die nächsten drei Jahre?
> _____

Wozu brauchen Sie eine Hausbank?

Sie haben Ihren Investitionsbedarf und auch Ihren Gesamtkapitalbedarf ermittelt. Wie soll das Vorhaben nun finanziert werden? Können Sie den Kapitalbedarf aus eigenen Mitteln aufbringen, oder benötigen Sie Fremdkapital? Wenn ein Förderprogramm für Sie in Frage kommt, dann ist Ihre Hausbank die erste Ansprechpartnerin. Es kann auch eine andere Bank sein, die als solche fungiert. Es besteht jedoch das sogenannte Hausbankprinzip, das besagt: Alle Anträge an eine Förderbank werden über eine Hausbank gestellt. Sie muss Ihrem Vorhaben zustimmen und eine Förderempfehlung geben. Die meisten Banken verfügen auch über eigene Darlehensangebote für Gründungen.

Ihr Businessplan ist die wichtigste Entscheidungsgrundlage für die Bank. Bei der Prüfung Ihres Vorhabens werden Vergleichszahlen und Branchenkennzahlen herangezogen. Die Gründerpersönlichkeit wird anhand des Lebenslaufes nach Qualifikationen und unternehmerischen Eigenschaften beurteilt. Ihre Kreditwürdigkeit und Bonität wird ebenfalls geprüft. Für die Bank ist wichtig, dass Sie Ihre Zinsen bezahlen, das Darlehen tilgen und dass Sie darüber hinaus selbstverständlich Ihren Lebensunterhalt bestreiten können. Manche Banken schließen bestimmte Gründungsvorhaben von vorneherein aus, weil sie zurzeit wenig Aussicht auf Erfolg haben. Je nach Region sind zum Beispiel Gründungswillige aus der Gastronomie oder dem Einzelhandel, die sich im ländlichen Raum eine Existenz aufbauen wollen, fast chancenlos.

Bei völlig neuen Ideen fehlen oft Vergleichszahlen, dann müssen Sie bei der Präsentation Ihrer Geschäftsidee besonders überzeugend argumentieren. Die Zahlen zu schönen und den Banken was vorzumachen bringt nichts. Wenn Sie sich dadurch verschulden, müssen Sie für den Schaden haften.

Was, wenn Sie keinen Kredit erhalten?

Falls Ihr Kredit von der Bank abgelehnt wird, Sie jedoch von Ihrer Idee felsenfest überzeugt sind, suchen Sie nach anderen Geldgebern. Hören Sie sich um: Sind Freunde bereit, in eine erfolgversprechende Idee zu investieren? Vielleicht Verwandte oder Kollegen?

Erfolgsfaktoren – wie kann's klappen?

Denken Sie bei allem immer daran, dass ein Geschäft mit Hirn und Herz gegründet wird – also mit linkshemispherischem Verstand und rechtshemispherischer Intuition, mit Gefühl! Schreiben Sie deshalb nicht nur Ihren Businessplan – schreiben Sie zusätzlich Ihre Gründungsreportage als eigene Erfolgsstory!

Eine erfolgreiche Buchhändlerin erzählte mir beispielsweise: »Ein dickes großes Buch begleitet mich im Gründungsprozess. Ich schreibe an meiner eigenen Gründungsgeschichte. Neue Ideen und jedes wichtige Gespräch halte ich darin fest, meine Tagespläne, Zeitungsausschnitte oder Visitenkarten, Anzeigen und sonstige gedruckte Beispiele klebe ich in das Journal. So habe ich jederzeit den Überblick und kann meine Fortschritte und Entwicklungen nachvollziehen.«

Organisation – dank Unterstützung

Eine Umfrage zur Situation von Frauen nach der Gründung hat ergeben: Die Gründerin arbeitet überwiegend alleine, sie ist für alle Aufgaben im Unternehmen zuständig, sie arbeitet überwiegend innerhalb der privaten Wohnung und übernimmt außerdem die Rolle der Familienmanagerin.

Sie müssen aber nicht alles alleine machen. Suchen Sie sich Unterstützung und delegieren Sie Aufgaben, die andere auch ausführen können. Sie müssen nicht Vertriebsprofi, Webdesignerin und Eventmanagerin in einer Person sein und dabei noch den originellsten Kindergeburtstag planen und durchführen. Konzentrieren Sie sich auf Ihre »Kernkompetenz« und vergeben Sie Aufträge an andere Expertinnen!

Struktur für den Alltag

Nach langer Arbeitslosigkeit oder bei einer längeren Anlaufzeit muss der Alltag neu und gut organisiert werden. Scheuen Sie sich nicht, regelrechte Bürozeiten einzuführen und die Tage sinnvoll durchzuplanen. Eine Supervisorin erzählte mir, wie sie ihren Tag strukturiert: »Mein Laden öffnet täglich um 9 Uhr. Bis 13 Uhr bereite ich meine Seminare vor, lese Fachliteratur und akquiriere Aufträge. Nach einer Mittagspause beginne ich um 14 mit meinen Beratungsterminen.«

Professionelles Erscheinungsbild

»Von Anfang an wollte ich als Profi wahrgenommen werden. An meinem Außenauftritt sollte alles stimmen. Von der Visitenkarte über die Einrichtung bis zur Autobeschriftung – alles mein Stil. Das äußere Erscheinungsbild hat sich positiv auf die Identifikation mit meinem Unternehmen und auf meine Motivation ausgewirkt. Das ist jetzt meine Firma, das bin ich jetzt. Mein Corporate Design gefällt mir nach sechs Jahren immer noch, und ich bin froh, dass ich in eine professionelle Gestaltung investiert habe«, erklärt eine Kosmetikerin, die den Schritt in die Selbstständigkeit gewagt hat.

Wichtig ist, dass Sie sich mit Ihrem Firmenauftritt identifizieren können – dann wirkt er auch nach außen glaubhaft. Verzichten Sie also darauf, die Logo-Entwürfe des Grafikers im ganzen Bekanntenkreis begutachten zu lassen, sondern hören Sie lieber auf Ihr ganz persönliches Bauchgefühl.

»Ich kann das!« Setzen Sie Ihre persönlichen Stärken und Leidenschaften gewinnbringend ein

Die selbstbestimmte berufliche Existenz – darin steckt mehr als rein finanzielles Kalkül. Wer selbstständig arbeitet, kann das eigene Tätigkeitsfeld besser auf die persönlichen Bedürfnisse und Fähigkeiten abstimmen, im Idealfall sogar seinen beruflichen Traum leben. Und wenn alles passt, sind das gute Voraussetzungen für hohe Motivation, Durchhaltevermögen und damit letztlich auch Erfolg im Alltagsgeschäft der eigenen Firma. Klopfen Sie also Ihre Gründungsidee darauf ab, ob sie mit Ihrer Persönlichkeit kompatibel ist, und nutzen Sie das als Ihre ganz persönliche Kraft- und Motivationsquelle. Die folgenden Beispiele erfolgreicher Gründerinnen zeigen Ihnen, wie's geht.

Orientieren Sie sich an Ihrem eigenen Kompetenzprofil »Mal gibt es ein Projekt, dann habe ich Arbeit. Endet das Projekt, muss ich mir ein neues suchen. Was fange ich überhaupt mit meinem Wissen außerhalb der Universität an?« Fragte sich die Wirtschaftswissenschaftlerin, die in China ihren Studienabschluss gemacht hat und für ein binationales Studium nach Deutschland gekommen ist. »Ich könnte hochwertige Seidenschals aus China importieren und hier ein Vertriebsnetz aufbauen.« Allein die Importvorschriften machten das Vorhaben schon zunichte. Aufgrund des persönlichen Kompetenz- und Stärkenprofils ergab sich eine viel näherliegende Geschäftsidee. Die junge Frau bietet mit großem Erfolg interkulturelles Training für Geschäftsleute an, die mit China in Kontakt stehen. Diese Tätigkeit ermöglicht ihr auch noch, Beruf und Familie zu vereinbaren.

Entscheidend ist nicht nur, ob eine Geschäftsidee von den äußeren Rahmenbedingungen her für Sie geeignet ist. Genauso wichtig für langfristigen Erfolg und für Ihre Zufriedenheit als Geschäftsfrau ist es, dass die Tätigkeit auch vom Wesen her zu Ihnen passt. Wer das Gefühl hat, sich für sein Unternehmen verbiegen zu müssen, kann nicht aufrecht seinen Weg durch die Schwierigkeiten der Gründungszeit gehen.

Vertrauen Sie Ihren eigenen Fähigkeiten Einen Buchladen übernehmen oder am gleichen Ort einen zweiten, einen eigenen, Buchladen gründen – vor dieser Entscheidung stand die Buchhändlerin Katja Naumann, als sie erfuhr, dass ihre Chefin den Laden verkaufen wollte. »Den Abstand konnte ich mir nicht leisten. Ich kannte jedoch meine Kunden, und ich war mir sicher: Wenn ich einen Laden aufmache, dann kann ich alleine das Programm auswählen, und schon deshalb wird die Kundschaft zu mir kommen.« Die Gründerin konnte mit ihrer Sachkenntnis die Kreditgeber überzeugen, die Finanzierung war gesichert. Sie eröffnete ihren eigenen Buchladen – mit Erfolg.

Seien Sie von sich überzeugt, dann sind es auch andere! Falls Sie zu den Selbstzweiflerinnen gehören: Machen Sie eine Liste mit all Ihren Stärken und Fähigkeiten (vielleicht mithilfe der besten Freundin), und lesen Sie sie vor jedem wichtigen Gespräch mit Banken oder potenziellen Kunden noch mal durch!

Pluspunkt Leidenschaft Einen längeren Aufenthalt in Indien nutzte die Betriebswirtin Sofie Bauer, um sich von einem renommierten Meister als Yogalehrerin ausbilden zu lassen. Sie erwarb ein vom indischen Staat anerkanntes Diplom. Zurück in der Heimat bestand nur ein Wunsch: »Ich möchte eine Yogaschule eröffnen, in kleinen Gruppen unterrichten und meine Begeisterung für Yoga an meine Schüler weitergeben.« Ein Geschäftsplan war bald erstellt. Geeignete Räume fanden sich auch – in einer leicht erreichbaren und attraktiven Lage. Die junge Frau ging das Risiko ein, trotz großer Konkurrenz ihre eigene Schule zu eröffnen, und baute dabei auf ihre Leidenschaft und Begeisterung für Yoga. Das Umsatzziel war bald nach der Anlaufphase erreicht.

Lassen Sie sich nicht von Miesmachern verunsichern, die Ihre Idee mit nüchternen Zahlenspielen schlechtreden wollen. Betriebswirtschaftliche Analysen sind wichtig, lassen aber Ihr Engagement und Ihre Leidenschaft naturgemäß außer Acht. Doch die sind Ihr wichtigstes Kapital, wenn es um die Überwindung von Motivationstiefs und Überzeugungsarbeit bei wichtigen Gesprächspartnern geht.

Machen Sie sich Ihr eigenes Potenzial bewusst »Ich habe einige Nachhilfeschüler, die kommen, ohne dass ich Werbung für mich mache. Die erzählen das weiter, weil sie sehr zufrieden mit mir sind. Aber ob ich so viele Schüler bekomme, dass ich von meinem Unterricht leben kann, bezweifelte ich.« Bei einer Potenzialanalyse zeigte sich, dass die Nachhilfepädagogin Edith Adams nicht nur über sehr gute didaktische Fähigkeiten verfügt und ein Faible für Mathematik hat, sondern auch mehrere Sprachen spricht und vermitteln kann. Inzwischen ist sie immer ausgebucht.

Wenn Sie sich nicht zutrauen, Ihre Stärken und Kompetenzen selbst angemessen beurteilen zu können, dann hören Sie sich um: Fragen Sie alte Kunden oder ehemalige Kollegen, was ihnen an Ihrer Arbeit gefallen hat. Die Antworten sind eine gute Grundlage für eine systematische Analyse Ihres persönlichen Potenzials.

In der Umsetzungsphase: »Schön flexibel bleiben!«

Das Unternehmen ist gegründet, es läuft auch gut an, jedoch nicht wie vorgesehen und nach dem ausgearbeiteten Plan. Das ist keineswegs als Fehlschlag zu werten, denn in der Planungsphase kann nie mit allen Eventualitäten der Praxis kalkuliert werden. Wichtig ist jetzt nur, die neue Situation zu realisieren, zu akzeptieren und angemessen darauf zu reagieren.

Auf neue Kundenwünsche eingehen Die Informatikfachfrau Ela Bonelli plante mit Kolleginnen ein IT-Beratungs- und -Schulungsnetzwerk. Sie erhielt allerdings nur Aufträge zur Erstellung von Websites. Aus Gefälligkeit hatte sie zuvor für Freunde, Bekannte und die Schule ihrer Tochter Websites erstellt. »Für die neue unvermutete Zielgruppe habe ich jetzt das passende Angebot erstellt.«

Seien Sie sich nicht zu schade, Ihr Geschäftsfeld zu erweitern oder zu verändern, wenn offensichtlich ein Bedarf an diesen Dienstleistungen oder Produkten besteht. Solche Anpassungen an die Marktsituation sind nicht selten. Daher ein Tipp: Wählen Sie für Ihr Unternehmen einen eher allgemeinen Namen, sonst passen vielleicht Angebot und Firmenbezeichnung plötzlich nicht mehr zusammen.

Mitspielerinnen finden Mit ihrer Selbstständigkeit ging es besser als vermutet. Die Diplom-Marketingwirtin Lena Zeller hatte zahlreiche Aufträge akquiriert und erstellte Marketingkonzepte. »Meine Kunden wollten, dass ich auch noch die Gestaltung mitliefere. Ich suchte nach einer Kooperationspartnerin und fand in der Grafikdesignerin Charly die ideale Ergänzung. Wir bieten jetzt gemeinsam ein ›Rundumsorglospaket‹ an.«

Wenn Sie zusammen mit komplementären Firmen eine Dienstleistung von der Idee bis zur Umsetzung aus einer Hand anbieten, können Sie sich gemeinsam neue Kundenkreise erschließen. Bei der Suche nach passenden Kooperationspartnern lohnt sich ein systematisches Durchforsten des weiteren Bekanntenkreises und alter Kontakte. Aber auch organisierte regionale Netzwerke zum Beispiel von Jungunternehmerinnen stellen einen Pool für fruchtbare Geschäftsbeziehungen dar.

Expansion wagen »Nächstes Jahr muss ich Personal einstellen«, freut sich die Catering-Chefin Ina Friedrich. »Mein Partyservice kann die vielen Nachfragen und Aufträge nicht mehr bewältigen. Die Küche muss erweitert, neue Lagermöglichkeiten müssen geschaffen werden. Für die Investitionen benötige ich einen Kredit. Ich möchte mein Unternehmen neu aufstellen und mich professioneller präsentieren.«

Keine Angst vor Größe, bitte! Eine notwendig gewordene Expansion ist der beste Beweis für Ihr unternehmerisches Händchen. Nutzen Sie die Veränderung, um Provisorien aus der Gründungsphase zu beseitigen: Überprüfen Sie Ihre Werbung und Außenpräsentation, gönnen Sie sich zum Beispiel einen neuen Webauftritt, und vergessen Sie nicht, Ihre geschäftliche und private Vorsorge (Stichwort Berufshaftpflicht und Altersversorgung) der neuen Situation anzupassen.

Aber auch wenn Ihre Gründungsidee bis zum jetzigen Zeitpunkt nicht wie geplant verwirklicht werden konnte, ist es sinnvoll, offen für Alternativen zu sein, um durch eine flexiblere Ausgestaltung oder eine Änderung der Rahmenbedingungen das Gründungsvorhaben doch noch realisieren zu können.

Selbstständigkeit als Sprungbrett in eine höher qualifizierte Festanstellung Manchmal steht auch eine Rückkehr in die Festanstellung am Ende einer Phase der Selbstständigkeit. Die Tätigkeit als Unternehmerin war dann zumindest eine Bereicherung an beruflicher Erfahrung. Nicht selten ist der in der Selbstständigkeit gewonnene Kompetenz- und Qualifikationszuwachs sogar Voraussetzung für den Wiedereinstieg in ein anspruchsvolles Beschäftigungsverhältnis.

Über Umwege zum Ziel Die Diplom-Psychologin Chris Weber ist alleinerziehende Mutter, sie wollte sich mit diagnostischen Verfahren selbstständig machen. Doch das Risiko, in einer längeren Anlaufphase nicht genügend Einkommen zu haben, sollte und wollte sie nicht auf sich nehmen. Eine Festanstellung sorgte zunächst für finanzielle Sicherheit. Der Wunsch nach einer selbstbestimmten Tätigkeit blieb jedoch bestehen. Ihre Leidenschaft für Pferde brachte eine alte Idee wieder zutage: Psychotherapie mit Pferden. Jetzt bietet sie therapeutische Gruppen mit Pferden an.

Es ist natürlich optimal, wenn sich berufliche Qualifikation und Hobby harmonisch und gewinnbringend miteinander kombinieren lassen. Überhaupt sind die Grenzen zwischen Privatem und Geschäftlichem gerade in jungen Kleingründungen oft fließend. Aber Vorsicht:

Bewahren Sie sich auch ein bisschen echtes Privatleben, das Sie als Rückzugsort und Gegenpol zum Berufsalltag nutzen können.

Risiken und Fehlerquellen

Es ist bekannt, dass Frauen risikobewusster gründen als Männer und ihr Gründungsvorhaben seltener abbrechen. Ihre Firmen haben deshalb eine größere Überlebenswahrscheinlichkeit. Trotz aller Vorsicht unterlaufen aber auch Frauen Fehler.

Um den bestehenden Risiken zu begegnen und die Anzahl der möglichen Fehler von Beginn an zu reduzieren, sollten Sie die Fehlerquellen kennen und geeignete Strategien entwickeln, wie sie zu vermeiden sind. Gründe, die zum Scheitern führen könnten, sind ebenso oft in der mangelhaften Planung, in der fehlerhaften betriebswirtschaftlichen Kalkulation, in der Fehleinschätzung des Marktes und des Finanzbedarfs wie in der persönlichen Lebenssituation der Gründerin selbst zu finden.

Planungsfehler

Schon in der Planungsphase sollten Sie bedachtsam vorgehen, damit Sie häufige Fehler vermeiden.

Gründung ganz ohne Plan »Warum sollte ich mir einen Plan machen, ich weiß doch genau, was ich will. Ich fange einfach an, ich suche mir einen Laden und dann geht es los.« So blauäugig haben manche Frauen ihre erste Selbstständigkeit gestartet. Haben Waren eingekauft und gehofft, dass die Kundschaft kommen werde. Achten Sie lieber auf die Vollständigkeit Ihres Businessplans. Beschreiben Sie Ihr neues Vorhaben bis in das kleinste Detail, das Sie vorausplanen können.

Gründung unter Zeitdruck Im Gründungsprozess gilt es viele Schritte auf einmal zu tun, und man muss darauf achten, dass die richtige Reihenfolge eingehalten wird. Unter Zeitdruck werden dabei die meisten Fehler gemacht: Vermieter wollen schnell ihr Objekt vermieten; Übergeber wollen schnell eine Zusage für die Nachfolgeregelung; oder es handelt sich um die Immobilie oder Lokalität, die schon immer der Wunschtraum der Gründerin war. Dann werden schnell Verträge unterzeichnet, ohne sich der Folgen bewusst zu sein. Werden zum Beispiel vor der erfolgten Gründung schon verbindliche Kauf- oder Mietverträge abgeschlossen, kann das unter Umständen eine Förderung durch öffentliche Mittel ausschließen.

Betriebswirtschaftliche Fehlkalkulation

Manche Gründerin fragt sich, wieso sie nicht auf ihre geplanten Umsatzzahlen und das erwartete Ergebnis kommt. Folgende Ursachen können dafür in Betracht kommen.

Kundenpotenzial und Bedarf falsch eingeschätzt »Mein Lokal liegt direkt an einer Hauptverkehrsstraße, die Fahrzeugzählung brachte am Tag einen Durchfluss von 10 000 Fahrzeugen, da müssten doch 40 Gäste am Tag in mein Lokal kommen.« So die Einschätzung der Gastronomin Fatma Selim, die sich mehr Kundschaft erhofft hatte. Eine genaue Zielgruppenanalyse ergab einen anderen Kundenkreis, der nun adäquat angesprochen werden kann.

Wenn Sie merken, dass Ihr Unternehmen auch nach der Anfangsphase auf keinen grünen Zweig kommt, zögern Sie nicht zu lange, bevor Sie sich professionelle Hilfe ins Boot holen. Oft kann eine kleine Richtungsänderung das Angebot marktgerechter und damit erfolgreich machen.

Erlahmende Akquise »Ich habe zur Eröffnung eine Anzeige geschaltet und meine Flyer ausgelegt. Ich bin enttäuscht von der Resonanz«, stellt die Malermeisterin Inka Zimmermann fest. Die Akquise ist aber eine Daueraufgabe, die kontinuierlich verfolgt werden muss. Planen Sie daher im Alltagsgeschäft auch bei vollen Auftragsbüchern immer einen festen Zeitrahmen im Tages- oder Wochenablauf ein, in dem Sie sich ganz der Kundengewinnung widmen.

Liquiditätsprobleme Nach der Rechnungsstellung erfolgen die Zahlungseingänge nur schleppend. Sie haben Ihren Auftrag ausgeführt, und die Kunden lassen sich mit der Zahlung Zeit. Miete, Lebensunterhalt, laufende Betriebskosten, Wareneinkäufe verursachen jedoch Ausgaben, und Sie haben dadurch Liquiditätsprobleme.

Ein böses Erwachen kann es auch bei der Inanspruchnahme von Förderkrediten geben. Nach einem halben Jahr oder nach zwei Jahren, je nach Förderprogramm, sind die zuvor ausgesetzten Tilgungsraten fällig, daran sollten Sie bei der Planung denken.

Nicht mit dem Finanzamt gerechnet Bei aller Euphorie und Freude über den positiven Verlauf der Gründung darf das Finanzamt nicht vergessen werden. Kommen zu den Nachzahlungen auch Vorauszahlungen im laufenden Geschäftsjahr, so führt die Zahllast häufig zu Liquiditätsproblemen und – wenn es ganz schlimm kommt – zur Zahlungsunfähigkeit.

Mut und Unterstützung von Anfang an

Sie sind jetzt Unternehmerin und wollen Ihre neue Rolle ausfüllen, Ihre eigenen Ziele verfolgen und unternehmerisch tätig werden. Für Ihr persönliches Umfeld kann das unerwartete Veränderungen bedeuten. Der Partner spielt nicht mit. Familie und Freunde sind von den Neuerungen überfordert. Sie erleben die vertraute Person in einer ungewohnten Rolle und möchten, dass alles so bleibt wie bisher.

Manchmal geht sogar die Beziehung in die Brüche. Freunde ziehen sich zurück. Die vermeintliche Sicherheit ist nicht mehr vorhanden. Oder die Erwartungen in Ihre Person werden zu hoch angesetzt, der Erfolg stellt sich nicht so schnell ein oder bleibt sogar aus. Sie geraten unter Erfolgsdruck und kommen mit Ihrer Rolle nicht mehr klar.

Mitunter werden Sie mit Vorurteilen konfrontiert werden, wie etwa: »Die Selbstständigen, die verdienen jetzt die große Kohle.« In manchen dieser Situationen hilft einfach eine Portion Gelassenheit weiter: Ignorieren Sie unsachliche Einwände, und vertrauen Sie darauf, dass sich manche Anfangsschwierigkeit mit der Zeit einspielt. Aber spätestens wenn der Druck zur echten Belastung wird, sollten Sie sich nicht scheuen, Hilfe von außen zu holen – sei es im Gespräch mit einer vertrauten Person oder durch eine professionelle Beratung.

Gönnen Sie sich einen Coach! Suchen Sie sich eine Gründungsexpertin, die Sie bei der Entscheidungsfindung unterstützt, Ihr Gründungsvorhaben beurteilen kann, Sie beim Erstellen des Businessplanes coacht und Sie gegebenenfalls auch im Gründungsprozess und in der Umsetzungsphase fachkundig begleiten kann. Die Expertin sollte prozessorientiert und nach dem Befähigungsansatz arbeiten, das heißt, sie sollte Potenziale erkennen, Fähigkeiten fördern, den Prozess begleiten können. Sie sollte erkennen, wo Unterstützungsbedarf besteht, einschlägige Erfahrung in der Gründungsberatung von Frauen haben, über sehr gute Markt- und Branchenkenntnisse verfügen und unterschiedliche Gründungsvorhaben erfolgreich begleitet haben.

Die Chemie muss natürlich auch stimmen. In einer vertrauensvollen, offenen Atmosphäre können sich die Dinge positiv entwickeln. Achten Sie bei der Auswahl auf Empfehlungen von zufriedenen Gründerinnen. Die »Gründerinnenagentur« (*www.gruenderinnenagentur.de*) ist ein Internetportal für Gründerinnen und Expertinnen, hier können Sie auch in der Datenbank eine Beraterin auswählen.

Sagen Sie: »Ja, ich will – meine eigene Chefin sein!« Sie entscheiden sich für den Schritt in die Selbstständigkeit, dann handeln Sie jetzt als

Unternehmerin mit eigener Entscheidungsfreiheit und in voller Verantwortung. Der Weg entsteht im Gehen. Planen Sie so viel voraus wie möglich, alles andere ergibt sich, wenn Sie anfangen und Ihren ersten Auftrag abwickeln.

Knüpfen Sie Netzwerke! Es wird leider immer wieder Phasen geben, in denen Sie Mut und Unterstützung benötigen. Suchen Sie nach Mutmacherinnen. Nach Frauen, die Sie in Ihrem Vorhaben unterstützen oder die eine Vorbildfunktion für Sie haben. In Gesprächen und im persönlichen Austausch lässt sich der Vorrat an Mut neu auffüllen und auch abspeichern. Erfolgsgeschichten von Gründerinnen und Unternehmerinnen, Biografien, Erfahrungsberichte in Buchform oder Zeitungsartikeln machen auch Mut. Vor allem bei Netzwerktreffen von Gründerinnen und Unternehmerinnen lernen Sie Frauen kennen, die den Weg schon gegangen sind und gerne von ihren Erfahrungen berichten. Schaffen Sie sich Ihre eigenen Unterstützungsnetzwerke und pflegen Sie Ihre persönlichen Netzwerke: Familie und Freundeskreis. Engagieren Sie sich in beruflichen, branchenübergreifenden und regionalen Netzwerken.

Bewahren Sie Ihre Visionen! Ganz wichtig: Weiter träumen, eine aussichtslose Idee loslassen und überlegen, wozu Sie außerdem fähig wären. Laden Sie Freundinnen oder Ihre Familie zu einem Brainstorming ein und generieren neue Ideen, die Sie in einem Ideenspeicher sammeln. Machen Sie ein Spiel daraus, Ideen neu zu kombinieren. Auch wenn Ihnen manche Einfälle im ersten Moment absurd vorkommen, können ungewöhnliche Kombinationen zu einem echten Mehrwert für eine Kundengruppe führen.

Halten Sie Kontakt mit anderen Gründerinnen! Die Beispiele aus der Praxis haben Ihren Entschluss bestätigt oder Sie jetzt erst recht ermutigt, auf Ihre Fähigkeiten und Stärken zu bauen, Ihre Vision in die Realität umzusetzen und den Schritt in die Selbstständigkeit zu wagen? Vielleicht veranlassen Sie manche Beispiele auch, vorsichtig zu sein, und Sie überdenken Ihr Vorhaben oder suchen nach einer besseren Idee. Nehmen Sie die Angebote wahr, die Gründerinnen gemacht werden, nehmen Sie Fördermittel in Anspruch. Suchen Sie den Rat von Expertinnen und gönnen Sie sich ein begleitendes Coaching. Tauschen Sie sich mit Gründerinnen aus und lassen sich ein Feedback geben. Halten Sie Erfolg für möglich und tun Sie alles dafür, dass er Realität werden kann.

8.
Zur Sache: Businessplan und Office-Ausstattung

Sie haben sich Gedanken gemacht, Sie haben sich mit anderen Gründerinnen ausgetauscht, Sie haben Mut gefasst, Ihre Geschäftsidee entscheidungsreif weiterzuentwickeln und – möglicherweise – auch umzusetzen. Und damit sind Sie in die spannendste Phase eingetreten: Der Moment für den Umsetzungs-Check ist gekommen. Jetzt wird es langsam ernst. Sie haben noch einmal die Möglichkeit, in sich zu gehen und für sich abzuklopfen: Sind Sie bereit für die Selbstständigkeit, reichen Ihre Fähigkeiten:

- als Fachexpertin (»Reicht mein Wissen und Können aus?«);
- als Kauffrau (»Bin ich nicht nur fachlich gut, sondern ebenfalls qualifiziert für Finanzpläne und all den Papierkram, der mit einer Unternehmensgründung auf mich zukommt?«);
- als Managerin (»Bin ich gut organisiert, verhandlungsstark und selbstmotiviert?«);
- in der Personalführung (»Kann ich delegieren und führen?«);
- als Marketingexperting (»Kann ich mein Geschäft gut nach außen darstellen und Kunden akquirieren?«).

Wenn Ihr Kopf und Ihr Bauch sich auf ein »Ja« geeinigt haben, gibt es verschiedene Möglichkeiten, welche nächsten Schritte Sie wählen. Jede Gründungsexpertin wird Ihnen raten, zuallererst einen Businessplan zu machen. Ein guter Rat. Sie finden direkt im Anschluss eine praktische Anleitung dafür, wie so ein Plan aussehen sollte. Wenn Sie Fördergelder, Gründungsdarlehen und Ähnliches beantragen wollen, ist diese Vorarbeit sogar unabdingbar.

Stunde der Wahrheit: Ich kenne neben sehr organisierten, strukturierten, analytischen Frauen mit einem Super-Businessplan genauso viele Frauen (mich eingeschlossen), die einfach so losgelegt haben. Und die trotzdem erfolgreich geworden sind. Wider alle Theorie.

Deshalb sollten Sie jetzt auf Ihre innere Stimme hören: Sind Sie die Planerin oder die Loslegerin? Erst denken oder gleich anpacken? Abwarten oder einkaufen? Für beide Sorten Gründerinnen ist dieses Kapitel gedacht. Im ersten Teil finden Sie einen einfachen, aber dennoch anspruchsvollen Muster-Businessplan, im zweiten Teil gibt es die umfangreiche Muster-Ausstattung für ein Solounternehmerinnen-Office. Hilfreich ist beides. Egal ob Sie mit dem Jonglieren von Zahlen oder dem Bestellen bunter Hängeordner beginnen.

Ihr Businessplan: Der gründliche Start in Ihre Geschäftsidee

Falls Sie für die Umsetzung Ihrer Geschäftsidee fremdes Geld brauchen, müssen Sie einen Businessplan erstellen, bevor Sie zur Bank oder zu anderen Kreditgebern gehen. Noch wichtiger ist die Prüfung

Ihres Businessplans sogar, wenn Sie Geld aus der Familie bekommen, denn Sie werden dieses Geld ja nicht leichtfertig verspielen wollen. Und schon gar nicht, wenn Ihre Erbtante das Wort »Businessplan« noch nie gehört hat und Ihnen blind vertraut.

Muster für einen Businessplan finden sich im Internet zuhauf (Adressen finden Sie im Servicekapitel am Ende des Buches). Damit es für Sie übersichtlicher wird, habe ich die gängigsten Pläne miteinander verglichen und einen Muster-Businessplan für Sie zusammengestellt. Sein Vorteil: einfach, überschaubar, nutzbringend. Ich habe allerdings darauf verzichtet, ihn in vollem Umfang in diesem Buch abzudrucken. Warum? Sie fänden sonst reihenweise leere Seiten, auf denen Sie herumkritzeln sollten.

Mein Angebot für Sie: Sie finden auf meiner Website *www.asgodom-selbststaendig.de* den Muster-Businessplan zum Ausdrucken oder gleich zum Ausfüllen am Computer. Deshalb erkläre ich Ihnen hier nur, worum es geht – wenn Sie gleich mitschreiben wollen, laden Sie sich den Businessplan als Formular herunter.

Was ist ein Businessplan?

Im Prinzip ist ein Businessplan die Ausarbeitung Ihrer Geschäftsidee: wie sie in welcher Zeit und zu welchen Kosten umgesetzt werden soll und wann Sie damit wie viel Geld einnehmen wollen. Sie stellen also den Ablauf Ihrer Unternehmensgründung – in der Regel für die ersten drei Jahre – so vor, dass zum Beispiel für die Experten einer Bank alle Stärken und Schwächen zu erkennen sind. Banken oder andere Investoren wollen sich nämlich ein Bild davon machen, ob es sich für sie lohnt, in Ihre Geschäftsidee zu investieren.

Das Gute für Sie daran ist: Falls eine Bank den Plan akzeptiert, können Sie optimistisch in Ihre geschäftliche Zukunft blicken, denn Sie haben quasi den Gütestempel von sehr kritischen Wirtschaftsexperten bekommen (Was trotzdem keine Garantie fürs Gelingen ist!).

Und das wollen die Banken durch Ihren Businessplan erfahren:

1. Worin besteht Ihre Geschäftsidee?
   Schreiben Sie das wortwörtlich hin – ausnahmsweise sogar hier in das Buch:

   Ich möchte das folgende Produkt/die folgenden Produkte beziehungsweise die folgende Dienstleistung/die folgenden Dienstleistungen verkaufen: _____

   _____

   _____

   _____

2. Beschreiben Sie nun Ihre Geschäftsidee unter den folgenden Aspekten:

2.1 »Meine Geschäftsidee ist völlig neu.« Geben Sie die Gründe an, mit denen Sie einen kritischen Banker davon überzeugen, dass Ihre Geschäftsidee dennoch funktionieren wird.

2.2 »Meine Geschäftsidee ist im Prinzip bekannt.« Geben Sie die Gründe an, warum Ihre Geschäftsidee dennoch funktionieren wird,
   - weil sie konkurrenzlos ist.
   - wegen Ihrer Stellung im Wettbewerb. (Warum sind Sie besser als Ihre Konkurrenten?)

2.3 Arbeiten Sie insbesondere den Nutzen heraus, den Ihre Kunden durch Ihre Geschäftsidee bekommen. Beschränken Sie sich nicht auf einen einzigen Nutzen (zum Beispiel, dass Sie billiger sind als die Konkurrenz), sondern nennen Sie auch psychologische Vorteile – zum Beispiel Lebensfreude, die durch Ihre Geschäftsidee bewirkt wird.

2.4 Schildern Sie den Markt, in dem Sie mit Ihrer Geschäftsidee antreten, in groben Zügen:

- Wer sind Ihre Mitbewerber?
- Auf welche Produkte/Dienstleistungen Ihrer Mitbewerber könnten Ihre Kunden verzichten, wenn sie bei Ihnen kaufen?
- Wandeln Sie den bei Amazon.de immer wieder verwendeten Satz »Kunden, die diesen Artikel gekauft haben, kauften auch ...« in folgender Weise ab: »Menschen, die die folgenden Produkte/Dienstleistungen kaufen, würden auch bei mir kaufen, weil ...«

2.5 Schildern Sie im Detail,

- wer Ihre direkten Konkurrenten sind,
- wer Ihre indirekten Konkurrenten sind. (Das sind Unternehmen, die bei Kunden, an denen Sie mit Ihrer Geschäftsidee interessiert sein müssen, Kaufkraft binden.)

Schildern Sie im Detail,

- wie Sie Kunden Ihrer direkten Konkurrenten für sich gewinnen wollen – auch mit Nennung von Firmennamen und von Details aus dem »Innenleben« der konkurrierenden Unternehmen.
- wie Sie Kunden Ihrer indirekten Konkurrenten für sich gewinnen wollen.

Dazu müssen Sie von Ihren zukünftigen Kunden zum Beispiel kennen:

- typische Kaufgewohnheiten,
- wichtige und vernünftige Bedürfnisse und
- lustbetonte Kaufneigungen.

2.6 Schildern – und im Zweifelsfall zerpflücken – Sie die Angebote Ihrer Konkurrenten.

- Schildern Sie, wie Sie Konkurrenten, die Sie preislich nicht unterbieten können, begegnen. Denken Sie hier an »menschliche« Bedürfnisse:

- besondere Freundlichkeit,
- besonderer Service,
- besondere Kulanz bei den Produktgewährleistungen. Bedenken Sie, dass bei einer harten Preiskonkurrenz »psychologische Schnäppchen« wichtiger sind als finanzielle.
- Behalten Sie im Auge,
  - dass viele Menschen Produkte und Dienstleistungen einkaufen, um dadurch Aufmerksamkeit, Respekt und Achtung zu gewinnen;
  - dass Menschen aus Langeweile oder sogar um »seelische Leere« zu kompensieren, Geld ausgeben.

2.7 Schildern Sie auch mit Daten, Zahlen und Fakten, wie der Markt, in dem Sie mit Ihrer Geschäftsidee antreten, aussieht:

- Wer und wie groß ist Ihre Zielgruppe/sind Ihre Zielgruppen?
- Wie wollen Sie die Zielgruppen regelmäßig – aber zu bezahlbaren Kosten – für Ihr Geschäft begeistern?
- Wie viele Kunden mit welchem durchschnittlichen Umsatz pro Kopf brauchen Sie, um
  - geschäftlich drei Jahre durchhalten zu können?
  - um den Break-even-Point (ausgeglichene Kosten und Erlöse) zu erreichen?
  - den Gewinn zu machen, den Sie brauchen, um für Ihren Lebensunterhalt nicht das Firmenkapital anzugreifen?

2.8 Überlegen und begründen Sie den Firmenstandort genau nach folgenden Kriterien:

- Kundennähe,
- Innenstadt/Gewerbegebiet,
- gemietetes Office/von Zuhause aus arbeiten und Kunden aufsuchen,
- Verkehrsanbindung,
- voraussehbare Reisezeiten und Reisekosten,

- behördliche Auflagen (spezielle bei einem Produktionsbetrieb).

Bedenken Sie bei Ihrer Entscheidung für einen Standort auch, ob Ihr Geschäft dort auf Dauer bleiben kann. Begründen Sie dies anhand nachvollziehbarer Argumente. (Haben Sie Vorsorge dafür getragen, dass Ihr Raumbedarf wachsen oder geringer werden könnte?)

3. Passen Sie und Ihre Geschäftsidee zusammen?

Beispiele hierfür:
- Wenn Sie ein sehr moralischer Mensch sind, sollten Sie keine »schlüpfrigen« Geschäftsideen verfolgen.
- Wenn Sie eine Art »ausgeflippter Aussteigertyp« sind, sollten Sie überprüfen, ob Ihre persönliche Erscheinung und Ihr Auftreten zu der Zielgruppe, die Sie ansprechen wollen, passt.

4. Wie beinflussen Ihre persönlichen Stärken und Schwächen Ihre Geschäftsidee?

- Fördern meine persönlichen Stärken meine Geschäftsidee?
- Behindern meine persönlichen Schwächen meine Geschäftsidee?

4.1 Erstellen Sie eine klare Übersicht für Ihre potenziellen Geldgeber, wie respektive durch wen Sie Ihre persönlichen Schwächen kompensieren werden. Zum Beispiel: Wer führt Ihr Büro, falls Sie in Sachen Terminplanung, Ordnung, Kundenkontakte et cetera völlig unbegabt sind?

4.2 Verwenden Sie besondere Sorgfalt auf die Frage, wie Sie hoch kompetenten Umgang mit dem Geld sicherstellen. Das ist wichtig für potenzielle Geldgeber, aber auch, um Sie selbst vor einem finanziellen Debakel zu schützen.

4.3 Weisen Sie im Detail nach, welche persönlichen und fachlichen Qualifikationen zur Umsetzung Ihrer Geschäftsidee notwendig sind – und erklären Sie, welche Sie in hohem Maße nachprüfbar besitzen. Legen Sie Zeugnisse, Gutachten und Ähnliches wie in einer ausführlichen Bewerbungsmappe vor.

5. Ab wann benötigen Sie Personal?

- Können Sie bereits potenzielle Mitarbeiter für das Abarbeiten von Arbeitsspitzen benennen?
- Welche Qualifikation müssen Ihre Mitarbeiter haben?
- Haben Sie einen Plan, wie und wo Sie geeignete Mitarbeiter finden?
- Haben Sie einen Plan, wann wie viele Mitarbeiter herangezogen werden?

6. Wenn die Produktion und der Verkauf von Gütern Ihr Geschäft sein soll, haben Sie dann an Folgendes bedacht:

- Kennen Sie den Markt der Lieferanten?
- Haben Sie zumindest erste Kontakte mit Lieferanten geknüpft?
- Entspricht Ihr Standort den Bedingungen, die Lieferanten brauchen?

7. Holen Sie juristischen Rat über die Rechtsform Ihres Unternehmens ein.

Die Rechtsform entscheidet zum Beispiel darüber, inwieweit Sie mit Ihrem Privatvermögen für Ihr Geschäft haften und welche Art von Verträgen für Ihr Unternehmen am besten geeignet sind. Außerdem thematisieren Sie in diesem Punkt folgende Themen:

- Eintrag ins Handelsregister,
- Anmeldung, Genehmigungen und Zulassung Ihres Unternehmens,

- mit welchen Organisationen und Behörden Sie bei der Gründung und/oder auf Dauer zusammenarbeiten müssen oder sollten (Finanzamt, Berufsgenossenschaft, Industrie- und Handelskammer).

8. **Holen Sie an mehreren Stellen Rat über Versicherungen ein:**
   - Lassen Sie sich *nicht* von einem *Versicherungsagenten* beraten – das sind Angestellte eines bestimmten Versicherungsunternehmens, die in der Pflicht stehen (und darüber hinaus durch fette Provisionen in der Pflicht gehalten werden), Abschlüsse im Sinne ihres Dienstherren zu tätigen.
   - Lassen Sie sich stattdessen von *Versicherungsmaklern* beraten – dies ist ein unabhängiger Berufsstand, der gesetzlich verpflichtet ist, dass beste Angebot für den Versicherten und nicht für den Versicherer zu finden. Makler sind sogar (wenn in der Praxis auch schwer nachweisbar) bei nicht qualifizierter Beratung zu Schadenersatz verpflichtet.
   - Lassen Sie sich ein Paket zusammenstellen, welche Versicherungen Sie geschäftlich und privat abschließen sollten. Erneut lohnt sich hier die Beratung durch Versicherungsmakler, da Sie durch ihn nicht an einen einzigen Versicherer gebunden sind.
   - Denken Sie ebenfalls an das Thema Altersvorsorge. Sie können bei Ihrer Existenzgründung natürlich darauf hoffen, reich zu werden – für den Fall aber, dass das länger dauert als geplant, sparen Sie doch lieber von Anfang an etwas.
   - Denken Sie an den schlimmsten Fall, dass Ihnen etwas passiert und Ihre Familie gegen Krankheit und Tod abgesichert sein sollte.

9. **Holen Sie finanziellen Rat ein.**

   Dieser Rat betrifft sowohl die geschäftliche als auch Ihre private Seite. Erkundigen Sie sich nach den Vor- und Nachteilen:
   - in Ihrer eigenen Firma angestellt zu sein oder

- Familienangehörige in Ihrer Firma anzustellen.

9.1 Schaffen Sie sich Klarheit bei allen Steuerfragen. Machen Sie einen Dreijahresplan:
- Was ist alles steuerlich absetzbar? Es gibt auch quasi-legale Möglichkeiten, einige Privatausgaben steuerlich geltend zu machen, etwa bei der privaten Nutzung eines Firmenfahrzeugs.
- Planen Sie ein, wann Sie welche Steuer zu zahlen haben – falls Sie das nicht tun, geraten Sie in die Gefahr, von großen Vor- und Nachzahlungen überrollt zu werden (denken Sie an meine Geschichte).
- Lassen Sie sich ebenfalls über Spielräume bei der Steuerzahlung informieren. Eine um mehrere Tage oder Wochen verschobene Steuerzahlung kann Liquiditätsengpässe vermeiden helfen – generell aber gelten zwei Grundsätze hinsichtlich des Finanzamts:
  - Das Finanzamt ist der ungünstigste Kreditgeber.
  - Wenn Sie ein einziges Mal beim Finanzamt auffällig geworden sind, müssen Sie ständig mit der gewissenhaften Aufmerksamkeit dieser Behörde rechnen – das betrifft in erster Linie terminliche Schlampereien und zu »kreative« Steuererklärungen.

10. Das Schwierigste, aber Wichtigste zuletzt: Sie brauchen mehrere Finanzierungspläne mit Alternativen für Ihre Unternehmensgründung.

Gehen Sie bei diesen Planungen von einem Dreijahreszeitraum aus, berücksichtigen Sie die folgenden Punkte, und machen Sie insgesamt drei Planungen:
- eine für den »best case«, wenn alles noch besser läuft als geplant;
- eine für den Fall, dass Ihre Existenzgründung nach der Regel läuft: »You win a few, you loose a few« (manchmal läuft es besser und manchmal schlechter als gedacht);

- und eine eben auch für den »worst case«, den schlimmstmöglichen Fall.

Es ist richtig und wichtig, das Scheitern ebenfalls durchgeplant zu haben. Sonst handeln Sie womöglich nach dem Gastwirtsspruch: »Ich verliere an jedem Schnitzel einen Euro, da muss es die Masse machen.«

Den »worst case« zu planen, schützt Sie vor der eigenen Spieler- oder Zockermentalität, von der auch Frauen nicht frei sind: Wenn eine Sache schlecht läuft, aber im Glücksfall hohe Gewinne verspricht, finden Menschen meist den Zeitpunkt zum Ausstieg nicht.

10.1 Machen Sie also Ihre drei Pläne zu den Fragen:
- Was kostet die Gründung meines Unternehmens in den ersten drei Jahren (Mieten, Ausstattung, Lager, Berater, Genehmigungen, Reisekosten)?
- Welche Werbung brauche ich im Minimum, was kann ich mir maximal leisten?
- Mit welchen Personalkosten muss ich für Mitarbeiter rechnen?
- Welche Personalkosten fallen für mich selbst an, für meinen Lebensunterhalt – und (bitte seien Sie hier sehr bescheiden) auch für Repräsentationskosten (mit Geschäftspartnern essen gehen, Reisekosten)?
- Welche weiteren Kosten stehen an? Richten Sie bitte Ihren Blick nach oben in Richtung Finanzamt.

10.2 Welchen Geldbetrag haben Sie beim Start zur Verfügung? Welche Geldbeträge kommen im
- »best case«,
- »middle case« und
- »worst case«

herein, und welche Gesamtrechnung für Ihr Unternehmen

ergibt sich aus Ihren Fixkosten, Ihren variablen Kosten und Ihren Erlösen?

Rechnen Sie den »best case« besonders gut durch. Sie sollten sich dabei nicht Geld in die Tasche lügen, wohl aber optimistisch sein – und dann kritisch überprüfen,

- ob sich Ihre Geschäftsidee vom höchst denkbaren Ertrag her gesehen wirklich lohnt oder
- ob Sie Ihre Geschäftsidee doch noch einmal modifizieren sollten.

Denken Sie auch daran, einen Investitions-, einen Finanzierungs- und einen Liquiditätsplan (Näheres dazu in Kapitel 7: »Genug gesponnen: Jetzt geht's in die Praxis«) zu erstellen.

Und eine letzte Überlegung zum Abschluss:

- Welches sind die drei größten Chancen, die die weitere Entwicklung Ihres Unternehmens positiv beeinflussen könnten?
- Welches sind die drei wichtigsten Probleme, die eine positive Entwicklung Ihres Unternehmens behindern könnten?

Falls Sie sich von Banken finanzieren lassen (müssen): Stellen Sie sicher, dass es in Ihrem Unternehmen ein sorgfältiges Controlling gibt – dass Sie sich also jederzeit auf »Knopfdruck« an Ihrem Computer über die wirtschaftliche Situation Ihres Unternehmens informieren können. Beziehungsweise stellen Sie dar, wer Ihr Controlling übernimmt (eine Mitarbeiterin, die Steuerberatungskanzlei Ihres Vertrauens).

Schritt für Schritt zur Erstausstattung Ihres Büros

Egal, wann Sie sich selbstständig machen und womit, ob mit Businessplan oder ohne, welche Art von Gewerbe, Handel oder Dienstleistung Sie betreiben: Sie werden Angebote, Auftragsbestätigungen, Rechnungen schreiben und können Ihre Ausgaben über die Steuererklärung absetzen. Dabei kommen eine Vielzahl an Belegen zusammen, die Sie entweder selber sortieren und buchen oder einem Steuerberater übergeben. Was Sie für all diese Vorgänge brauchen, ist eine anständige Ordnungs- und Ablagestruktur.

Ich habe eine der besten Büroorganisatorinnen Deutschlands, den »Office Angel« Elke Brunner aus Wiesbaden (*www.ideale-loesungen.de*), gebeten, mir für dieses Buch zu verraten, was eine Selbstständige als Grundausstattung ihres Büros braucht.

Ihr Ablagesystem

Unterschätzen Sie die Büroaufgaben nicht, es gibt eine Menge Institutionen wie das Finanzamt, Industrie- und Handelskammer, Handwerkskammer, Banken, Versicherungen, die Auskünfte von Ihnen haben wollen beziehungsweise mit denen Sie regelmäßig korrespondieren müssen. Dafür brauchen Sie mit einem Handgriff bestimmte Unterlagen.

Schieben Sie diese Arbeiten nicht auf die lange Bank, sagen sich nicht: »Ich bin ja noch Gründerin, ich habe noch nicht viele Belege und Dokumente zu verwalten.« Ja, am Anfang ist das vollkommen richtig. Aber haben Sie sich selbstständig gemacht, um klein zu bleiben? Mit der Gründung legen Sie den Grundstein für ein Unternehmen, in dem Sie Gewinne erwirtschaften, Umsätze generieren und welches natürlich auch wachsen soll.

Sie brauchen nur einen Tag Zeit, um die grundsätzlichen Strukturen in Ihrem Büro anzulegen. Eine gut durchdachte Ordnungs- und Ablagestruktur ist ausbaufähig und bricht beim ersten großen Auftrag auch nicht gleich zusammen.

Erster Schritt: Welcher Ordner darf's denn sein?

Für welche Art von Ablagesystem auch immer Sie sich entscheiden: Tun Sie sich von vornherein selbst einen großen Gefallen: Kaufen Sie keine Angebote beim Discounter. Und an den Restposten der Motivordner gehen Sie auch ganz schnell vorbei. Ich höre, wie Sie jetzt widersprechen wollen: »Die sind doch so schön bunt – und die Vielfalt der Farben, da kann ich richtig kreativ werden.« Nein, das machen Sie nicht. Sie verwenden auch nicht die ausrangierten Ordner Ihrer Studienzeit oder die ollen Ordner ihrer Eltern oder Großeltern.

Wenn Sie in Ihrem Ablagesystem mit *Farben* arbeiten wollen, dann überlegen Sie sich vorher gründlich:

- Mit welchen Farben wollen Sie arbeiten? Wählen Sie nur aus den Grundfarben Farbtöne aus, keine Pastelltöne, die gerade in Mode sind!
- Welche Farbe steht für welches Thema? (Buchhaltung rot, Ausgangsrechnungen blau, Kunden grün, Lieferanten gelb und so weiter)
- Vergleichen Sie die Preise für farbige Ordner und normale Ordner!
- Viele verschiedene Farben wirken unruhig!
- Verschiedene Hersteller arbeiten mit unterschiedlichen Farbpaletten. Sie machen sich mit Ihrer Auswahl abhängig von einem Hersteller, und wenn der die Farben aus dem Sortiment nimmt, fangen Sie von vorne an.

Wenn Sie ohne Farben nicht auskommen wollen, dann gestalten Sie alternativ die Wände und die Einrichtung farbig. Das heißt nicht, dass Sie generell auf Farben verzichten sollen. Es sollte nur alles wohlüberlegt sein.

Ein kleiner Tipp: Haben Sie ein Logo und eine Firmenfarbe festgelegt? Dann nehmen Sie diese als Grundfarbe für Ihre Ausstattung.

Überlegen Sie sich, wie Sie Ihre Ordner beschriften wollen:

- mit der Hand,
- mit einem speziellen Etikettendrucker,
- mit dem Laserdrucker.

Legen Sie hierfür ein einheitliches *Beschriftungsmuster* an:

- nur GROSSBUCHSTABEN,
- nur kleinbuchstaben,
- von unten nach oben,
- von links nach rechts,
- Schreibweise der Jahreszahlen.

Bevor Sie die Büroeinrichtung kaufen, ausleihen oder planen, überlegen Sie sich, mit welchen *Ablagesystemen* Sie arbeiten wollen. Welcher Typ sind Sie?

- Chaotin,
- Individualistin,
- Perfektionistin.

Sind Sie eher chaotisch, dann sollten Sie viele Hängeregistraturen mit Hängesammlern einplanen und mit Kladden und Boxen arbeiten.

Sind Sie mehr der individuelle Typ, dann stehen Ihre Schreibstifte in der Metallbox von Ihrem Lieblingsparfum oder liegen in der alten Zigarrenkiste Ihres Vaters. Die Büroklammern liegen in der Holztruhe, die mit chinesischem Stoff überzogen wurde. Einen Tacker und Tischrechner haben Sie noch nicht, denn die gibt es nicht in einem ansprechenden Design.

Als Perfektionist haben Sie einen Mix aus unterschiedlichsten Materialien. Denn alles muss an seinem Platz stehen, liegen oder hängen. Sie kombinieren Steh- und Sammelordner, setzen gezielt Hängeregistraturen ein, arbeiten mit Kladden und Ablagekörbchen, Regalen, Pinnwänden.

Wahrscheinlich steckt in Ihnen von allen drei Typen etwas, was vollkommen in Ordnung ist. Sie sollen sich in Ihrem Büro wohlfühlen, gut organisiert sein und gerne die Ablage machen. Und glauben

Sie mir, Sie werden mehr Zeit in Ihrem Büro verbringen, als Ihnen lieb ist oder Sie sich derzeit vorstellen können. Und deshalb stehen Rationalität, Effektivität und Effizienz ganz oben auf der Liste.

2. Schritt: Das Ablagesystem effizient aufbauen

Beginnen Sie nun, Ihre Ordner und/oder Hängemappen anzulegen. Für Ihre Grundausstattung sind folgende Arbeitsprozesse beziehungsweise Vorgänge anzulegen:

1. Angebote mit Auftragsfolge (sortiert nach Datum)
2. Angebote ohne Auftragsfolge (sortiert nach Alphabet)
3. Lieferanten und deren Kataloge, Produktmuster, Farbkarten, Warenproben, Preislisten (sortiert nach Alphabet oder Warengruppe)
4. Artikel aus Fachzeitschriften, Zeitungen (sortiert nach Themen)
5. aktuelle Nachschlagewerke wie Gesetzestexte, Duden und Ähnliches
6. Unterlagen, die Sie für Ihre Dienstleistung und Produkte brauchen, beispielsweise die aktuelle Preisliste, Kataloge, Muster, Anleitungen (sortiert nach Produkten)
7. offene Vorgänge (sortiert nach Termin)
8. abgeschlossene Projekte (sortiert nach Alphabet)
9. dauerhaft aufzubewahrende Dokumente wie Verträge, Lizenzen, Grundstücksunterlagen (sortiert nach Schwerpunkten)
10. Belege aus steuer-, handels- oder sozialversicherungsrechtlichen Gründen – 6 Jahre Aufbewahrungsfrist (sortiert nach Jahrgang)
11. Buchführungsunterlagen, Rechnungen, Kassenzettel, Zahlungsbelege – 10 Jahre Aufbewahrungsfrist (sortiert nach Jahrgang)
12. Lohnunterlagen, Meldungen, Beitragsabrechnungen – bis zur nächsten Betriebsprüfung (sortiert nach Jahrgang)

Für die Auftragsabwicklung sind fünf Schritte notwendig, die nach folgender Struktur geordnet werden können:

1. Monatsordner Angebote – 31 Register
2. Ordner »bestätigte Angebote« – alphabetisch
3. Hängemappen »bestätigte Angebote« – nach Kundennamen
4. Monatsordner »offene Kundenrechnungen« – 31 Register
5. Ordner »erledigte Aufträge« – alphabetisch

Ihr Schreibtisch – Dreh- und Angelpunkt

Halten Sie den Schreibtisch frei von Papier und unnötigen Dingen. Auf Ihren Schreibtisch gehören die Bürohelfer, die Sie ständig für die Erledigung Ihrer Arbeit benötigen. Nur die sollten in Ihrer unmittelbaren Reichweite stehen:

- Schere, Lineal, Kleber
- großer Locher, Tacker
- Stifte, Textmarker, Bleistift
- Abroller mit Tesafilm, Büroklammern
- Stempel, Stempelkissen
- Notizzettel, Post-it, Post-it-Abroller
- Visitenkartenbox
- Terminkalender

Richten Sie sich eine Kladde ein, in der Sie Ideen sammeln. Das können Zettel mit Stichworten, Zeitungsartikel, E-Mails, Postkarten, Zeitungsschnipsel sein.

Legen Sie sich eine rollierende Wiedervorlage an

Für dieses hocheffiziente und äußerst hilfreiche System benötigen Sie:

- einen Hängeregistraturwagen oder -schrank
- 31 Hängemappen (1–31 – für jeden Tag des Monats eine Mappe)
- 12 Hängemappen (1–12 – für jeden Monat des Jahres eine Mappe)
- eine Hängemappe (nächstes Jahr)

Mit dieser rollierenden Wiedervorlage können Ihnen keine Terminsachen mehr verloren gehen. Unterlagen, die Sie für eine Besprechung brauchen, Rechnungen, Eintrittskarten, Flugtickets, Reiserouten, Angebote, Telefonlisten, Unterlagen für Akquise – alles liegt auf Termin. Sie entscheiden, wann Sie was erledigen wollen beziehungsweise müssen, und dadurch, dass in Ihrer Hängeregistratur der aktuelle Tag immer vorne hängt, kann Ihnen nichts mehr durch die Lappen gehen.

Ihre Wiedervorlage wird folgendermaßen aufgebaut: Zuerst hängen Sie die Mappen von 1 bis 31, danach die Mappen von Januar bis Dezember und als Letztes die Mappe »nächstes Jahr« ein.

Ein Beispiel: Der Inhalt des Monatsordners September wird am 31. August auf die verschiedenen Termine (1–30) sortiert. Danach wandert der Monatsordner an die vorletzte Stelle. An letzter Stelle hängt der Ordner »nächstes Jahr«. Am 1. September nehmen Sie den Inhalt aus der Mappe 1 und hängen die Mappe hinter die 31 ein. Alle Unterlagen, die Sie am 1. September nicht bearbeitet haben, legen Sie am Ende des Tages in die Mappe 2 (2. September) oder entsprechend auf einen anderen Termin, je nachdem, was Sie für den jeweiligen Vorgang geplant, terminiert oder verabredet haben.

Diese Wiedervorlage ist das A und O in Ihrem Büro. Der erste Handgriff morgens im Büro ist nach dem Einschalten der Kaffeemaschine die Wiedervorlage. Dann planen Sie den Tag entsprechend der Aufgaben.

Das Schöne an der Wiedervorlage ist, Sie entscheiden jeden Tag, welches Pensum Sie schaffen wollen. Wie dringend eine Sache erledigt werden muss, wann eine Sache erledigt werden muss oder ob sie in die weite Zukunft verschoben werden kann und wen Sie wann anrufen wollen – das können Sie mit diesem System bestimmen und im Blick behalten. Jeder Vorgang wird in eine Klarsichthülle gesteckt, denn kleine Post-it-Zettel verschwinden gern wie von Geisterhand. In der Klarsichthülle bleibt aber auch ein umfangreicher Vorgang immer komplett.

Sie entlasten damit ganz massiv Ihre Speicherkapazität im Kopf. Sie müssen Ihre Termine nicht ständig herunterbeten, damit Sie ja keinen vergessen. Sie können die Vorgänge sogar aus Ihrem Gedächtnis streichen, denn Sie werden automatisch daran erinnert. Und wenn Ihnen ein Tag vor Ihrer Geschäftsreise als Erinnerung zu spät ist, dann legen Sie den Vorgang eben zwei Tage vor dem eigentlichen Termin in die Wiedervorlage. Sie entscheiden!

Einkaufsliste
- Stehordner, schmal und breit
- Hängesammler, verschiedene Breiten
- Register von A–Z
- Register von 1–31
- Angebotsmappen
- Hängeregistraturwagen oder -schrank
- Visitenkartenroller oder -scanner
- Schere, Lineal, Kleber
- großer Locher, Tacker
- Stifte, Textmarker, Bleistifte
- Abroller mit Tesafilm, Büroklammern
- Stempel, Stempelkissen
- Notizzettel, Post-it, Post-it-Abroller
- Terminkalender
- Druckerpapier
- Briefumschläge, verschiedene Größen
- Wandkalender

Sie gewinnen auf jeden Fall!

Liebe Leserin,

jetzt haben Sie so viele Informationen für die linke Hirnhälfte, für den Verstand bekommen: Hinweise, Bekenntnisse, Zahlen, Beispiele, Geschäftsideen – jetzt wird es am Schluss höchste Zeit, auch Ihrer Seele und Ihrem Herzen einen Eindruck von Selbstständigkeit und Unabhängigkeit zu geben. Mit allem Überschwang und aller Emphase. Auch hier traue ich mich, ehrlich zu sein. (Wer es falsch verstehen oder übelnehmen möchte, soll es tun.)

Für mich ganz persönlich hat sich der Schritt zur Selbstständigkeit als glücksbringender Weg in die Freiheit erwiesen; erst beruflich und dann privat. Lassen Sie mich schildern, wie ich mich seither fühle:

- Ich wache morgens auf und freue mich auf meine Arbeit.
- Ich arbeite mit Menschen zusammen, die ich schätze, ja liebe, weil ich sie nicht von Vorgesetzten vorgesetzt bekommen, sondern sie mir selbst ausgesucht habe.
- Ich betrete einen Raum und freue mich auf die Menschen, egal ob es einer, 16 oder 1 600 sind.
- Ich schaue mich um und sehe freudige Erwartung, gespannte Stille, fröhliches Entgegenkommen.
- Ich arbeite mit Menschen zusammen, auf die ich mich hundertprozentig verlassen kann – Vertrauen pur.
- Ich stehe vor Menschen und darf sagen, was ich erlebe, wahrnehme und für richtig halte. Und niemand sagt mir, dass ich das anders machen soll.

- Ich lebe in einer Wohnung, in der ich mich wohlfühle, und die so eingerichtet ist, wie ich es mir vorstelle.
- Ich arbeite mit Menschen zusammen, die es gut mit mir meinen und mir deshalb auch offen sagen, wenn ihnen etwas an mir nicht gefällt.
- Ich treffe auf Menschen, die offen sind und etwas verändern wollen (es gibt nur wenige Ausnahmen).
- Ich bin erfüllt von meiner Arbeit. Wenn ich nicht gestoppt werde, kann ich stundenlang davon erzählen.
- Ich liebe es, auf großen Bühnen zu stehen und die Wärme des Scheinwerferlichts auf der Haut zu spüren.
- Ich habe mich in Freundschaft von meinem ersten Mann trennen und mein eigenes Leben finanzieren können.
- Ich liebe es, eine ganze Halle zum Nachdenken, zum Handeln, zum Lachen, zum Brüllen vor Lachen und ein bisschen auch zum Weinen zu bringen.
- Ich kann die Entscheidungen treffen, die ich für richtig halte. Niemand redet mir rein oder mault mich deswegen an.
- Ich darf Dinge ausprobieren mit dem Risiko, dass sie schief gehen. Hei, es ist mein Geschäft, mein Geld!
- Ich spüre Anerkennung und Wertschätzung, was sich in der Art äußert, wie Menschen auf mich zugehen und gleichwohl auch in der Höhe der Honorare, die ich bekomme.
- Ich stehe vor Hunderten von Menschen und lasse Dinge geschehen. Das heißt, ich weiß anfangs selbst noch nicht so genau, was alles passieren wird.
- Ich vertraue meinem Kopf und meinem Bauchgefühl. Ich öffne den Mund und es redet »aus mir heraus«, und die Menschen spüren, dass es sie betrifft.
- Ich darf fast täglich die Erfahrung machen, dass ich »richtig ticke«: dass ich weiß, was Menschen brauchen und wie ich sie ermutige. Keiner redet mir da rein.
- Ich darf jeden Tag von anderen Menschen, durch eigenes Reflektieren, durch Erleben etwas dazulernen. Das Lernen hört nie auf.

- Ich freue mich, wenn Seminarteilnehmerinnen fröhlicher aus dem Seminarraum hinausgehen, als sie hereingekommen sind.
- Ich entwickle Arbeitsblätter, Übungen und Methoden, so wie ich es für richtig halte. Und ich bekomme direktes Feedback.
- Ich gehe abends mit der Überzeugung ins Bett, der Tag war gut so, wie er war (meistens jedenfalls).
- Ich kann Buchideen entwickeln und finde Verlage, die sie realisieren. Und ich finde Zigtausende Menschen, die das lesen wollen, und Hunderte, die mir ihr Feedback schicken. Welch ein Wunder!
- Ich liebe es, zum Flughafen oder zum Bahnhof zu fahren. Ich reise gern und fühle mich in fremden Städten wohl.
- Und ich liebe es, wenn mich der Mann, den ich liebe, (den ich durch einen Zeitungsbericht über meine Selbstständigkeit kennen gelernt habe), am Ausgang oder auf dem Bahnsteig erwartet und wir zusammen nach Hause fahren. Ein Traum.
- Ich habe Kolleginnen und Kollegen, die mich mögen und die ich schätze, die mich empfehlen und zum Teil richtige liebe Freundinnen und Freunde sind.
- Ich kann es mir leisten, ein schönes Leben zu führen, in die Ausbildung meiner Kinder zu investieren und Menschen zu helfen, die es nicht so gut haben wie ich.

- Mir schlägt das Herz vor Freude höher, wenn eine Klientin, eine Seminarteilnehmerin mir schreibt, was sich nach dem Coaching, dem Seminar alles positiv verändert hat, wie sie Mut gefasst und aktiv geworden ist.
- Nach Jahren des Selbstzweifels und der Schwierigkeiten habe ich endlich das Gefühl, bei mir selbst angekommen zu sein.
- Ich finde Sinn in dem, was ich tue. Was gibt es mehr!

Jeder dieser Punkte ist für mich ein Herzensargument, die Komfortzone zu verlassen, in der es uns mittelgut geht, und in der Risikozone nach der Erfüllung zu fahnden – rein in den Erfolg. »Werde, die du bist«, das ist die menschliche Grundweisheit, seit Menschen sich Gedanken über den Sinn des Lebens machen. Das kann in der Selbstständigkeit sein. Oder in einer selbstbestimmten Anstellung. Der Plan B wie »Business« bedeutet zu wissen, dass ich eine oder mehrere Alternativen habe.

Eine Frau, die sich aus der Arbeitslosigkeit heraus an ihren Plan B macht, fasst Mut, ihr Leben selbst in die Hand zu nehmen. Sie rechnet mit der Möglichkeit, ihre Situation zu verbessern, wieder zur Handelnden zu werden, ihre Selbstachtung zu stärken. Sie tritt Behörden gegenüber anders auf und erobert sich ihren Platz in dieser Gesellschaft zurück. Nichts kann zufriedener machen als ein erfüllter Tag.

Alternativen zu kennen gibt die Freiheit, die zu sein, die ich bin. Meine Meinung zu sagen, meine Entscheidungen zu treffen, meine Kritik zu äußern. Eine Frau, die weiß, sie könnte sich auch selbstständig machen, die einen Plan B in der Tasche hat, die diese Freiheit spürt, wird auch als Angestellte erfolgreicher sein. Weil sie den Mut hat, zu ihrem Standpunkt zu stehen, anderen auf gleicher Augenhöhe zu begegnen, unternehmerisch zu denken und zu handeln.

Das ist meine Beobachtung und feste Überzeugung: Wer Ecken und Kanten hat, wer ein Profil besitzt, bekommt mehr Respekt als jemand, der denkt: »Ich muss ganz still halten, damit ich meinen Arbeitsplatz nicht gefährde.« Und Unternehmen brauchen diese mutigen Frauen. Die ihre andere Sichtweise auf die Dinge einbringen, die anders ticken, die anders bewerten, anders reagieren. Die den Finger in die Wunde legen und auf Schwachstellen hinweisen, die anders mit Kunden reden und auf Krisen reagieren.

Unternehmen, die diese weibliche Kraft nicht schätzen, sondern fürchten oder gar bekämpfen, werden die guten Frauen verlieren. Weil der Spruch »Lieber die bekannte Hölle als den unbekannten Himmel« für sie nicht mehr gilt. Sie wissen: Der Markt ist groß, die Welt ist weit. »Was Bess'res als der Tod findest du allemal«, sagt der Esel aus dem Märchen »Die Bremer Stadtmusikanten«. Übersetzt: Was Besseres, als gedeckelt und gedemütigt zu werden, finden Sie immer. Die Missachtung der eigenen Fähigkeiten und die Begrenzung im Erfolg ist der beste Ansporn zur Veränderung. Und da ist Selbstständigkeit eine gute Alternative.

Traut euch, Frauen. Die Welt ist bunt und tänzerisch.

Ihre Sabine Asgodom

Anmerkungen

1 In: *Das Parlament*, Nr. 31 vom 30.7.2007.
2 In: Peter Speck (Hrsg.): *Employability – Herausforderungen für die Strategische Personalentwicklung.* Wiesbaden 2005.
3 Matthias Horx: *Wie wir leben werden.* Frankfurt/New York 2006.
4 Ebd.
5 WZB-Mitteilungen, Heft 106, Dezember 2004.
6 www.gruenderstadt.de.
7 Siehe: http://blog.info-sozial.de.
8 Jeremy Rifkin: *Das Ende der Arbeit und ihre Zukunft. Neue Konzepte für das 21. Jahrhundert.* Frankfurt/New York 2004.
9 Das gesamte Interview ist nachzulesen unter: *http://iep.uni-karlsruhe.de/download*.
10 Zitiert in: Matthias Horx: *Wie wir leben werden.* Frankfurt/New York 2006.
11 Veröffentlicht in: *Report Psychologie, Ausgabe 4/1996.*
12 Siehe: *www.sedus.de/se/ger/downloads/'WAG_Prof_Panse_2005.pdf*.
13 Siehe: *www.stern.de/wirtschaft/arbeit-karriere/:Entlassungen-Kollege-Angst/567098.html*.
14 Martin Seligman: *Der Glücksfaktor. Warum Optimisten länger leben.* Bergisch Gladbach 2003.
15 In: Michael Frese (Hrsg.): *Erfolgreiche Unternehmensgründer. Psychologische Analysen und praktische Anleitungen für Unternehmer in Ost- und Westdeutschland.* Göttingen 1998.
16 In: *Lasa-Praxishilfe Nr. 9*, hg. von der Landesagentur für Struktur und Arbeit Brandenburg, Gratis-Download: www.lasa-brandenburg.de/fileadmin/user_upload/MAIN-dateien/schriftenreihen/prax_9.pdf.
17 Institut für Mittelstandsforschung Mannheim: *Strukturberichterstattung*, Nr. 7 2002.
19 Quelle: Bundesministerium für Wirtschaft.

Service

Hilfreiche Adressen

Internetportale

Der »Rote Faden« für die Gründungsplanung: Existenzgründungsportal des Bundesministeriums für Wirtschaft und Technologie www.existenzgruender.de

Kostenfreie Downloads: umfassende und überaus hilfreiche Checklisten und Übersichten, Expertenforum, Gründerzeiten (aktuelle Tipps, Informationen und Hilfen für Gründer und junge Unternehmer), e-f@cts (Infoletter für den Bereich E-Business), Studien zum Thema Selbstständigkeit

Informationsportal zu Karriere, Existenzgründung und Selbstständigkeit: Bundesministerium für Familie, Senioren, Frauen und Jugend www.frauenmachenkarriere.de

Inhalt: Meldungen, Tipps und Fakten zu Themen wie Selbstständigkeit, Beruf, Familie und Beruf; Dossiers, Foren, Veranstaltungen, Karriere-Community

Für Gründungen aus der Arbeitslosigkeit: Bundesagentur für Arbeit www.arbeitsagentur.de

Kostenfreie Downloads: Broschüre »Hinweise und Hilfen zur Existenzgründung. Ein Wegweiser für den Schritt in die Selbständigkeit.«

Unabhängiges, bundesweites Informations- und Nachrichtenportal für Gründer und Unternehmer: www.foerderland.de

Inhalt: Wissenswertes rund ums Gründen (Vorlagen, Rechtsformen, Tipps), Artikel und Fachbeiträge, Buchtipps, Forum

Kostenfreie Downloads: wöchentlicher Newsletter

Für Existenzgründungen aus der Wissenschaft: Exist www.exist.de

Inhalt: Gründungsbeispiele, Fördermöglichkeiten, Gründerwerkstatt

Zielgruppe: Existenzgründer aus dem Bereich Hochschulen, Forschung, Wissenschaft

Website für Frauen, die ein Unternehmen gründen oder übernehmen wollen: Bundesweite Gründerinnenagentur www.gruenderinnenagentur.de

Inhalt: News, Thema des Monats, virtuelles Lernprogramm: Schritt für Schritt in die Selbstständigkeit, Datenbanken zu Expertinnen und Experten, Netzwerken (Beratungsmöglichkeiten für Existenzgründerinnen und Unternehmensnachfolgerinnen), Literaturdatenbank

Gründungsberatung: Institut für Freie Berufe (IFB) an der Friedrich-Alexander-Universität Erlangen Nürnberg www.ifb-gruendung.de

Inhalt: Definition und Überblick über das Spektrum »Freie Berufe«, günstige Informationsveranstaltungen

Kostenfreie Downloads: Überblick über Rechtsformen, Versicherungen, Steuerfragen, Preisfindungshilfe, Arbeitshilfe zur Erstellung eines Businessplans

Internetadressen für Existenzgründer (bereitgestellt von der KfW Mittelstandsbank): www.gruendungskatalog.de

Inhalt: Marktplatz, Erfolgsgeschichten, Gründungswissen, Anlaufstellen für Beratung, Überblick über Förderprogramm, Events, Wettbewerbe

Finanzielle Förderung

Informationen zu Krediten und Beteiligungsfinanzierung: KfW Mittelstandsbank www.kfw-mittelstandsbank.de

Inhalt: Virtuelles Gründerzentrum: Hilfe für den Gründungsprozess und darüber hinaus Tipps, Finanzierungsmöglichkeiten: interaktiver Förderberater (mit wenigen Klicks das passende Förderprogramm finden)

Kostenfreie Downloads: KfW Gründungsmonitor, »Gründungsberater – Ihr Wegbegleiter in die Selbstständigkeit«, Broschüren, Merkblätter zum Förderprogramm

Hotline mit Auskünften zu Förderprogrammen und Serviceleistungen der Bank: 01801/241124 (zum Ortstarif), aus dem Ausland 0049/228831–7100, Montag bis Freitag 7:30 Uhr bis 18:30 Uhr

Überblick über Förderprogramme des Bundes, der Länder und der Europäischen Union: Förderdatenbank des Bundesministeriums für Wirtschaft und Arbeit www.foerderdatenbank.de

Inhalt: Schnellsuche, Förderassistent, Finanzierungstipps, Fragen und Antworten

Beteiligungskapital suchen: Bundesverband Deutscher Kapitalbeteiligungsgesellschaften e. V. (BVK) www.bvk-ev.de

Inhalt: Kapitalsuche in Online-Datenbank, Überblick über Marktbereiche (u. a. Business Angels, Buy-Outs, mittelständische Beteiligungsgesellschaften)

Bürgschaften als Sicherheit für die Hausbank: Verband der Bürgschaftsbanken e. V. www.vdb-info.de

Inhalt: Förderbeispiele, Antragsvordrucke, Adressen von lokalen Bürgschaftsbanken

Beratungsstellen

Industrie- und Handelskammer in Ihrer Stadt: zu finden über den IHK-Finder der Deutschen Industrie- und Handelskammer (DIHK): www.dihk.de

Antworten auf Fragen wie: Wie erarbeite ich ein Geschäftskonzept? Wie sichere ich mich sozial ab? Wie bereite ich mich aufs Bankgespräch vor?

Lokale Existenzgründerbüros: in fast allen größeren Städten Deutschlands, zum Beispiel Münchner Existenzgründungsbüro (MEB) oder Existenzgründerbüro der Berliner Arbeitsämter (EBA)

Beratungs- und Unterstützungsleistungen, Infrastruktur für junge Unternehmen: Arbeitsgemeinschaft Deutscher Innovations-, Technologie- und Gründerzentren e. V. www.adt-online.de

Kostenpflichtige Finanzierungs- und Gründungsberatung, Buchhaltung und Organisation: Simone Westermair www.bhs-westermair.de

Karrierecoaching und Outplacementberatung – So finden Sie Ihre Berufung: Dr. Petra Bock www.petrabock.de

Ihre Idee im Mittelpunkt – von der Vision bis zur Gründung: Gründungscoach Christine Vonderheid – Ebner (Beratung auch im Rahmen des Beratungsschecks der Bundesagentur für Arbeit § 10 SGB III) www.vonderheid-ebner.de

Initiativen

Initiativen in den einzelnen Bundesländern, zum Beispiel: NRW Go!, Informations- und Beratungsstelle für Existenzgründerinnen und Existenzgründer in Nordrhein-Westfalen www.go.nrw.de

Initiativen an Universitäten, zum Beispiel: unternehmer-TUM, Zentrum für Unternehmertum an der Technischen Universität München www.Unternehmertum.de

Überregionale Initiativen, zum Beispiel: Forum Kiedrich, Netzwerk für Existenzgründung und Unternehmensstart www.forum-kiedrich.de
    Bringt Grunder aus dem Bereich innovativer Technologien mit erfahrenen Mentoren und Business Angels zusammen, zwei Mal jährlich stattfindender Gründermarkt

Gründerwettbewerbe

Deutscher Gründerpreis www.deutscher-gruenderpreis.de
    Prämiert werden vorbildhafte Leistungen bei der Entwicklung von innovativen und tragfähigen Geschäftsideen und beim Aufbau neuer Unternehmen in den Kategorien Schüler, StartUp, Aufsteiger und Lebenswerk

IDEE-Förderpreis www.darboven.com
    Wettbewerb, der sich ausschließlich an Frauen richtet und besondere und innovative Ideen auszeichnet, die wirtschaftlich erfolgreich sind

Start2grow www.start2grow.de
    Überregionaler Gründungswettbewerb der Stadt Dortmund in drei Bereichen: Informationstechnologie, Mikrotechnik und andere Branchen

Magazine

Magazin für selbstständige Frauen: www.existenzielle.de
    Inhalt: Heftvorschau, Buchtipps, Beraterinnenpool, Beratungskompass

Magazin für Existenzgründung: www.gruendermagazin.com
    Inhalt: News, Businesskonzepte, Seminarankündigungen, kostenpflichtige Geschäftsvorlagen

Frauenverbände und -netzwerke

Verband Deutscher Unternehmerinnen e. V. www.vdu.de
    einziger Wirtschaftsverband für Unternehmerinnen in Deutschland, 16 Landesverbände mit 27 Regionalkreisen
    Angebote: Erfahrungsaustausch, Dienstleistungen, Mentoring, Zeitschrift »Die Unternehmerin«, Lobbyarbeit

Bundesweites Kompetenznetzwerk von Expertinnen im Themenfeld Existenzgründung von Frauen: Deutsches Gründerinnen Forum e. V. www.dgfev.de
    Inhalt: Veranstaltungen, Buchempfehlungen, hilfreiche Links

Bundesverband der Frau im Freien Beruf und Management e. V. (B. F. B. M.) www.bfbm.de
    Netzwerk von über 300 Geschäftsfrauen, die sich gegenseitig in Geschäfts- und Karrierefragen unterstützen wollen

Business and Professional Women Germany e. V. (BPW) www.bpw-germany.de
    Eines der größten Berufsnetzwerke von Frauen weltweit, in 38 Städten in Deutschland vertreten
    Angebot: Jahresprogramm mit Fachvorträgen, Podiumsgesprächen und Expertinnenrunden

European Women's Management Development Network (EWMD) www.ewmd.org
    Internationales Netzwerk, bestehend aus individuellen Mitgliedern und Firmenmitgliedern, sechs Regionalgruppen in Deutschland
    Ziel: Karrierechancen von Frauen verbessern

Gemischte Verbände und Netzwerke

Bundesverband der Selbständigen www.bds-dgv.de
Lokalverbände in allen Bundesländern wie zum Beispiel Bund der Selbständigen: Gewerbeverband Bayern e. V.

Business Angels Netzwerk Deutschland (BAND): Anlaufstelle für alle Belange des informellen Beteiligungskapitalmarktes in Deutschland www.business-angels.de
Business Angels stellen jungen Unternehmern dringend benötigtes Risikokapital zur Verfügung, darüber hinaus aber auch ihr unternehmerisches Know-how und ihre Netzwerke

Literatur

Becker, Silke: *Frisch gegründet – selbständig bleiben! So vermeiden Sie die typischen Fehler und behaupten sich erfolgreich.* Regensburg/Düsseldorf/Berlin 2001.
Forster, Edgar: *Sich selbständig machen – gewusst wie.* Düsseldorf 1991.
Grosch, Olaf: *Ich werde mein eigener Chef. Erfolgreich in die Selbstständigkeit.* Würzburg 2003.
Hammer, Andreas: *Soll ich mich selbständig machen? Der Praxisleitfaden für Ihre Entscheidung.* München 2005.
Handy, Charles: *Die Fortschrittsfalle – Der Zukunft neuen Sinn geben.* Wiesbaden 1995.
Horx, Matthias: *Wie wir leben werden – unsere Zukunft beginnt jetzt.* Frankfurt/New York 2006.
Kelly, Tom: *Das IDEO Innovationsbuch – Wie Unternehmen auf neue Ideen kommen.* Berlin 2002.
Kobjoll, Klaus; Heinke, Dagmar: *No risk, no fun: Ihr Weg in die Selbständigkeit.* Zürich 2003.
Krichbaum, Jörg; Pohrt, Oliver; Wille, Nicole (Hrsg.): *deutsche-internetadressen.de*, Bd. 30 mit den 800 wichtigsten Adressen zum Thema Existenzgründung online. Köln 2001.
Massow, Martin: *Freiberufler-Atlas. Schnell und erfolgreich selbständig werden.* Berlin 2006.

McKinsey & Company (Hrsg.): *Planen, gründen, wachsen – Mit dem professionellen Businessplan zum Erfolg.* Heidelberg 2007.

Nussbaum, Cordula; Grubbe, Gerhard: *Die 100 häufigsten Fallen nach der Existenzgründung.* Freiburg 2007.

Opoczynski, Michael: *WISO: Existenzgründung.* Frankfurt/New York 2006.

Peters, Tom: *Re-imagine – Spitzenleistungen in chaotischen Zeiten.* Offenbach 2007.

Rifkin, Jeremy: *Das Ende der Arbeit und ihre Zukunft – Neue Konzepte für das 21. Jahrhundert.* Frankfurt/New York 2004.

Sichtermann, Barbara; Sichtermann, Marie R.; Siegel, Brigitte: *Den Laden schmeißen. Ein Handbuch für Frauen, die sich selbständig machen wollen.* München 2005.

Speck, Peter (Hrsg.): *Employability – Herausforderungen für die Strategische Personalentwicklung.* Wiesbaden 2005.

Register

Ablage 226–230
Absicherung 196 f.
Absprache 138
Akquise 64, **209** f.
Alleinselbstständigkeit 52, 135, 142
Alter 49, 57, 79, 87, 207, 222
Alternativplan 44, 59, 236
Ammon, Ursula 143
Anfang **36**, 70
Angestellte 49, 70, 109, 236
Angst 35, **56 f.**, 133
Arbeitslosengeld 197
Arbeitslosigkeit 54–56, 58, 197, 202, 236
Arbeitsplatz, stabiler 47
Armut 55, 130
Ausprobieren 25, 30
Außenwirkung **115–121**, 140

Bank **200** f., 216, 225
Bauchladen 45, 140 f.
Bedenkenträger 32, 61
Beratung 37, **73** f., 103, 197
Beruf 27, 34, 49, **70**
Bescheidenheit 36, **70** f., 120
Big-Five-Modell 100 f.
Bittstellerei 64, 176
Böttinger, Bettina 9

Brunner, Elke 148–157, 226
Buffett, Warren 63
Bund Junger Unternehmer (BJU) 171
Bürgerarbeit 50
Burnett, Leo 65
Büro 141 f., 225–232
Businessplan 200, **214–232**

Caring **56**, **87** f.
Catering 56, 83–85
Checklisten
– Fachliche Kompetenz 113 f.
– Führungsqualitäten 115 f.
– Grundhaltung anderen Menschen gegenüber 124
– Grundhaltung sich selbst gegenüber 125 f.
– Grundhaltung zur Arbeit 121–123
– Lebenssituation 104, 109 f.
– Persönliche Merkmale, die eine Selbstständigkeit erschweren 106–108
– Persönliche Eigenschaften 111 f.
– Selbst-PR 117 f.
– Selbstvertrauen 119
– Verhältnis zu Geld 120
Coaching **56**, **73** f., **86** f., 112 f., 115, 197, **211** f.

Register

Computing **56**, 79, **88f.**
Controlling 225
Counseling **56**, 87

Dienstleister, kreative 49
Dienstleistungssektor **52**, 74, 134
Dürer, Albrecht 73f.

Einschleichen 27, 70
Empfehlungsmanagement 28
Enttäuschung 30, 138
Erfolg 30, 86, 133, 141, 147
Erfolgsfaktoren 201–208
Erscheinungsbild **202f.**, 206
Eventmanagement 90f.
Existenzgründung, länderübergreifende 52
Existenzsicherung 131
Expansion 142f., 206f.

Falle des dritten Jahres 41
Familie 48, 50, 53, 131f., 136, 201, 210, 216, 222
Familienrevolution 20
Fehler 37, 70, **208–210**
Festanstellung *siehe auch* Angestellter 207
Finanzplanung 198–201
Finanzamt *siehe* Steuer
Firmenstandort 219f.
Flexibilität **205–208**
Fonda, Jane 18
Fördermittel 52, **197**, 200, 209f., 214
Frauen 52, **53f.**, 80, 120f., 123, **130–145**
Frauenquote 19
Freiberufler 48f.

Fremdverwirklichung 68
Frese, Prof. Michael 93
Freundschaft 138, 201, 210
Führungsqualität 115–117

Gastronomie *siehe auch*
  Catering **83–85**, 189, 200
Gates, Bill 147
Gefühl 144f., 203
Geld 23, 42–44, **120f.**, 169, 215f.
Generation Praktikum 50
Geschäftsidee 61–92
Gesundheit 55, 57, 134, 143f.
Gesundheitssektor 56, **85f.**, 134
Gewinn 41f., 224
Globalisierung 54
Göbel, Sigrun 93
Graeve, Melanie von 64, 166–179
Groth, Constanze 94
Gründereigenschaften 94–98
Gründungszuschuss 197

Handy, Charles 47
Hedgefond 54
Hobby 64, **71f.**
Hoffmeister, Christine 67f.
Horx, Matthias 47, 49
Hundt, Dieter 131
Idee 27, **61–92**, 141, 212, 230
Industriearbeit 54–58
Investitionsplan 198

Jobkiller 55

Kalkulation 139, **209f.**
Karriere 47, 146
Kinder 48, 53, 87f., 132

Kommunikationsgesellschaft 138
Kompetenz, fachliche 58, 113f., 140, 202, **203**
Kompetenz, soziale 58
Konkurrenz 66f., 218
Kooperation 206
Körperrevolution 18
Kreativität 61–92
Kredit 130, 197, **200f.**, 214f.
Kriminalität 55
Krise 30f.
Kunde 65, 196, **205f.**, 209
Kündigung 34
Kunst 64, 80f.

Lange, Helene 19
Lebenssinn 58f.
Lebenssituation 104f., 109f.
Leidenschaft 203–205
Leyen, Ursula von der 131, 136
Liebe 19, 56, 113, 127, **133**, 177
Liquidität 199f., 210
Loyalität 58

Männer 80, 124, 133, **135f.**, 138f.
Markt 64, **194f.**
Marketing 49, 115, 214
Marktfähigkeit 13
Mehdorn, Hartmut 59
Migranten 137
Mittelmaß 30
Moral 137
Mundpropaganda 28
Mutmacher 32, 212

Nachbarschaft 76–79
Nassehi, Armin 14
Nebenerwerbsgründung **53**, 135

Nebentätigkeit 27f., **72f.**
Netzwerk 34, 46, 67, **143f.**, 171, 206, **212**

Ökologie 89f.
Ordner 227–229

Panse, Prof. Dr. Winfried 56f.
Partnerschaft 59, 110f.
Perfektion 30, 115, 123
Peters, Tom 47
Pflegesektor *siehe auch* Caring 56, 87
Piorkowsky, Dr. Michael-Burkhard 53
Potenzial, persönliches 192, **205**
Preise 31, 139f.
Profil, persönliches 193
Projektarbeiter 49
Psychologie, Positive 45
Public Relations 115, **117f.**

Qualifikation, fachliche 103, 109, 200, 221
Qualität 70, 139

Realitäts-Check 62, 66
Rechtsform 221
Rechtsrahmen 195f.
Regierung 54
Reich, Robert 12, 56
Rente 48, 196
Rifkin, Jeremy 54f., 58, 131
Risiko 30, 138, 196, **208–210**
Roddick, Anita 137
Royale, Ségolène 20
Rücklagenkonto 41
Rückschlag 30

Scheitern 41, 133, 139, 197, 224
Schreiben 81 f.
Schreibtisch 230
Schriftlichkeitsprinzip 196
Schulden 164, 201
Schwächen, persönliche 94, 99, 220
Schwarzarbeit 71
Schwarzer, Alice 18
Selbst, berufliches 67 f.
Selbstangestellte 52, 135, 142
Selbstliebe 127–129
Selbstvertrauen 119 f.
Selbstverwirklichung 67 f.
Seligman, Prof. Martin 59
SOHO (Small Office, Home Office) 48
Sozialsystem 55
Sozialversicherung 196 f.
Sprenger, Dr. Reinhard 142
Stärken, persönliche 45, 94, 99, **203–205**, 220
Steuer 41, **210**, 223
Steuerberater 41, 225
Steuerkonto 41
Stevenson, Doug 8
Superreiche 54

Teamgründung **72**, 138, 196
Teilselbstständigkeit 49, **53** f.

Tests 94–103
Trainerin **73** f., 79
Träumen 62, 212

Überforderung 57, 210
Umsatz 41 f., 209, 219
Umverteilung 54
Unterstützung 36, **201** f., **210–213**

Verantwortung 44, 184
Versicherung 196 f., 207, 222
Vertrag **196**, 209
Vonderheid-Ebner, Christine 8, 15 f., 191
Voraussetzungen, persönliche 192 f.
Vorsorge **196** f., 207

Weiterbildung 55, 86
Weizsäcker, Richard von 49
Wiedervorlage **230–232**
Wirtschaftsjunioren 171

Yunus, Muhammad 130

Zeitarbeit 48
Zuerwerbsgründung 53
Zulassung 195
Zweifel 35, 204

ASGODOM LIVE

Gutschein

Gutschein für eine Ausgabe des Erfolgs-newsletters von Sabine Asgodom, mit Informationen, Tipps und Strategien für die erfolgreiche Selbstständigkeit – für Sie als Leser/Leserin des Buches umsonst.

Weitere Informationen unter:
www.asgodom-selbststaendig.de

Um eine einmalige kostenlose Ausgabe zu erhalten, schicken Sie uns eine E-Mail an info@asgodom.de und teilen Sie uns das Kaufdatum dieses Buches mit.

Sabine Asgodom

ASGODOM LIVE
Prinzregentenstraße 85
81675 München
Tel. 086 9824749-0

ASGODOM LIVE

Gutschein für einen Nachlass in Höhe von 20% auf den Netto-Seminarpreis für den Asgodom-Live-Gründerinnenworkshop mit Christine Vonderheid-Ebner.

Informationen zu Terminen und Programm finden Sie auf der Homepage:
www.asgodom-selbststaendig.de

Sabine Asgodom

Gutschein

ASGODOM LIVE
Prinzregentenstraße 85
81675 München
Tel. 086 9824749-0

✓e Communication
Christine Vonderheid-Ebner M.A.

Gutschein

Durchstarten mit der eigenen Idee
– Gründungscoaching –

Gutschein über 25% Rabatt: Einzelcoaching 4 Stunden, 450,– EUR statt 600,– EUR

Gründungscoaching
Von der Vision zur Gründung

Raum für Neues · Marktchancen · Zukunftsaussichten · Motivation · Mut zur Umsetzung · Schritte planen · Unterstützung und Netzwerke · Realitäts-Check und Tragfähigkeit prüfen · Entwicklung innovativer Selbstvermarktungsstrategien – individuell, interdisziplinär, potenzialorientiert, prozessbegleitend

Christine Vonderheid-Ebner M.A.

Beratung · Coaching · Training

ve communication
Höchster Straße 20
64823 Groß-Umstadt

Tel.: +49 (0) 60 78 - 93 02 15
Fax: +49 (0) 60 78 - 93 02 16
Mobil: +49 (0) 175 - 465 49 30
eMail: info@vonderheid-ebner.de
Web: www.vonderheid-ebner.de

ve Communication
Christine Vonderheid-Ebner M.A.

Gründungscoaching — Von der Vision zur Gründung

- ✓ Visionen und Perspektiven
- ✓ Persönliche Standortbestimmung
- ✓ Qualifikationsprofil Kompetenzbilanz
- ✓ Berufliche persönliche Erfolgsstrategie
- ✓ Idee im Mittelpunkt
- ✓ Angebot Markt und Standort
- ✓ Eigene Positionierung
- ✓ Chancen und Zukunftsaussichten
- ✓ Kapitalbedarf und Finanzplanung
- ✓ Rentabilitätsberechnung
- ✓ Werbung und Öffentlichkeitsarbeit
- ✓ Netzwerke und Kooperationen
- ✓ Beispiele aus der Praxis

Sabine Asgodom
**WERDEN SIE LEBENS-
UNTERNEHMERIN**
Selbst-PR als Erfolgsrezept
2005 · 1 CD · 64 Minuten
ISBN 978-3-593-37896-1

»Nutzen-
orientiert,
informativ,
kompakt«

Industrie-Anzeiger

Sabine Asgodom zeigt, wie Selbstverantwortung und Selbst-PR als Erfolgsrezept auch in Krisenzeiten – oder gerade dort – funktionieren können. Dabei geht sie darauf ein, wie die persönlichen Stärken und Schwächen analysiert werden sollen.

Dieses und andere Erfolgsmacher-Hörbücher bieten Ihnen Texte wichtiger Trainer zum Sonderpreis: Sabine Asgodom, Jörg Löhr, Monika Matschnig, Reinhold Messner, Rolf H. Ruhleder, Hermann Scherer, Lothar J. Seiwer und Reinhard K. Sprenger

campus

www.campus.de   Frankfurt · New York

Cary J. Broussard,
Anita Bell
**WIE ASCHENPUTTEL
KARRIERE MACHT**
Zehn märchenhafte
Strategien für kluge Frauen
2008 · 288 Seiten
ISBN 978-3-593-38421-4

So klappt's auch ohne Prinz!

Was verbindet Schneewittchen, Rotkäppchen oder Rapunzel mit einer berufstätigen Frau von heute? Verblüffend viel! Kenntnisreich und spritzig übertragen die Autorinnen dieses Buchs die alten Märchen auf die heutige Berufswelt und zeigen mit handfesten Ratschlägen für den Joballtag, wie Frauen ins Schloss finden – und zwar ganz ohne Hilfe eines Prinzen!

www.campus.de Frankfurt · New York